U0873050

北大文化产业评论

Peking University Cultural Industries Review

文化和科技融合

向勇◎主编

2024—2025

華文出版社
SINO CULTURE PRESS

本书系研究阐释党的二十届三中全会精神国家社会科学基金重大专项
“文化和科技融合的有效机制及业态创新研究”
[项目批准号：24ZDA078]阶段性成果

单世联（上海交通大学）
胡智锋（北京师范大学）
顾　江（南京大学）
贾旭东（中国传媒大学）
高宏存（中央党校［国家行政学院］）
彭　锋（北京大学）
傅才武（武汉大学）
魏鹏举（中央财经大学）

编者按

文化是推动产业结构转型和社会经济发展的最大动力。2025年3月5日，习近平总书记在参加十四届全国人大三次会议江苏代表团审议时指出："要深化城乡精神文明建设，优化文化产品和服务供给，以文化赋能经济社会发展。"站在人类文明形态演进的历史坐标系中审视，文化产业的当代发展已超越传统产业经济的单一维度，成为国家文化治理体系现代化的重要载体、中华优秀传统文化创造性转化的重要路径、人类命运共同体建构的关键力量。党的二十届三中全会聚焦社会主义文化强国建设，提出加快建立有利于优质文化服务和文化产品不断涌现的体制机制，持续丰富人民精神世界、增强人民精神力量。《北大文化产业评论》始终秉持"立时代之潮头、通古今之变化、发思想之先声"的学术使命，致力于推动中国特色文化传承发展的理论建构、学科建设和智库建言。

2024年1月，第二十届中国文化产业新年论坛在北京大学举行。论坛以"新起点：文化强国与中华民族现代文明"为主题，来自全国文化产业领域的各界专家学者，围绕文化产业高质量发展进程中的AIGC与文化创新、文化创意与城乡可持续发展、新技术新文旅新体验、人文经济学等方面进行了深入的交流探讨。2024年8月，北京大学艺术学国际博士生学术论坛在北京大学召开，其中的文化产业分论坛以"智能创意与艺术治理"为主题，邀请来自国内外的新锐学者探讨人工智能时代的创意特质、感性分配与艺术体制，在歧见中达成共识。本集刊收录了这两次论坛遴选出的部分优秀论文，并得到17位文化研究领域的专家学者的热情响应。本集刊收录的论文基本囊括了2024—2025年我国文化事业建设与文化产业发展的重点领域和热点议题。本集刊分为理论视野·经典观点再探、前沿观察·文化创意传承、产业动态·文化消费新论、区域热点·城乡文化发展等四个栏目，从不同角度、不同类型、不同层面、不同学科总结了当前我国文化传承发展的理论成果和实践创新。

在理论视野栏目中，本集刊所辑论文从文化理论和产业实践角度提出文化产业研究的原创性观点。有研究者通过技术梳理与案例讨论，分析了生成式人工智能在动画制作各环节的应用现状与未来可能；有研究者以开罗大学"国际中文+古琴"实践课程为例，探讨了古琴艺术在多元文化发展下的作用与影响；有研究者揭示了人类创作者与机器之间的协同共创，指出这一互动将引发艺术观念的深刻变革，推动未来艺术实践的持续创新；也有研究者基于“游客凝视”理论，通过田野调查法，对民族地区沉浸式的旅游体验开发和游客与东道主共建新型民族景观的个案进行了深入考察；还有研究者从“网红困境”谈起，讨论了艺术的公共性与大众的审美参与。

在前沿观察栏目中，本集刊所辑论文聚焦戏剧的创意传播、年画的活化利用、服饰文化符号的数字化转译等行业热点话题。有研究者从场景营造的角度阐释了舞蹈诗剧《只此青绿》这一传统艺术题材戏剧作品的传播逻辑；有研究者基于国家图书馆的国风文创，探讨了“文化主体性”于文化产业成功中的实践意义；也有研究者立足于数智时代，分析了中国传统年画的活化利用与当代传播的可能性；有研究者通过社会符号学视角，展示了传统符号通过虚拟技术获得新的生命力的路径。

在产业动态栏目中，本集刊所辑论文关注沉浸式戏剧和元宇宙、人文经济学视角下的数字文化产业，以理论结合案例的方式探究虚实共生的文化产业发展新动向。有研究者探究沉浸式戏剧在中国的发展范式和公共价值；有研究者基于流动性理论为数字文化产业的发展构建模式、体系与政策；还有研究者以人文经济学为视角，从不同维度探索数字文化产业的商业创新策略。

在区域热点栏目中，本集刊所辑论文着眼乡村振兴、创意经济、品牌共建等视角，对城乡文化的发展现状进行探索，为未来发展趋势提供可行性建议。有研究者以朱家林田园综合体为例，分析了乡村文化媒介化创新的路径；有研究者以中国温州和韩国全州作为案例进行分析，总结了东亚文化城市网络的发展情况，并提供了相应建议；有研究者通过创意经济视角，探索多元艺术空间营造及新文创实践；有研究者基于品牌共建视角，分析了哈尔滨文旅产业策略；有研究者基于空间生产理论，对佛山古城文化空间再生产的路径优化展开分析。

本集刊立足新起点、把握新机遇、担当新使命、奋进新征程，紧扣文化理论研究的关键理论问题、国家文化建设的重大战略问题和世界文化潮流的前沿趋势问题，促进学科交叉、领域交融，推动不同学科、不同领域的学者相互砥砺，激发思想，点亮智慧，不断推动我国文化创新发展理论研究的持续更新和智库咨询的蓬勃展开，为推动文化研究领域中国自主知识体系的构建，为实现世界文化创新领域中国学派的创建作出贡献。本集刊将从三个方面进一步提升学术品质：一是构建“理论、政策和产业”的协同创新机制，推动学术成果的转化应用；二是搭建国际学术对话平台，通过中英双语出版、国际专题工作坊等形式提升国际影响力；三是完善学术评价体系，建立包括理论创新度、政策贡献度、产业转化度的三维评价指标。

当我们站在智能文明的门槛上回望，文化传承发展的实践探索早已超越“文化和经济”的二元对立模式，正在演变为理解现代性困境的钥匙、破解文明冲突的密码、重构人类价值体系的基石。本集刊所呈现的学术图景，既是对文化产业研究疆域的重新勘界，也是对文明转型期重大理论命题的集体回应。本集刊聚焦中华文化与强国建设、乡村振兴与文旅融合、数字时代的文化新基建、跨文化传播与国际文化传播力、新质生产力与人文经济学等议题进行长期的评论观察。本集刊将进一步提高人文性、思辨性和建构性的办刊思路，拓宽中国性、世界性和未来性的学术视野。本集刊诚挚感谢国内外各界方家的持续关注和大力支持，将继续秉持“全球视野、中国立场、问题导向、理论创新”的编辑宗旨，在文明对话的宏大叙事中书写中国学术的独特篇章，为构建人类文明新形态作出应有贡献。

编委会

2025 年 4 月

目 录

理论视野 · 经典观点再探

生成式人工智能时代下动画制作及其组织形态研究

——基于技术－经济范式视角

胡月月[①]
（北京大学艺术学院，北京 100871）

【内容提要】随着生成式人工智能的快速发展，动画产业正经历着前所未有的变革。基于技术－经济范式理论框架，本文历时性回顾动画制作技术与行业组织形态的变化，强调技术变革会影响制作流程，进而引发劳动力结构与组织形态的嬗变。通过技术梳理与案例讨论，进一步分析生成式人工智能在动画制作各环节的应用现状与未来可能，指出在以生成式人工智能为代表的新一轮技术变革浪潮中，动画制作模式与组织形态正在逐步转型，技术推动产业从传统的劳动密集型向创意密集型的范式转变。

【关键词】AI 动画；技术－经济范式；技术变革；组织形态

Research on Animation Production and Organizational Form in the Era of Generative Artificial Intelligence

—Based on the Theory of Techno-Economic Paradigm

Abstract: With the rapid development of generative artificial intelligence, the animation industry is experiencing unprecedented transformation. This article first examines the technological evolution in animation from the perspective of techno-economic paradigm, emphasizing its impact on production methods and the resulting shifts in labor and organi-

① 胡月月，北京大学艺术学院博士研究生。

zational structures. Through a review of technological advancements and case studies, the paper analyzes the current applications and future possibilities of generative artificial intelligence at various stages of animation production. In this new wave of technological innovation, generative artificial intelligence is gradually reshaping both the production processes and organizational forms of the industry, driving it from a labor-intensive model toward a creative-intensive paradigm.

Keywords: AI animation; Techno-economic Paradigm; Technological change; Organizational form

一、引　言

生成式人工智能（Generative Artificial Intelligence）的出现为动画产业的发展引入了新的变量，动画制作的传统模式正面临着前所未有的挑战与机遇。该项技术能够快速生成动画角色、场景、特效，甚至快速生成各种风格和类型的动画影像，从而在提高制作效率、降低生产成本、拓宽创意空间等方面展现出巨大潜力。与此同时，一些动画公司正面临着项目停摆、裁员甚至破产关闭的挑战。[①] 生成式人工智能与裁员潮等现象引发了从业者对工作安全的担忧，也激起了他们对人工智能技术的抵触情绪，甚至有业内人士提出了“动画产业正在崩溃”的观点[②]。

那么，生成式人工智能时代下，动画产业真的正在崩溃吗？

在 2022 年生成式人工智能浪潮爆发之前，已有不少研究致力于利用人工智能技术优化动画创作。随着生成式人工智能的迅猛发展，学界涌现出许多基于深度学习的多模态人工智能生成动画研究，指出人工智能技术在剧本创作[③]、角色设计[④]、后期合成[⑤]等多个制作环节能够提升效率，并推动产业发展。研究者们也指出，这项技

---

① 动画手册 . 裁员、破产、关闭，全球动画公司都在勒紧裤腰带过日子［EB/OL］.（2024-08-29）［2024-09-30］.https://mp.weixin.qq.com/s/29xJ7pJfC95S5P3g2LFh2g.

② 海外 YouTube 博主“No The Robot”（曾是在梦工场工作的动画师）发布了名为“动画行业在崩溃”（The Animation Industry is COLLAPSING）的视频，详情可见 https://www.youtube.com/watch？ v=Zt6DRUzUvDo，检索日期：2024 年 9 月 30 日。

③ 侯光明，杜若飞 . 从故事生成程序到大语言模型：人工智能编剧创作的历史与实践［J］. 电影文学，2024（14）：3–14.

④ Tang M，Chen Y. AI and Animated Character Design：Efficiency，Creativity，Interactivity［J］. The Frontiers of Society，Science and Technology，2024，6（1）：117–123.

⑤ 张亦弛，赵瑜 . 海外生成式人工智能与影视产业研究综述［J］. 电影文学，2024（03）：72–77.

术在情感表达、创意美学[①]、版权伦理及法律规范[②]等方面也存在隐忧。尽管当前已有部分研究探讨了人工智能对动画产业的技术影响，但大多忽视了动画的产业属性。作为与科技紧密相连的艺术形式[③]，动画起于技术、成于技术。一部动画长片通常需要大量的动画师与技术人员投入时间和精力完成每一帧的制作。这种复杂的创作过程意味着动画产业需要借助高度工业化的管理体系与组织形态来确保生产效率与质量，呈现出劳动密集型与现代大工业流程的特点[④]。动画正是在活力与理性、艺术与商业、创意与管理之间生产性或破坏性的复杂张力中蓬勃发展的[⑤]，其发展需要在创意表达、技术实现与市场变化之间寻找动态平衡。

技术变革往往会带来产业结构与组织形态的革新，厘清人工智能技术对动画生产流程与工业模式的影响，有助于动画产业的长期发展。基于演化经济学中技术－经济范式理论的分析框架，通过对动画制作案例与历史发展的梳理，本文着力于探讨生成式人工智能对动画制作与组织形态的影响，思考在技术变革的变量影响之下动画如何平衡艺术与工业的双重属性。

二、理论框架：五次技术革命与技术－经济范式

技术－经济范式（techno-economic paradigm）是由演化经济学家卡洛塔·佩蕾丝（Carlota Perez）受约瑟夫·熊彼特（Joseph Schumpeter）的创新理论和经济周期理论的影响，继承并发展尼古拉·康德拉季耶夫（Nikolai Kondratiev）的长波理论后提出的概念。在《技术革命与金融资本》一书中，佩蕾丝明确指出每次技术革命都会衍生出与其相适应的新技术－经济范式，而技术－经济范式是“一种最佳惯行模式（a best-practice model），它是由一套通用的、同类型的技术和组织原则构成的，这些原则代表着一场特定的技术革命得以运用的最有效方式，以及利用这场革命重

① 贺京华，姜皖 .AIGC 驱动下的动画创作：技术变革、融合路径与风险挑战［J］. 北京印刷学院学报，2024，32（05）：68–72.

② 孙亮，沈超颖 . 赋能与重构：生成式人工智能浪潮下动画创作的新路径［J］. 电影评介，2023（20）：6–11.

③ 叶佑天，姜金镇 . 人工智能赋能动画创作方式的新思考［J］. 电影评介，2024（03）：7–13.

④ 丁海祥 . 技术、艺术、新媒介——论动画的三重属性［J］. 当代电影，2010（05）：157–160.

⑤ Morisawa T. Managing the Unmanageable：Emotional Labour and Creative Hierarchy in the Japanese Animation Industry［J］. Ethnography，2015，16（2）：262–284.

振整个经济并使之现代化的最有效方式”[①]。

从18世纪70年代至21世纪最初10年，佩蕾丝划分出五个不同的经济增长阶段，以及与之对应的五次技术革命、五种技术－经济范式。第一次与第二次技术革命以机械化和蒸汽机的广泛使用为标志，以铁路和钢铁工业的发展为核心，形成了工厂制度与技术承包制等技术－经济范式“常识”创新原则。第三次与第四次技术革命以电力和重化工业的兴起为特点，以石油、汽车和大规模生产技术为代表，小工厂逐渐演变为对产业和国家具有重要影响的大企业[②]，形成了以专业管理团队为基础的“泰勒制”和流水线式专业分工的“福特制”。20世纪70年代开始的信息和远程通信时代可以被视作第五次技术革命。以信息技术和通信技术的发展为标志，第五次技术革命引领了数字化和全球化的趋势，形成与规模经济结合的范围经济和专业化特征，组织结构呈现出非集权的一体化或网络结构。蒸汽机、电力、信息技术等每一次技术革命，带来了新的生产方式和商业模式，进而推动了经济的转型和社会的变革。这些技术革命不仅仅是技术层面的突破，它们还重塑了市场结构、劳动分工、资本积累及社会关系等组织原则和指南，构成技术－经济范式的一般常识法则。

“技术－经济范式既是扩散的推进器也是一种阻滞的力量。”[③]前一范式的成功与广泛存在将会成为新技术革命扩散的惰性力量。佩蕾丝在书中描绘了新旧力量之间斗争的演化过程，即技术－经济范式的周期性发展，包含导入期（the installation period）的爆发阶段（irruption phase）与狂热阶段（frenzy phase）、新旧转折点、展开期（the deployment period）的协同阶段（synergy phase）与成熟阶段（maturity phase）。在导入期的爆发阶段，前一范式中的产业此时在技术上已经成熟，面对饱和的市场，试图寻找解决路径。新技术革命的浪潮所带来的新范式的上升与旧产业的衰落冲突，促使“一道技术－经济裂痕”产生。这一时期的特征之一使是失业的增加，对深陷旧范式的人来说爆发阶段是一段困难的时期。[④]在导入期的狂热阶段，新范式已经成为举足轻重的力量，逐渐克服旧范式的阻碍，在整个经济系统中不断巩

---

① 佩蕾丝．技术革命与金融资本——泡沫与黄金时代的动力学［M］．田方萌，胡叶青，刘然，等，译．北京：中国人民大学出版社，2007：21.

② 黄阳华．工业革命中生产组织方式变革的历史考察与展望——基于康德拉季耶夫长波的分析［J］．中国人民大学学报，2016，30（03）：66–77.

③ 佩蕾丝．技术革命与金融资本——泡沫与黄金时代的动力学［M］．田方萌，胡叶青，刘然，等，译．北京：中国人民大学出版社，2007：24.

④ 佩蕾丝．技术革命与金融资本——泡沫与黄金时代的动力学［M］．田方萌，胡叶青，刘然，等，译．北京：中国人民大学出版社，2007：57.

固强化。在转折点，新旧范式矛盾积累达到顶峰，新范式以其现代化的力量重新组织和塑造了整个经济结构，最终取代旧范式，成为这一时期的最佳惯行方式。在展开期的协同阶段与成熟阶段，新技术所需要的基础外部性已经成熟，新范式扩散并渗透进社会的各项活动中，占据统治地位，直至这一次新技术的增长潜力再次濒临枯竭，一场新的技术革命开始酝酿。

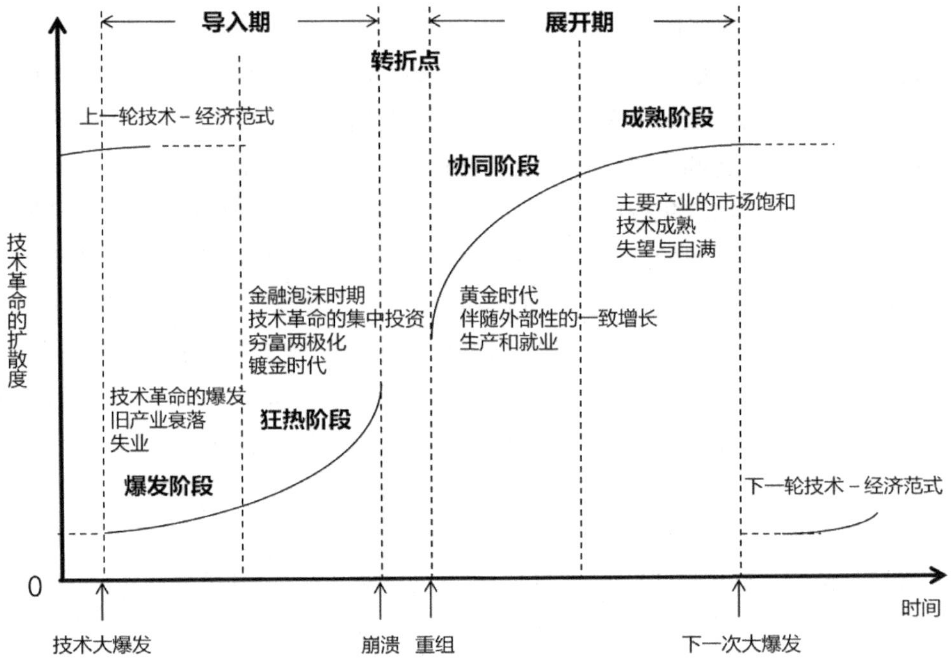

图 1　技术革命与技术－经济范式演化过程①

2015 年，佩蕾丝发表文章，认为目前正处于信息技术－经济范式的成熟阶段。②我国学者通过实证分析，认为目前我国正处于信息技术－经济范式后半段③，可以说，当前社会正处于进入第六次技术革命浪潮下技术－经济范式的导入期爆发阶

① 佩蕾丝．技术革命与金融资本——泡沫与黄金时代的动力学［M］．田方萌，胡叶青，刘然，等，译．北京：中国人民大学出版社，2007：55.（图表有所改动）

② Perez C. Technology and a Green Global Golden Age：The role of History in Helping to Shape the Future［J］. Political Quarterly，2015，86（S1）：191–217.

③ 许铁旻．信息技术范式的阶段性：理论与实证［J］．情报科学，2013，31（10）：113–118.

段①。以人工智能为代表的新一代数字技术的应用与推广将带来生产方式、组织形态的变革与创新，深刻影响经济和社会的未来发展。人工智能是一种非常重要的组织现象，为管理学者们带来了理论挑战与机遇。②在考虑组织和整个社会的未来时，人工智能已成为一个核心问题③，深入研究这些影响有助于企业更好地适应不确定环境与持续发展。

技术变革与组织形态的影响研究通常以制造业为先导行业。在这一轮生成式人工智能技术发展浪潮背景之下，文化产业受到的冲击和影响更为显著，科技变革也在不断模糊着文化企业的边界、重塑其组织形式、形成新发展路径。④动画产业因其生产流程的特殊性，兼有制造业的工业化流程与文化产业的创意特性。在技术－经济范式视角下，思考以生成式人工智能为代表的数字技术与动画制作行业之间的影响关系，有助于动画行业的持续健康发展。

三、历史梳理：技术发展对动画制作与组织形态的影响

技术在动画工业模式与生产流程中一直发挥着至关重要的作用，影响着动画视觉成效、商业模式、组织形态等部分。动画制作技术的变革大致经历了手绘动画、数字动画（三维动画）及当前的人工智能生成内容这几个阶段。动画产业因其生产流程的特殊性，兼有制造业的工业化流程与文化产业的创意特性，基本符合五次技术浪潮与技术－经济范式的周期性发展。基于第四次与第五次技术－经济范式的框架，本文历时性分析动画制作技术变革与动画产业的发展，重点关注从手绘动画向数字动画的技术手段转变过程中动画产业制作流程与组织形态的变化。

（一）第四次技术－经济范式：手绘动画与科层制

在动画发展的早期阶段，手绘动画是主流动画形式，依赖动画师手工绘制每一帧图像。动画产业呈现出典型的劳动密集型产业特征。如果根据 1 秒 24 帧的帧速率，

---

① 江飞涛．技术革命浪潮下创新组织演变的历史脉络与未来展望——数字经济时代下的新思考［J］．学术月刊，2022，54（04）：50-62.

② Bamberger P A. AMD—Clarifying What We Are About and Where We Are Going［J］. Academy of Management Discoveries，2018，4（1）：1-10.

③ Haenlein M，Kaplan A. A Brief History of Artificial Intelligence：On the Past，Present，and Future of Artificial Intelligence［J］. California Management Review，2019，61（4）：5-14.

④ 周锦．数字技术驱动下的文化产业柔性化发展［J］．福建论坛（人文社会科学版），2018（12）：90-95.

尽管通过转描机、角色场景合成等手段能够提升一定的效率，减少绘图篇数，制作一部动画长片仍然需要耗费大量的人力和时间。高度风格化后的日本动画22分钟的剧集需要大约4000张绘图，①制作周期内会动用100多名工作人员，时间以月为单位，具体所需时间取决于制作进度。②美国每部动画绘图数量高达12000～16000张。这样的人力与时间投入意味着需要巨额的资金。以日本为例，每集动画的制作成本一般在1200万日元至1700万日元，单季度剧集总制作成本可以高达1.56亿日元至2.21亿日元。③在日本，能够以如此规模的资金动员独立完成动画制作的工作室不过十几家。第四次技术－经济范式下，在石油和汽车产业率先形成的科层制组织管理模式向社会各领域蔓延。动画公司采用标准化与规模化的生产方式来完成动画长片的制作，利用泰勒制管理模式对接动画制作全流程中的各个环节，充分发挥集权与分工带来的效率优势。

20世纪50年代初，动画企业逐渐开始采取外包模式，将动画制作的重复性绘图与着色等劳动密集型工作外包给小型动画工作室。不过，动画制作的创意环节，即创意概念、角色设计与故事板仍然由主要工作室完成。"外包"的本质是组织的"脑体分离"发展，是与一体化相反的"解体"过程。④企业通常结合自身发展优势，获取价值链条上具有较高竞争优势的环节集中发展，而将不具备竞争优势的环节委托给市场，以此提高企业的获利程度。⑤

（二）第五次技术－经济范式：三维动画与网络化

基于计算机和互联网等信息技术浪潮的第五次技术－经济范式形成过程中，佩蕾丝理论中导入期的爆发阶段下新旧范式转换所导致的失业矛盾，在动画产业的发展与变化中体现得淋漓尽致。随着计算机图形学的发展，动画师开始使用数字绘图板和软件进行创作，一定程度上简化了传统手绘的烦琐过程。1995年皮克斯动画工作室制作的《玩具总动员》标志着动画进入三维动画时代。21世纪初，以皮克斯与梦工厂两家公司为代表，三维动画迅猛发展，推动了三维技术的应用与推广，三维

① Tschang T，Goldstein A. Production and Political Economy in the Animation Industry：Why Insourcing and Outsourcing Occur［C］//DRUID Summer Conference，Elsinore，Denmark. June 14–16，2004：1–21.

② Morisawa T. Managing the Unmanageable：Emotional Labour and Creative Hierarchy in the Japanese Animation Industry［J］. Ethnography，2015，16（2）：262–284.

③ Morisawa T. Managing the Unmanageable：Emotional Labour and Creative Hierarchy in the Japanese Animation Industry［J］. Ethnography，2015，16（2）：262–284.

④ 李晓华 . 产业组织的垂直解体与网络化［J］. 中国工业经济，2005（07）：28–35.

⑤ 李海舰，原磊 . 基于价值链层面的利润转移研究［J］. 中国工业经济，2005（06）：81–89.

动画影片逐渐步入全盛时期。新技术的出现与推广，导致了传统动画师的失业。20世纪末至21世纪初，美国文化工业见证了传统动画团队的转型和失踪。① "从2003年开始，华特·迪士尼公司开始淘汰大部分由黄金时代大师训练出来的传统动画团队，就像人们把一台旧打字机扔在阁楼一样。" ②

三维动画通过3D建模软件创建角色和场景，提供深度和空间感，可以重复使用模型，一定程度上减少了制作成本。尽管这种制作模式使用计算机而非人手来绘制每一帧，但是这一过程仍然属于劳动密集型，需要大量具有计算机技能的动画师与艺术家。相较于二维动画制作中劳动力成本高达80%，三维动画制作中这一数值仍然高达60%。③ 作为三维动画的领头企业，皮克斯动画工作室的平均团队人数在150人，甚至更多，一个项目平均需要花费四年时间。由于三维动画在三维制作环节的成本较高，所以在进入这一步之前需要利用二维图像基本完成并确认动画原型。这一步同样需要大量的人力与时间成本。

信息技术的发展打破了信息传递的时空束缚，加速了全球化的进程。面对动画制作的降本增效难题，动画企业继续采用外包模式，但这一阶段开始将需要大量重复劳动的中期制作移交给人力成本较低的他国工作室，而不仅仅是国内小型动画工作室。众多中国动画公司正是在接受国外外包任务的基础上发展起来的。随着互联网技术与全球化的发展，企业之间信息传递效率提高，三维动画技术广泛传播，动画行业的外包模式更为便捷高效，一定程度上巩固了这种生产组织模式。信息技术的发展使得企业间在技术、投资、生产和服务等方面的联系更加密切，自然而然走向了"大平台 + 小企业"的虚拟化网络运营模式与网络型组织结构。④ 这在动画产业领域表现为流媒体平台与动画工作室的合作。在第五次技术浪潮中新兴崛起的流媒体巨头奈飞（Netflix）已与多家日本动画公司建立了合作关系，投资并参与了多部日本原创动画剧集和电影的创作。

尽管计算机与信息技术为动画产业带来了制作流程与组织形式方面的技术－经

---

① 耿弘明 .CG 如何改变动画［J］. 中国图书评论，2024（01）：44–54.

② Sito T. Moving Innovation：A History of Computer Animation［M］. Cambridge：MIT press，2013：265.

③ Tschang T，Goldstein A. Production and Political Economy in the Animation Industry: Why Insourcing and Outsourcing Occur［C］//DRUID Summer Conference，Elsinore，Denmark. June 14–16，2004：1–21.

④ 肖珂 . 面向 AI 产业发展的技术经济范式创新研究［D］. 北京：北京交通大学，2023：85.

济范式变化，但是动画始终需要大量的人力与时间成本，其劳动密集的特征未有改变。全球化发展趋势下，多数地区的人力成本在不断升高。处于外包状态的他国动画制作代工公司也在寻求转型路径。即使是迪士尼、梦工厂等老牌动画公司在新的竞争环境下也面临着创新和转型压力，正试图寻找解决方案。当旧技术与旧的技术-经济范式陷入成本收益的危机时，一场新的、由大数据和人工智能等新兴技术引导的新一轮技术-经济范式正在悄然发生。动画行业裁员潮现状一定程度上印证了当前正处于第六次技术-经济范式的导入期的爆发阶段。降本增效可以说是所有动画公司现阶段应用人工智能的出发点。出于资本逐利的角度，任何一家公司都希望能够以最少的资本支出实现最多的创作、赚更多的钱。生成式人工智能的出现便提供了这样一种想象。

四、当下现实：生成式人工智能的发展现状与动画应用

每一次技术变革，都将引发一次技术-经济范式的变迁。相较于前五次技术-经济范式变迁，技术率先在第二产业发生变革性作用；这一次技术变革正在深刻影响着处于第三产业格局的文化产业。动画产业则是其中与技术关系最为密切的。人工智能技术作为新一轮技术革命极具增长潜力的核心推动力量，厘清其技术特征及其在动画产业的应用前景，有助于动画产业在新一轮技术-经济范式中获得新的发展潜能。对引入市场机制较晚的中国动画产业而言，人工智能技术的发展与使用也为产业发展带来了弯道超车的机遇。

（一）生成式人工智能技术发展现状

人工智能（Artificial Intelligence）一词，由计算机专家约翰·麦卡锡（John McCarthy）于1956年在美国达特茅斯学院（Dartmouth College）召开的首届人工智能会议上首次提出。人工智能技术强调制造出人造智能体，以期模拟人的意识与思考能力，甚至超越人的智能。人工智能技术的发展在20世纪70年代至80年代经历过两次“寒冬”（AI winter），出现了研究资金和学术界的研究兴趣都大幅减少的情况。[①] 直到20世纪80年代中期，神经网络才重新流行，以机器学习和深度学习为代表的人工智能逐渐成为热门学科。生成式人工智能是人工智能的子领域，当前阶段已经可以实现生成文本、图像、音频、视频等不同形式的内容。2022年年末，

---

① Crevier D. AI：The Tumultuous History of the Search for Artificial Intelligence［M］. New York：Basic Book，1993.

OpenAI公司推出的ChatGPT意味着生成式人工智能技术在文本生成方面取得重要进展。诞生于2014年的生成对抗模型（Generative Adversarial Nets，GAN）和目前主流的扩散模型（Diffusion Model），是两种主要生成模型，通过结合跨模态预训练图像文本模型（Contrastive Language-Image Pretraining，CLIP），可以实现文本到图像的映射，人们通过自然语言指令即可得到图像生成结果。代表性工具，国外有DALL.E、Midjourney、Stable Diffusion等，国内有文心一言、通义万相等。视频生成通常是在上述图像生成技术的基础上结合时间序列预测，实现从静态图像到动态视频的转变，代表性工具有Runaway、Pika等。尽管不同模态的生成模型与技术不尽相同，但它们的实现逻辑都是依赖深度学习和多模态学习，通过训练大量的多种类型的数据来学习特征并生成内容。现阶段，生成内容的质量和控制性仍然是技术研究者努力的方向。

（二）生成式人工智能在动画制作中的应用情况

动画是一种综合性极强的艺术形式，融合了多种艺术元素。根据生成式人工智能的多模态发展情况，当前还没有完整的全流程动画制作人工智能系统。动画制作流程通常包括四个阶段：概念化阶段、前期制作阶段、中期制作阶段、后期制作阶段。本文针对动画创作的各个环节讨论生成式人工智能的作用。

1. 概念化阶段与前期制作阶段

概念化阶段即项目立项阶段。一切始于一个创意想法，主创围绕这个想法展开剧本创作、团队构建、项目规划等步骤，从商业运营的角度还需要考虑市场可行性、资金来源与政府备案许可等因素。概念化阶段提出的剧本并不一定是最终版本，多数情况下是故事大纲，重点在于呈现创意想法与角色设计。故事的确定发生在前期制作阶段。在这一阶段，内容主创团队会明确剧本，并根据确定的风格与基调进行概念设计；进而由美术部完成角色、道具、场景等部分的设计工作，形成视觉风格指南；接着由分镜师在故事板的基础上绘制更为详细的分镜头脚本，确定画面顺序、镜头运动、动作描述、视觉效果等内容。此时，处于雏形的动画作品会由导演、投资方、监制进行审查。由于动画制作的成本远高于电影实拍，前期制作阶段会尽可能减少返工风险。皮克斯工作室会在前期制作阶段完成绘画与概念设计，确定一个故事片的基本原型后，才开始进行建模等3D制作。

在概念化阶段与前期制作阶段，生成式人工智能可以辅助概念设计、剧本生成、角色与场景构图等工作。人工智能可以通过深入学习大量文本，协助使用者发散思维，构思剧本，润色文案，丰富内容。国内动画公司中影年年文化传媒、玄机科技和福煦影视等在动画创作过程中，已经通过应用人工智能技术来提升动画前期制作阶段的生产力，包括故事策划和内容创作等多个关键环节。① 角色设计通常需要动画师对初步的手绘设计进行多次修正，并利用三维建模软件调整角色特征，这需要消耗大量的时间精力。以 Stable Diffusion 为代表的生成式人工智能，可以帮助动画师快速实现对角色设计的迭代与改变，并利用 ControlNet 来实现角色的多视角视图与多样化动作表现。与腾讯视频合作发布《魔游纪人工智能辅助篇》的红龙影业创始人丁宇表示：以往角色设定图需要寻找参考并与团队进行商量，再由美术组出线稿、定彩稿，一周才能出一个完整上色的角色；但是使用人工智能之后，可以通过汇总团队人员想法关键词，根据关键词让人工智能出图并进行修改，能够大大降低沟通成本、缩短设计时间、提升最终效果。② 在场景设计方面，作为人工智能在动画领域商业化运用的首个范例，《犬与少年》就利用奈飞公司的艺术背景数据集，训练人工智能生成动画所需的场景。《秦时明月》《斗罗大陆》等动画作品的制作方玄机科技开发了涵盖虚拟片场、虚拟演员、虚拟表演、虚拟拍摄、虚拟灯光、虚拟特效六大版块的虚拟平台，让动画场景的搭建变得更为高效。③

2. 中期制作阶段

在动画的中期制作阶段，二维动画和三维动画在具体工作流程上各有特征。二维动画的制作在前期阶段就已经开始进行，团队人员绘制角色的关键姿势与表情并绘制关键帧，接着需要绘制中间帧，完成动画的平滑过渡。这阶段还包括背景绘制、上色、场景与角色合成等工作内容。三维动画的制作还需要完成角色、道具、场景的 3D 模型构建，包括建模、材质纹理、骨骼绑定等程序。完成这些后，三维动画同样需要设定人物关键动作，利用计算机实现中间帧补齐，在这个过程中常常会使用真人视频、动作捕捉等作为参考。在设定灯光、渲染、镜头运动后，进行成片渲染与合成。

在中期制作阶段，人工智能可以辅助 3D 建模、运动捕捉与模拟等工作。相较于人工智能生成二维图像的成熟度，在三维模型的生成方面，人工智能尚处于探索阶段。不过，一些动画公司在次要角色上已经开始使用人工智能技术。例如，《雄狮少

---

① 贺京华，姜皖 .AIGC 驱动下的动画创作：技术变革、融合路径与风险挑战［J］. 北京印刷学院学报，2024，32（05）：68–72.

② 东西文娱 .AI 动画：离彻底变革还差“一层窗户纸”［EB/OL］.（2023–10–11）［2024–09–30］. https://mp.weixin.qq.com/s/Ejd3glt2MWp9S3fqRro9eg.

③ 东西文娱 .AI 动画：离彻底变革还差“一层窗户纸”［EB/OL］.（2023–10–11）［2024–09–30］. https://mp.weixin.qq.com/s/Ejd3glt2MWp9S3fqRro9eg.

年》决赛画面中的上千名观众是由人工智能基于4个基础人物模型自动生成的。①但是，最具难度的技术挑战还是动画影像的直接生成，目前有基于文本生成动画、基于静态图生成动画和基于视频生成动画这三种模式。②前两种模式的原理相似，代表性工具有Runway、Pika等，能够根据关键词或关键图像生成动图，但是持续时间通常在5秒以内。这需要使用者结合图像，利用人工智能进行生成，并采用传统剪辑方式，最终合成具有一定时间长度的视频。AnimateDiff在2024年4月提供了一个封装好的工作流IPIV's Morph。该工作流的特点在于根据提供的关键帧，自动生成关键帧之间的补帧动画。使用者只需要准备两张图像（这些图像可以来自人工智能），AnimateDiff就可以生成动画。使用者可以调整动画中每一帧上的ControlNet权重来修正动画细节。生成式人工智能这一工作流延续了以往动画制作的流程。基于视频生成动画更多采用风格迁移的方式，对视频按帧数切片后进行风格重绘和再剪辑。国外爆火的人工智能动画短片《剪刀、石头、布》、北京国际电影节"AIGC电影短片大赛"最佳影片奖《致亲爱的自己》，这些质量较高的动画短片正是采用了第三种生成模式，以实拍素材为基础进行转绘。③总体来看，目前网络平台上流传较广的人工智能动画多采用以上三种模式中的一种或多种。

3. 后期制作阶段

中期制作完成后，动画已经基本完成，后期制作主要是进行配音、调色、添加字幕、剪辑等工作，最终呈现完整的动画作品。生成式人工智能主要在镜头剪辑、音频处理、特效制作、自动生成字幕等环节发挥作用。在动画电影《长安三万里》中，部分火焰特效便是人工智能生成的结果。动画短片《犬与少年》利用人工智能协助生成了动画主题曲。表1展示了生成式人工智能介入动画制作的应用现状。

① 司若.AIGC带给影视业哪些巨大变革［EB/OL］.（2023-12-14）［2024-09-30］.http://www.zgjx.cn/2023-12/14/c_1310755243.htm.

② 张娟.应用·影响·人才：人工智能技术介入动画创作的观察与思考［J］.当代动画，2023（04）：4-8.

③ 动画学术趴.独家专访！北影节AIGC单元大奖短片到底怎么做出来的？［EB/OL］.（2024-05-06）［2024-09-30］.https://mp.weixin.qq.com/s/X0A545Ax4k9Ytl53AtXf2g.

表 1 生成式人工智能介入动画制作的应用现状

制作模式 \ 制作流程	传统动画制作	人工智能技术介入动画制作	
		应用方面	发展与应用程度
概念化阶段	策划构思故事大纲	人工智能辅助概念设计、剧本生成、角色与场景构图等	相对成熟，各动画公司已经应用人工智能技术来提升动画制作阶段的生产力，由其生成激发灵感并由人工进行筛选，人工智能可参与修改迭代
前期制作阶段	剧本与概念图；美术设计；分镜制作		
中期制作阶段	二维动画：原画—动画—上色 三维动画：模型—贴图、绑定、灯光、特效—渲染—合成	人工智能辅助 3D 建模、运动捕捉与模拟等 人工智能生成动画：基于文本生成动画；基于静态图生成动画；基于视频生成动画等	目前尚不成熟，实际纳入工作流程较少；但是这一环节，人工智能是最可能对动画与动画产业造成颠覆性影响的
后期制作阶段	声音处理 画面处理：剪辑、调色、添加字幕等	人工智能辅助镜头剪辑、音频处理、特效制作、自动生成字幕等	相对成熟，已被普遍应用

总体来看，前期制作阶段中的分镜制作以及中期制作阶段，尽管市面上已经出现人工智能生成分镜图和动画的软件，并且也有个体创作的实践案例，但是目前的生成式人工智能技术并没有很好地完全融入企业的实际应用中。中期制作阶段存在大量高重复性的工作，但这些工作也是动画制作最为关键的部分，即实现静态图像到动态影像的转换，补齐中间帧，达到帧与帧之间的连贯过渡，最终实现动画效果。由于人工智能在连贯性与光线处理等方面存在问题，另外考虑到所需要的硬件设施，使用人工智能完成这部分工作的最终成本可能高于人力。福煦影视、玄机科技、易动文化等国内动画公司表示，人工智能目前的主要作用是辅助前期概念生成与美术设计的细化，最终成果还需要人进行把关和调整。①

① 晓艳 .AI+ 动画又到“什么”阶段了？大家怎么看？对话玄机科技、中影年年、易动文化、福煦影视等动画公司 | 雷报［EB/OL］.（2023-12-13）［2024-09-30］.https://mp.weixin.qq.com/s/-9UcZEHiXSzAfT4Ydkob4g.

五、未来可能：新旧范式转化下的动画产业发展新机遇

尽管生成式人工智能的发展现状并没有达到可以完全独立创作动画作品的阶段，但是人工智能的介入已经为动画创作的各个环节带来了颠覆性改变。在前期制作阶段，不少动画公司已经开始使用人工智能技术辅助剧本生成和美术设定；在中后期制作阶段，人工智能在场景设计、模型搭建、动画制作、音乐制作等方面也呈现出不俗的优势。根据生成式人工智能在动画产业的应用现状可以窥见，新一轮技术-经济范式将具有以下特征：第一，数据与算力成为新的驱动力，人工智能技术的发展与应用需要大量的数据训练与算力支撑；第二，智能化内容高效生成，生成式人工智能可以根据指令快速响应生成文案、图像、音乐等多模态内容，完成需求任务；第三，劳动替代，人工智能既是人们的生产力工具，也将逐渐成为“劳动力”本身，替代人力从事重复且繁重的工作；第四，个体能力提升，人机协作共生共创的模式下，个体的生产能力将被极大赋能。生成式人工智能技术时代下，新的分工体系与组织形式也正在形成中。

根据上文所述，当前正处于第六次技术革命浪潮下技术-经济范式的导入期的爆发阶段。在熊彼特看来，技术创新推动的经济发展过程是一个一般均衡被破坏并在更高层次上重组的过程。创新呈现出“不断地破坏旧结构、不断地创造新结构”的“创造性破坏”效应。[①] 当技术革命的各种核心产品开始成批出现时，它们不可避免地要与既有环境和根深蒂固的行事方式相冲突；[②] 当旧的技术-经济范式陷入成本收益危机之中时，新技术及新的技术-经济范式将必然取代旧范式。技术的进步与推广，会带来生产力的跃迁，进而引发劳动方式和劳动关系的变化。[③] 动画产业在追逐成本最小化、利益最大化的过程中，自外包模式开始，就采用了人力资本之间的替代选择；三维动画出现后，抛弃了一批传统二维动画师；人工智能出现后，意味着会有新的最优选择。

这也意味着对以劳动密集型为特征的传统动画产业的拷问。在动画制作的“机器”中，众多动画师隐藏在迪士尼、宫崎骏、押井守这些名字背后。“动画师本应是

---

① 熊彼特．资本主义、社会主义与民主［M］．吴良健，译．北京：商务印书馆，1999：47.

② 佩蕾丝．技术革命与金融资本——泡沫与黄金时代的动力学［M］．田方萌，胡叶青，刘然，等，译．北京：中国人民大学出版社，2007：45.

③ 关乐宁，徐清源．人工智能时代的劳动关系变迁与治理——基于机、劳、资、政四方关系的视角［J］．中国劳动关系学院学报，2024，38（02）：77-91.

整个动画产业链条中最具活力的群体，但是各动画工作室不断通过外包的形式压缩制作成本，动画师从原本的创意制造者退化为机械熟练工。”[①] 在传统动画产业的层级结构中，个人晋升为某动画项目导演的路径通常较为漫长。从业者往往需要首先作为动画师积累大量实践经验，通过不懈努力和长期的专业工作，才能逐渐获得担任导演职位的资格和机会。在资本逐利的过程中，这些动画从业者的生存处境与发展空间是不断被压缩的。

新技术推动新的分工体系与组织结构的出现。在新旧范式的变迁中，处于旧范式的动画师将会面临失业的风险。再者，由于人工智能技术的劳动替代性特征，动画师被裁员与失业的现象可能会更加严重。但是新技术的出现，也为心存动画梦想的人们提供了实现创意的新路径。随着人工智能技术的进一步发展，人们将从动画制作烦琐重复的工作环节中解放出来，个体的动画生产能力将被极大赋能。对小型工作室和个体创作者而言，动画制作的门槛降低，他们可以利用人工智能技术生产出高质量的作品，加之互联网等信息技术的发展，个体身份可以发布和传播动画作品，进而打破大规模工作室的垄断地位。当以人工智能为代表的新技术群日益成熟时，个体价值能够得到极致化发展。[②] 以人工智能为代表的信息技术可以帮助小型工作室、个人创作者重新配置资源和调整策略，形成新的合作和竞争关系，深刻影响动画产业的组织结构和商业模式。这种去中心化的趋势可以使得动画制作不再依赖于地理位置和规模经济，从而形成一个更加开放和灵活的产业结构。

伴随着组织形态的变迁，创新驱动与价值共创也将成为新的思维原则。[③] 创意是动画产业的核心。无论人工智能技术降低了多高的门槛还是提高了多高的效率，创意仍然是动画不变的关键要素。这一点，在动画公司将创意性环节自存、重复性劳动外包时就已经得到了佐证。创意人才应该存在于更加有效的“柔性化市场”中[④]，实现有效流动和高效连接。这也对未来动画行业的组织形式提出了发展方向。得益于人工智能技术的推动，动画产业的生产力结构或将经历着根本性转变。预计未来的动画制作将逐步从劳动密集型向创意密集型过渡，其中，创造性人才的作用日益凸显，而传统的执行型人才需求则可能相对减少。这种转变预示着动画产业的核心

---

① 孙芊芊．日本电视动画产业的发展困境及其对我国的启示［J］．中国电视，2019（09）：94–97.

② 李海舰，李燕．企业组织形态演进研究——从工业经济时代到智能经济时代［J］．经济管理，2019，41（10）：22–36.

③ 肖珂．面向 AI 产业发展的技术经济范式创新研究［D］．北京：北京交通大学，2023：140.

④ 周锦．数字技术驱动下的文化产业柔性化发展［J］．福建论坛（人文社会科学版），2018（12）：90–95.

竞争将更加依赖创新思维和原创内容的产出。

总之，随着生成式人工智能技术作为第六次技术－经济范式导入与扩展的核心技术驱动力，传统动画生产模式、产业组织形态、产业主体结构与市场格局正面临着深刻的颠覆性变革。这一技术变迁将对现有的动画产业生态产生广泛而深远的影响，重塑行业的生产流程与竞争秩序。

六、结　语

在佩蕾丝技术－经济范式理论的分析框架下，本文分析了动画产业在历次范式转换下的生产流程与组织结构变迁，指出人力成本始终是动画产业亟待解决的问题。生成式人工智能在降低成本和提高效率方面展现出巨大潜力，能够将人们从烦琐重复的动画制作环节中解放出来，投入创意的生发之中。但是新技术、新范式的出现会给旧范式下传统产业、传统岗位带来威胁。事实上，传统动画产业的“崩溃”进程中，正酝酿着一个崭新的动画未来。

生成式人工智能是一个新兴且发展迅速的领域，将为动画产业以及更大的文化产业在制作流程、组织形态、商业模式等方面带来诸多新变革。当前，生成式人工智能在技术成熟度、基础设施普及度，以及法律规范制度等方面仍存在不足，第六次技术－经济范式的成熟还需要很长一段时间。人工智能技术与动画是双向影响、互馈的关系，如何保护创作者的权益、如何确保人工智能的健康发展、如何解决产业应用中出现的实际问题等等，都是需要进一步探索和研究的问题。

参考文献

[1] 丁海祥．技术、艺术、新媒介——论动画的三重属性［J］．当代电影，2010（05）：157–160.

[2] 傅盛，陈洪伟，赵霁，等．向度与趋势：人工智能的发展及其与电影的结合［J］．当代电影，2023（08）：4–14.

[3] 耿弘明．CG 如何改变动画［J］．中国图书评论，2024（01）：44–54.

[4] 关乐宁，徐清源．人工智能时代的劳动关系变迁与治理——基于机、劳、资、政四方关系的视角［J］．中国劳动关系学院学报，2024，38（02）：77–91.

[5] 贺京华，姜皖．AIGC 驱动下的动画创作：技术变革、融合路径与风险挑战［J］．北京印刷学院学报，2024，32（05）：68–72.

[6] 黄阳华．工业革命中生产组织方式变革的历史考察与展望——基于康德拉季耶夫长波

的分析［J］. 中国人民大学学报，2016，30（03）：66–77.

［7］江飞涛 . 技术革命浪潮下创新组织演变的历史脉络与未来展望——数字经济时代下的新思考［J］. 学术月刊，2022，54（04）：50–62.

［8］李春利，高良谋 . 第四次工业革命背景下技术 – 组织 – 管理范式研究［J］. 当代经济管理，2023，45（11）：23–31.

［9］李海舰，李燕 . 企业组织形态演进研究——从工业经济时代到智能经济时代［J］. 经济管理，2019，41（10）：22–36.

［10］李海舰，原磊 . 基于价值链层面的利润转移研究［J］. 中国工业经济，2005（06）：81–89.

［11］李晓华 . 产业组织的垂直解体与网络化［J］. 中国工业经济，2005（07）：28–35.

［12］佩蕾丝 . 技术革命与金融资本——泡沫与黄金时代的动力学［M］. 田方萌，胡叶青，刘然，等，译 . 北京：中国人民大学出版社，2007.

［13］彭剑锋 . 新一代人工智能对组织与人力资源管理的影响与挑战［J］. 中国人力资源开发，2023，40（07）：8–14.

［14］孙亮，沈超颖 . 赋能与重构：生成式人工智能浪潮下动画创作的新路径［J］. 电影评介，2023（20）：6–11.

［15］孙芊芊 . 日本电视动画产业的发展困境及其对我国的启示［J］. 中国电视，2019（09）：94–97.

［16］肖珂 . 面向 AI 产业发展的技术经济范式创新研究［D］. 北京：北京交通大学，2023.

［17］熊彼特 . 资本主义、社会主义与民主［M］. 吴良健，译 . 北京：商务印书馆，1999.

［18］杨亮，李富忠 . 人工智能技术对动画创作与传播的影响［J］. 电影文学，2020（23）：120–123.

［19］叶佑天，姜金镇 . 人工智能赋能动画创作方式的新思考［J］. 电影评介，2024（03）：7–13.

［20］张娟 . 应用·影响·人才：人工智能技术介入动画创作的观察与思考［J］. 当代动画，2023（04）：4–8.

［21］张亦弛，赵瑜 . 海外生成式人工智能与影视产业研究综述［J］. 电影文学，2024（03）：72–77.

［22］张振鹏 . 文化企业管理创新的影响因素及其形成机制［J］. 东岳论丛，2023，44（06）：106–116+192.

［23］周锦 . 数字技术驱动下的文化产业柔性化发展［J］. 福建论坛（人文社会科学版），2018（12）：90–95.

［24］动画手册 . 裁员、破产、关闭，全球动画公司都在勒紧裤腰带过日子［EB/OL］.（2024–08–29）［2024–09–30］.https://mp.weixin.qq.com/s/29xJ7pJfC95S5P3g2LFh2g.

［25］动画学术趴 . 独家专访！北影节 AIGC 单元大奖短片到底怎么做出来的？［EB/OL］.（2024–05–06）［2024–09–30］.https://mp.weixin.qq.com/s/X0A545Ax4k9Ytl53AtXf2g.

［26］东西文娱 .AI 动画：离彻底变革还差“一层窗户纸”［EB/OL］.（2023–10–11）［2024–09–30］.https://mp.weixin.qq.com/s/Ejd3glt2MWp9S3fqRro9eg.

［27］司若 .AIGC 带给影视业哪些巨大变革［EB/OL］.（2023–12–14）［2024–09–30］. http://www.zgjx.cn/2023–12/14/c_1310755243.htm.

［28］晓艳 .AI+ 动画又到“什么”阶段了？大家怎么看？对话玄机科技、中影年年、易动文化、福煦影视等动画公司 | 雷报［EB/OL］.（2023–12–13）［2024–09–30］.https://mp.weixin.qq.com/s/-9UcZEHiXSzAfT4Ydkob4g.

［29］Bamberger P A. AMD—Clarifying What We Are about and Where We Are Going［J］. Academy of Management Discoveries，2018，4（1）：1–10.

［30］Crevier D. AI：The Tumultuous History of the Search for Artificial Intelligence［M］. New York：Basic Book，1993.

［31］Haenlein M，Kaplan A. A Brief History of Artificial Intelligence：On the Past，Present，and Future of Artificial Intelligence［J］. California Management Review，2019，61（4）：5–14.

［32］Jones A，Oliff J. Thinking Animation：Bridging the Gap Between 2D and CG［M］. Boston：Course Technology PTR，2006.

［33］Morisawa T. Managing the Unmanageable：Emotional Labour and Creative Hierarchy in the Japanese Animation Industry［J］. Ethnography，2015，16（2）：262–284.

［34］Perez C. Technology and a Green Global Golden age：The Role of History in Helping to Shape the Future ［J］. Political Quarterly，2015，86（S1）：191–217.

［35］Sito T. Moving Innovation：A History of Computer Animation［M］. Cambridge：MIT press，2013.

［36］Tang M，Chen Y. AI and Animated Character Design：Efficiency，Creativity，Interactivity［J］. The Frontiers of Society，Science and Technology，2024，6（1）.

［37］Tschang T，Goldstein A. Production and Political Economy in the Animation Industry：Why Insourcing and Outsourcing Occur［C］//DRUID Summer Conference，Elsinore，Denmark. June 14–16，2004：1–21.

跨文化音乐交流视域下古琴艺术的作用及美育影响探究

——以开罗大学“国际中文＋古琴”实践课程为例

李　阳[①]

（北京大学艺术学院，北京 100871）

【内容提要】 随着世界经济、政治、文化全球化进程的不断加快，国际交往愈加频繁，互联网和通信技术的发展也为足不出户就能实现跨文化交流提供了有力保障。民族音乐是文化交流的重要组成部分，在“一带一路”背景下，在尊重文化多样性的基础上，通过中外交流传达“美美与共”的理念，践行美育思想，促进世界文化繁荣，是我们的重要使命。古琴艺术是中国传统音乐的代表之一、世界级非物质文化遗产，其悠久的历史、深厚的文化内涵、丰富的曲谱与著述使其成为民族性与世界性相结合的代表性音乐艺术。

近年来，随着古琴艺术成为世界级非物质文化遗产，其在跨文化音乐交流中扮演着越来越重要的角色。如何使其突破蜻蜓点水式的表面繁荣而在多元文化中深入践行“美育”思想值得探究，本文以开罗大学“国际中文＋古琴”实践课程为案例，深入分析古琴艺术在多元文化发展下的作用与影响。

【关键词】 古琴艺术；跨文化音乐交流；美育；开罗大学“国际中文＋古琴”实践课程

---

① 李阳，北京大学艺术硕士，古琴教师，“北京大学古琴传承计划”项目发起人及执行人，多年从事北京大学师生的古琴教习活动，曾赴西班牙、埃及、卢森堡、泰国等地开展文化交流。主要研究方向：琴学、跨文化音乐研究。

An Investigation into the Role and Aesthetic Education Impact of Guqin Art in Cross-cultural Music Exchange

—Take the "International Chinese + Guqin" Practical Course at Cairo University as an example

Abstract: With the accelerating process of globalization in economy, politics, and culture, international communication is becoming more frequent. The development of the internet and communication technology have also provided powerful support for cross-cultural exchanges without stepping out of our house. Ethnic music is an important part of cultural communication. Under the background of the Belt and Road Initiative, it is the mission of every nation to convey the concept of "uphold the beauty of each civilization and the diversity of civilizations in the world" through cross-cultural exchanges and practice aesthetic education to promote the prosperity of world culture while respecting cultural diversity. Guqin art, as a representative of traditional Chinese music and World Intangible Cultural Heritage, enjoys a long history, profound cultural connotations, rich scores and writings, making it a music art that combines nationality and universality.

In recent years, as Guqin art has become a world-class intangible cultural heritage, it has played an increasingly important role in cross-cultural music exchange. It is also worth exploring how to make it break through the surface prosperity of a mere skimming and deeply practice the "aesthetic education" idea in diverse cultures. This paper takes the "International Chinese + Guqin" practical course at Cairo University as a case study and deeply analyzes the role and influence of Guqin art in the development of diverse cultures.

Keywords: Guqin Art; Intercultural Music Exchange; Aesthetic Education; "International Chinese + Guqin" Practical Course at Cairo University

随着全球化的不断发展，民族音乐交流成为多元文化互动的主要形式之一。对跨文化音乐交流而言，其最基本的职能定位应当是传播不同文化，在文化交流过程中化解文化冲突，更加有效地为不同文化的沟通传播搭建平台。因而任何跨文化传播活动的目的永远不会是寻求文化艺术的大一统，而是"和而不同"的文化繁荣状态。[①]文化资源一般是指具有文化特征的人类精神活动痕迹中具有人文价值和传统价值的资源。文化资源分为物质文化资源、非物质文化资源和自然文化资源，包括历史遗迹、民俗文化、地域文化、乡土风情、文学历史、民族音乐、宗教文化、自然风光等不同类别，是文化产业发展的核心。[②]

古琴艺术作为我国独特且具有代表性的民族艺术，又作为世界性非物质文化遗产，可以以高校为载体，进行跨文化传播，走向国际舞台，展示民族风采。通过以古琴艺术为载体进行跨文化音乐交流，不仅可以同世界高校开展艺术教育互动，更可以由此实现不同国家之间的友好交流。2004年出台的《非物质文化遗产教育宣言》的第三条和第四条明确指出："大学作为人类文化（遗产）的传习地，应当倡导更加开放、平等、民主，更具世界文化交融、竞争和创新活力的教育理念；推广教育在知识传播体系上的文化多元；加强本土文化基因认知的自觉；注重民族文化的启蒙教育。大学现行教育知识体系应当反映出本土非物质文化遗产的丰富性和文化价值，大学的非物质文化遗产传承教育应落实到学科创新发展和课程与教材的改革中。"[③]

一、古琴艺术在跨文化音乐交流中源远流长

跨文化音乐交流是指一种音乐文化背景的人、群体和另一种音乐文化背景的人、群体所进行的音乐交流。从文化人类学的角度来看，跨文化音乐交流包括国家间、种族间和民族间音乐的交流。[④]古琴艺术不仅在国内蓬勃发展，早在海外也有众多学者有深入的研究和实践。随着在历史中不断地与海外文明产生交汇与碰撞，这些处在中外文明交汇处的重要人物使古琴作为中国最典型的传统音乐文明实现跨文化交流积累了丰富的文献与实物，主要体现在跨文化音乐交流的使者、音乐、乐器以及产生的学术研究。

例如，东渡日本的遣唐使鉴真、意大利人利玛窦、法国人钱德明、荷兰人高罗佩、古琴家梁铭越、赴日学习并在北大开展古琴传习活动的古琴家王露、著名音乐家萧友梅、瑞典人林西莉、移民海外的古琴家吴宗汉等，都为古琴艺术的跨文化交

---

① 张朝霞，黄昭文，编著．文化传播学［M］．北京：中国人民大学出版社，2019：142.
② 向勇．文化产业导论［M］．北京：北京大学出版社，2015：111.
③ 罗茜．新时代中国非物质文化遗产理论构建与传承路径创新［M］．北京：九州出版社，2019：150.
④ 陈明．培养多元文化的"音乐耳朵"——由跨文化音乐交流想到的［J］．星海音乐学院院报，2005（01）：67-69.

流做出了贡献，使海外拥有大量的古琴资料与琴器遗留。在日本东京博物馆保存的唐代手抄古琴文字谱《碣石调·幽兰》，以及日本正仓院所藏金银平文古琴等，都是研究海外古琴传承与交流的珍贵材料。荷兰汉学家高罗佩著有《琴道》一书，他对中国琴道的认识体现了在跨文化语境中，异域文化接受的视域融合性质。瑞典人林西莉所藏明琴“鹤鸣秋月”是在20世纪50年代由北京古琴研究会所赠送，她著有《古琴》一书，受到海内外读者的欢迎，这些都体现出20世纪中期古琴在跨文化交流中所起到的角色作用与后续产生的影响。与此同时，诸多海外学者也在不断扩展对古琴音乐的相关研究，例如从聆听角度阐述古琴的音乐表达，体察声与韵的处理[①]。海外学者荣鸿更是通过自己的切身实践，运用跨文化音乐研究的方式和“借西论中”或“以西阐中”的研究方法，引用或介绍西方音乐的内容，与中国古琴音乐内容进行类比或对比，从而深入分析阐释中国古琴音乐，研究成果可参见其1985年所撰写的文章“Da Pu：The Recreative Process for the Music of the Seven-string Zither”。

上述内容均体现出古琴艺术作为全人类宝贵的非物质文化遗产在跨文化音乐交流方面有着丰富且宝贵的文献材料、实物以及应用，为进一步研究提供了珍贵的素材。在跨文化音乐交流中，参与者有机会学习并体验不同的音乐传统，了解各种乐器的特点，掌握新的演奏技巧，甚至共同创作融合多种文化元素的新作品。这样的交流有助于增进对其他文化的理解和尊重，促进全球多元文化的和谐共存。

二、以古琴艺术为载体，构建跨文化音乐交流的国际中文课程取得良好效果

古琴是我国宝贵的文化资源，属于非物质文化遗产，非物质文化遗产的最大特点就是它是民族个性、民族审美习惯的活态性、生活化的显现。它依托于人本身而存在，以声音、形象和技艺为表现手段，并以身口相传作为文化循环链而得以延续，是文化及其传统中的活化石和活标本。[②]在当今的时代，古琴艺术作为优秀的中国传统音乐代表之一，以其作为载体来实现用文化经典构建人类命运共同体的伟大梦想有着以下独特优势：

① Marc L，Frank D，Frederik S，et al. Sharing Musical Expression through Embodied Listening：A Case Study Based on Chinese Guqin Music［J］. Music Perception，2009，26（3）：263-278.

② 向勇 . 文化产业导论［M］. 北京：北京大学出版社，2015：112.

第一，古琴艺术具有民族特色的音乐属性。古琴艺术的独特性体现为音色的苍古深邃、细腻婉转和空灵清幽，虽然古琴很难像西方交响乐那样在舞台上呈现气势恢宏的音乐效果，但我们不能以此作为其缺陷，而更应该强调其特征，展现其独特的音色和文化内涵。我国很多国家重大会议在接待外宾时都会安排古琴演奏，很多古琴家都曾出访世界各地，收到良好的反响。通过国家间的合作项目，一些濒临失传的传统音乐得以记录保存，并向全世界传播，这种努力有助于维护世界文化遗产多样性，确保未来世代也能享受到这些宝贵的艺术财富。

第二，古琴艺术具有走向世界的涵容精神。"和"不仅是中国传统文化的重要意义体现，更是古琴艺术的集中意义所在。《溪山琴况》的第一况就是"和"，"稽古至圣，心通造化，德协神人，理一身之性情，以理天下人之性情，于是制之为琴。其所首重者，和也"[①]。古琴艺术有着浓厚的民族特色，丰厚的文化内涵，高雅的象征意义，因此，在跨文化交流过程中更要求同存异。在古琴音乐表现能力范围内，结合当下文化环境进行乐曲创作亦是值得尝试的。[②]例如，在2016年G20杭州峰会，金蔚老师用古琴与那木拉老师的大提琴合奏《高山流水》，便体现出古琴艺术在走向世界的过程中，以"和"的理念追求共同的意义。

第三，古琴艺术具有独特的人文底蕴。在古琴艺术跨文化交流过程中，我们不仅仅要注重古琴音乐的传播，更要注重传播古琴艺术所依托的中国优秀灿烂的历史文化和所传递的人文精神，做到"以主位视角把握中外文化交汇点与兴趣点，在音乐教育中建构中国音乐文化图式"[③]。早在春秋战国时期，以孔子为代表的先贤们弦歌不辍，礼乐教化的风气就已经形成了。音乐教育（乐教）也随此风气诞生。《论语·泰伯》中有"兴于诗，立于礼，成于乐"之说，而《论语·八佾》中有"子谓《韶》，尽美矣，又尽善也"之说，其中不仅体现了孔子对音乐的最高艺术价值的自觉，还体现了音乐在艺术范畴内所彰显的美和道德范畴所彰显的善。而古琴艺术由于其独特的文化内涵，承担了音乐教育的使命。

在2023年春季学期，国际中文教学实践创新项目——埃及开罗大学"国际中文+古琴"示范课程于2023年年初获得教育部中外语言交流合作中心资助开设，开罗大学中文系选修课开设了"国际中文+古琴"的实践课程，面向开罗大学本科生

---

① 徐上瀛．溪山琴况［M］．北京：中华书局，2013：16.

② 赵天奇．"一带一路"背景下中华音乐行为跨文化交流与传承发展［J］．黄河之声，2024（06）：153–155.

③ 贾安琪．中国音乐的跨文化教学与传播策略［J］．当代音乐，2020（12）：154–156.

（HSK4 级以上）、研究生以及博士生进行授课，该课程由北大艺术学院副教授陈均老师主导，由笔者教授古琴演奏课程。开罗大学“国际中文 + 古琴”示范课程面向深化国际中文教育学科专业建设，聚焦古琴艺术。此课程的开设，不仅能够发挥古琴艺术及其所承载的中国传统文化在国际中文教育中的积极作用，而且辅以古琴演奏，使海外学生在古典高雅的氛围中提高自身的汉语水平及对中国文化的深入理解，进一步达到美育的目标。

该课程体系结合中文教育和古琴教学，打造具有丰富的层次性和趣味性的课程。教师不仅在教学中通过讲解琴曲故事让学生富有趣味地学习中文，而且通过琴曲示范演奏以及学生自身的演奏学习，调动海外学子的学习兴趣和积极性，同时传播中国优秀灿烂的历史文化和人文精神，切实践行美育理念。表 1 展示了该课程的课程安排，包括课程名称、课时和课程内容。

表 1　埃及开罗大学“国际中文教育 + 古琴”示范课程表

课程名称	课时	课程内容
一、走近古琴	2 小时	1. 古琴构造及琴体文化内涵 2. 古琴专业用语教学
二、古琴中的人与自然与天人合一	2 小时	1.《梅花三弄》《神人畅》琴曲赏析及文化故事 2. 文化故事中文教学 3. 指法及其象征性 4. 古琴实践教学
三、古琴中的托物言志与田园之恋	2 小时	1.《羲之爱鹅》《归去来兮辞》琴曲赏析及文化故事 2. 文化故事中文教学 3. 指法及其象征性 4. 古琴实践教学
四、古琴中的情深意浓与君子之交	2 小时	1.《阳关三叠》《流水》琴曲赏析及文化故事 2. 文化故事中文教学 3. 指法及其象征性 4. 古琴实践教学
五、昆曲中的古琴	2 小时	1. 昆曲艺术的特点 2. 古琴在昆曲中的呈现 3. 昆曲与古琴的融合及案例
六、学生结业成果汇报	2 小时	1. 课程回顾与总结 2. 琴曲演奏

注：此表由笔者制作

三、古琴艺术为跨文化音乐交流提供了良好范式，为美育理念的国际化发展提供了优秀案例

古琴作为中国传统文化的重要组成部分，以乐器为本质，以文化为载体，以美学为内涵，通过跨文化音乐交流，不仅仅能够让远在埃及的同学们从中获得音乐的滋养、文化的熏陶、美感的体验，更为他们提供了一把领略大千世界的钥匙，帮助他们开启审美生活的模式，积累演奏的技艺，品味琴曲意韵，进而培养生活中无处不有节奏，无处不有智慧的审美心灵。

本节将探究古琴在跨文化音乐交流视角下所可能产生的美育影响。

将音乐教育引入语言教育以进一步实现美育理念具有必要性和可行性。人们常认为音乐是一种无国界的语言，它不仅能够冲破民族、地域界限而感染听者心灵，而且能够增强跨文化交流和语言学习的通畅性和趣味性。古琴艺术所承载的文化内涵高度契合美育理念，而由古琴所传达的思想对生活美学所起到的重要作用也可见一斑。例如，《论语·八佾》中的"关雎乐而不淫，哀而不伤"及《荀子·乐论》中的"故乐者，天下之大齐也，中和之纪也"均体现了中与和是儒家对乐所要求的美的达成途径。又譬如，1977 年，美国国家航空航天局向外太空发射了两个"旅行者号"探测器，它们所搭载的镀金唱片录着人类主要语种的问候语和代表人类文明的 90 分钟音乐，其中最长的一首乐曲就是古琴大师管平湖演奏的《流水》，该曲讲述了子期和伯牙高山流水遇知音的故事，也正是由于这个故事的流传，在汉语的语汇里，又多了一个用音乐来形容人生的词：人们常常把了解自己、懂得自己、与自己相知相契合的最好的朋友称为"知音"。学生通过课程的学习，既欣赏了古琴经典琴曲《流水》，也学到了汉语词汇"知音"并了解其含义和由来。通过分享和体验来自不同文化的音乐，人们能够更好地理解其他民族的历史、价值观和社会习俗，音乐作为一种普遍的语言，不仅可以帮助消除语言障碍，还可以增进人与人之间的情感联系。①

以音乐为载体的跨文化交流促进文化的深度互动和审美共鸣。文化是语言产生的土壤，而语言又是文化的载体，学习语言离不开与之有关的文化。②而音乐与文化、语言教育都有着紧密的联系，古琴艺术有着三千多年的历史，在发展历程中不仅仅囊括着音乐的艺术，更在哲学层面、历史层面、艺术层面、审美层面和教育层

① 常笑笑．浅析琵琶在跨文化音乐交流和融合中的作用和影响［J］．音乐生活，2023（9）：87–88.
② 董焕玲．跨文化交际中的中外音乐交流［J］．中国音乐（季刊），2007（04）：238–240+262.

面涵容着丰富的中华人文精神。在跨文化交流中，我们可以尝试结合对基础欣赏层面、认知层面的翻译说明、讲座讲解、示范演示等方式共同呈现古琴艺术。只有双管齐下的共同传播，才能全面、准确而有深度地呈现出中国优秀的古琴艺术。例如，本次“国际中文＋古琴”课程授课对象是汉语中级的学生，本阶段的学生可以听懂较为深入的话题，能够用汉语进行流利的沟通，需要开始接触古代汉语的表达，这为实现“国际中文＋古琴”提供了学生基础。在《归去来兮辞》琴曲讲解中，同学们认识了中国田园诗人、魏晋名士陶渊明和他钟爱的菊花。他的一句“采菊东篱下，悠然见南山”，已把菊之淡然与归隐山林名士之风描绘得淋漓尽致，菊在文人士大夫眼中可称“君子”，已经成为人格品性的文化象征，在此菊不仅仅是花，而是一种超然品格的象征，这也是历代文人墨客、名人隐士对其推崇备至的结果。古琴艺术丰富浓厚的哲学内涵让其足够担起美育的大梁，人们不仅仅能够在古琴艺术中探索到中国传统哲学的内涵，还能由琴曲本身直接感受到琴学的浩瀚无涯以及音乐艺术的魅力。美育理论与实践相结合，增加了陶冶性情的内容，拓宽了自我提升的渠道。

在跨文化音乐交流中，把握求同存异，用民族音乐讲好中国故事，在多元文化中实现“美美与共”。虽然音乐无国界，但从另外一个角度来看，音乐是具有民族性的，是民族文化的产物。在跨文化音乐交流中，难免会遇到思维方式的不同，以及文化内涵解读和认知的差异。面对多元文化，我们不仅需要运用切合实际又行之有效的方式去实现文明交流和人文互动，而且需要在求同存异的前提下积极主动地了解他国文化，激发多元文明的审美共鸣，挖掘跨文化音乐交流的深度与广度，实现“美美与共”。[①]在埃及开罗大学“国际中文＋古琴”示范课程中，除了借助音乐实现语言的学习与提升，培养学生文化互动的意识也是本课程的目标之一，经过一学期对古琴知识的学习，同学们对古琴的文化内涵有了充分的了解，也在期末作业中思考了两个古文明国家在音乐艺术上的异同，比如一组同学分享了中国古琴与埃及乐器 Kanun 的比较。

① 汪毓和．不同民族文化、音乐的交流及其对中国音乐发展的影响［J］．北方音乐，2000（05）：26–28.

图 1　埃及乐器 Kanun[①]

古琴和 Kanun 一样，都是当地民族具有代表性的重要乐器之一。虽然中埃相距遥远、文明底蕴不同，但两种乐器的特征有很多共通之处：其一，两者均有悠久的历史底蕴，Kanun 的历史可以追溯到公元前 19 世纪的亚述时代，可以说，Kanun 是东方的母乐器和主要乐器。而古琴拥有着 3000 多年的历史，中国古琴艺术源远流长，不仅保存曲目极多、表现力极丰富，而且承载了极为深厚的文化信息和美学思想。其二，Kanun 与古琴一样，也是一种弦乐器，其名称源自希腊语单词 Kanun，其在阿拉伯语中的字面意思是律法，所以它包含所有阿拉伯乐器的法则和“宪法”，它是梯形的形式，包括三个音阶，每个音阶有三个和弦，因为它能够发出各种声音，所以在任何管弦乐队中都是不可或缺的。而古琴在中国古代音乐中也是雅乐的重要组成部分，被称为“冠众乐之长，统大雅之尊”，与钟磬等乐器合奏，是庙堂之乐的代表。其三，在琴身构造上两者也有相似之处，Kanun 也用身体部位来命名琴身，比如 Kanun 鼻由木头制成，用马拉维尺固定在琴盒上方，有供琴穿过的、安装在琴鼻处的通道，作用是拉长或缩短金属制成的琴弦。而古琴也会用身体部位命名。古琴造型优美，整体形状依凤身形而制成，其全身与凤身相应，有头、颈、肩、腰、尾、足。

① 该图片引自学生所提交的作业报告。

琴底部有大小两个音槽，位于中部较大的称为“龙池”，位于尾部较小的称为“凤沼”。琴头的侧端，又有“凤眼”和“护轸”。自腰以下，称为“琴尾”。琴尾镶有刻有浅槽的硬木“龙龈”，用以架弦。“龙龈”两侧的边饰称为“冠角”，又称“焦尾”。其四，在表情达意方面，Kanun 表现力强，或欢快明丽，或悠远深邃，或低沉浅吟，与古琴有异曲同工之妙。古琴通过散音、泛音、按音三类音色呈现出丰富的表现力，成为历代文人士大夫修身养性的重要乐器，有着“士无故不撤琴瑟”的美誉。

跨文化音乐交流也能够挑战音乐家们去超越他们自己的舒适区，为听众提供全新的听觉体验。例如，西方古典音乐家可能会与中国传统乐器演奏者合作演出，创造出一种结合东西方特色的新型音乐。这不仅促进了艺术创新，而且还有助于构建更加包容的社会氛围。

四、结　语

近年来，音乐人类学对“音乐”的界定，即“文化中的音乐” 或“音乐作为文化”的观念，已广泛影响到欧美对音乐教育性质的认识。[①] 埃及开罗大学“国际中文 + 古琴”示范课程的开设，目标是切实提高海外学生的中文水平及对中国文化的深刻理解，促进古琴艺术的跨文化传播，进而探索中华优秀传统文化及古琴艺术在国际中文教育中发挥的美育作用。本课程已逐渐形成范式与品牌，不仅在第一次开设课程之后成为长期开设的备受欢迎的选修课之一，同时也促进了其他院校对古琴艺术在国际中文教育中的重视，起到了示范作用。

在全球一体化的大背景下，如何对待自身的传统文化已成为一个重要的课题。习近平总书记高度重视传承发展中华优秀传统文化，多次强调“要推动中华优秀传统文化创造性转化、创新性发展，以时代精神激活中华优秀传统文化的生命力”。当今世界，跨文化音乐交流的形式越来越多，古琴艺术作为我国独特且具有代表性的民族艺术，又作为世界性非物质文化遗产，以其作为载体进行的跨文化音乐交流，已逐渐走向国际舞台，展示民族风采，为如何在不同民族与民族文化之间实现人文精神的互动、在文化的交流与碰撞中不断构建人类命运共同体提供了一种可能性和可行性。

---

① 管建华 . 音乐的跨文化交流与多元文化音乐教育［J］. 中国音乐，2003（1）：24-27.

参考文献

［1］罗茜 . 新时代中国非物质文化遗产理论构建与传承路径创新［M］. 北京：九州出版社，2019.

［2］向勇 . 文化产业导论［M］. 北京：北京大学出版社，2015.

［3］张朝霞，黄昭文，编著 . 文化传播学［M］. 北京：中国人民大学出版社，2019.

［4］徐上瀛 . 溪山琴况［M］. 北京：中华书局，2013.

［5］陈明 . 培养多元文化的“音乐耳朵”——由跨文化音乐交流想到的［J］. 星海音乐学院院报，2005（01）：67–69.

［6］常笑笑 . 浅析琵琶在跨文化音乐交流和融合中的作用和影响［J］. 音乐生活，2023（9）：87–89.

［7］董焕玲 . 跨文化交际中的中外音乐交流［J］. 中国音乐（季刊），2007（04）：238–240+262.

［8］管建华 . 音乐的跨文化交流与多元文化音乐教育［J］. 中国音乐，2003（1）：24–27.

［9］贾安琪 . 中国音乐的跨文化教学与传播策略［J］. 当代音乐，2020（12）：154–156.

［10］汪毓和 . 不同民族文化、音乐的交流及其对中国音乐发展的影响［J］. 北方音乐，2000（05）：26–28.

［11］赵天奇 .“一带一路”背景下中华音乐行为跨文化交流与传承发展［J］. 黄河之声，2024（06）：153–155.

［12］Marc L，Frank D. Frederik S，et al. Dirk Medium，Sharing Musical Expression through Embodied Listening：A Case Study Based on Chinese Guqin Music［J］.Music perception，2009，26（3）：263–278.

体验与共建：游客凝视视角下民族景观建构与意义再生产①

张　玉②

（澳门城市大学，中国澳门 999078）

【内容提要】 在少数民族地区旅游发展进程中，以民族技艺作为重要的文化表征形式，在民族地区旅游市场中建构新型“民族景观”逐渐成为一个颇具特色的现象。“游客凝视”作为一种隐性力量，支配着特殊旅游场域建构。文化持有者与游客依托沉浸式在地体验民族技艺这一创意文旅消费模式，构成互为表演主体的独特“民族景观”，同时使得民族技艺在旅游市场中产生了场域转换、功能变化、意义再生产等现象。本文以云南迪庆藏族自治州香格里拉市为研究案例地，选取唐卡作为研究对象，以香格里拉唐卡画院“沉浸式体验”运营作为田野个案切入，对民族地区沉浸式的旅游体验开发和游客与东道主共建新型民族景观的个案进行深入考察，试图厘清旅游地、游客体验、在地居民与旅游在地商品之间不断发展互动的共生关系。

【关键词】 游客凝视；民族景观；体验；共建；意义再生产

① 本文系南京艺术学院2024年度新质生产力研究专项课题“新质生产力视域下艺术类高校虚拟教研室建设可行性探索”阶段性成果（课题批准号：2024XZQN05）。

② 张玉，澳门城市大学人文社会科学学院博士研究生。主要研究方向：创意与文化生产、非物质文化遗产保护等。

Experience and Co-construction: the Construction and Meaning Reproduction of National Landscape from the Perspective of Tourist Gaze

Abstract: In the process of tourism development in ethnic minority areas, the construction of a new "ethnic landscape" in the tourism market of ethnic minority areas with ethnic skills as an important form of cultural representation has gradually become a distinctive phenomenon. "Tourist gaze" as an invisible force dominates the construction of special tourism fields. Cultural holders and tourists rely on the creative cultural tourism consumption model of immersive local experience of ethnic skills to form a unique "ethnic landscape" with each other as the main performers, which also makes ethnic skills produce field transformation, functional changes, and meaning reproduction in the tourism market. This paper takes Shangri-La City, Diqing Tibetan Autonomous Prefecture, Yunnan Province as the research case, selects Thangka as the research object, and takes the "immersive experience" operation of Shangri-La Thangka Painting Academy as the field case. It conducts an in-depth investigation on the development of "immersive tourism experience" in ethnic minority areas and the case of tourists and hosts co-building the new ethnic landscape, trying to clarify the symbiotic relationship between tourist destinations, tourist experiences, local residents and local tourism products that are constantly developing and interacting.

Keywords: Tourist Gaze; National Landscape; Experience; Co-construction; Meaning Reproduction

引　言

进入后工业社会时代以来，有闲阶级的扩大使得深度游、文旅游等新型旅游模式出现，其本质是追逐他者文化的精神供给，以及寻求诗意生活的短暂栖居。传统手工技艺作为民族地区旅游重要的文化表征形式，引发了旅游者的怀旧情绪和无限遐想，唤起了他们对过去传统生活的记忆，将他们带入想象中的田园牧歌生活里。

旅游地不仅是当地居民长期生活、生产、消费的空间，也是旅游者短期停留、观光、休闲和消费的空间。在旅游地，传统民族手工艺品串联起旅游者与在地原住民之间的互动、交流和对话。传统手工艺人和手工艺品与游客之间形成了一个巨大的旅游场域，当画师的唐卡绘制成为大众表演的一部分时，真实性在何处？画师作为旅游地的文化中介，如何与游客进行良性社会交往？又该如何通过唐卡这一传统民族技艺将民族文化置于更加广阔的社会话语中？在乡村振兴时代背景下，如何看待民族地区的景观建构现象？传统民族艺术在当代市场经济的浪潮中，应当如何发挥其积极作用助力文旅融合新发展？上述问题都值得深思。

本文以云南迪庆藏族自治州香格里拉市为研究案例地，选取唐卡作为研究对象，以当地香格里拉唐卡画院"沉浸式体验"运营作为田野个案切入，在对"游客凝视""景观构建"等理论进行文献回顾后，通过游客"沉浸式体验"案例，由浅入深分三个部分展开论述：一是游客凝视环节，从游客视角展开，呈现大众观光下的唐卡绘制；二是游客体验环节，从旅游互动展开，呈现游客与画师互动下的"民族景观"构建；三是在地共建环节，通过新的文化实践行为，完成民族艺术的意义再生产。

一、理论文献回顾与研究进展

1992 年，英国社会学家厄里（Urry）借用福柯（Foucault）的"医学凝视"概念，提出了"旅游凝视"（Tourist Gaze）概念，并将之发展为旅游人类学、旅游文化学研究的一个重要理论分析工具。厄里认为，"旅游凝视"是旅游欲求（Needs）、旅游动机（Motive）和旅游行为（Tour/Travel）融合并抽象化的结果，是旅游者施加于"地方"（Place）的一种作用力。在这种作用力下，旅游接待地会尽量迎合外来游客的欣赏口味，以获得经济效益。① 史密斯（Smith）认为，旅游是一种特殊的文化交往过程，旅游者在其中扮演着"文化交流使者"角色，旅游中"主人"和"客人"两种文化的接触与交往，使得东道主文化不断地借鉴和适应游客文化，并由此引发了文化商品化、文化自信、文化变化以及文化个性等现象的产生。②

景观（Spectacle）由法国思想家居伊·德波（Guy Debord）在《景观社会》中提出。他认为，"在现代生产条件无所不在的社会，生活本身展现为景观的庞大堆聚。

---

① 刘丹萍．旅游凝视：从福柯到厄里［J］．旅游学刊，2007（06）：91–95.

② 瓦伦·L. 史密斯．东道主与游客：旅游人类学研究［M］．张晓萍，等，译．昆明：云南大学出版社，2007.

直接存在的一切全都转化为一个表象”[①]。景观不仅外化为一种物质形式，而且成为一种社会关系，重构着大众的日常生活。

文化景观是一种人们体验乡村文化氛围的载体，在人们体验的过程中，心理会从探索未知转变到实现自我。当人们处于特定文化空间时，此时的需求就不再完全是物质上的，而是包含心理上的，即心理上的体验处于主导地位。文化景观的存在，满足了人们心理上的渴求，通过在时间、空间上的互动，人们在动态环境中获得心灵体验，触摸到传统文化的脉搏，进而实现少数民族传统文化的传承。[②]

科恩（Cohen）将民族旅游总结为“针对在政治上、社会上不完全属于该国主体民族的人群，由于他们的生态环境或文化特征或独特性的旅游价值，而进行的一系列观光旅游”。民族旅游是进入他族感受异质性存在的文化体验活动。民族文化旅游小镇以吸引消费为目的，以民族文化景观展演为形式，承载着当地少数民族和其他民族、地区旅游者对该民族文化的想象。[③]

有学者认为，少数民族地区的身份标签引发了主体民族的地理想象。2011 年，英国地理学者史蒂芬·丹尼斯（Stephen Daniels）将地理想象定义为理解世界和经验的理论模式，在这种模式下，有获取地理知识的特定技术，有各种视觉媒介和意象塑造模式。国内学者关注到地理想象在旅游中的实践，旅游者对地方的想象是一种凝视，当地居民的想象则是反凝视，旅游地区在自我形象建构的过程中既要迎合他者化建构的外部想象，又想表达出真实自我。

民族地区旅游作为一种文化体验方式和文旅新业态，景观建构成为其重要内容和组成部分。当代立足于游客凝视的“民族景观”构建，是在当代民族地区，以民族文化为主体，由在地居民为了满足游客需求所营造出的具有强烈文化差异性和文化特殊性的人文景象。其中既烙印着根深蒂固的自我认知与外界的刻板印象，也满足了他者的欲望想象；既蕴含了民族深厚历史传统的神圣性，又深刻地浸染了后现代文化的娱乐性；当地居民既是“民族景观”生产地主体，又是被观看、被凝视的客体与对象。[④]

---

① 居伊·德波．景观社会［M］．张新木，译．南京：南京大学出版社，2017：3.

② 王钧，徐晓彬．少数民族民俗文化景观与乡村认同的建构［J］．海南大学学报（人文社会科学版），2024（02）：169–177.

③ 科恩．旅游社会学纵论［M］．巫宁，马聪玲，译．天津：南开大学出版社，2007.

④ 刘晓春．当代民族景观的“视觉性”生产——以黔东南旅游产业为例［J］．社会学评论，2021（03）：61–82.

二、情景化展演：游客凝视下画师的唐卡绘制

在传统社会中，唐卡作为藏传佛教信徒修行的法器和供奉的圣物，其绘制原语境是在寺庙中，由寺内僧人或专门画师绘制完成。其绘制通常是僧人修行的一个环节，包含着自我观照与自我凝视，具有宗教神圣性。进入当下旅游消费场域中，唐卡作为一类民族工艺商品被大众消费者欣赏购买，已然成为一类艺术商品。同时，唐卡自身所包含的复杂性和独特性的工艺绘制过程，也成为大众消费对象。在游客凝视语境下，面向大众的唐卡工艺绘制和大众工艺体验，成为画院的消费策略之一，通过观看和体验的方式不断呈现给过往的观光游客。

笔者调查的唐卡画院中，一方面，画师是连接游客与传统藏族文化的桥梁，作为传统藏族文化符号的载体，充当旅游地的文化中介。在游客眼中，他们不仅是传统手工艺人，更多的是被看作藏族文化的族群代表，他们在大众面前展示的唐卡绘制技艺和过程，被游客解读为藏地艺术绘制的真实写照，从而在游客心中形成“传统藏族文化意象”。另一方面，唐卡作为当代旅游市场中的消费品存在，为了适应大众旅游的消费需求，画院选择性展演适合被“景观化”的唐卡绘制技艺，在旅游市场呈现出“部分真实”的面貌。在面向过往观光者和游人的开放式画院中，画师在其中的唐卡绘制工作成为供人观看和欣赏的大众景观。这是一种典型的旅游的“符号化”[①]。在这种大众凝视场景下，围绕宗教符号所产生的神圣氛围渐趋淡化，唐卡技艺的展示如同当代游乐园等大众文化形式，变得更加世俗化、审美化。

“展示唐卡绘制过程”是唐卡作为商品能否成功销售的关键所在，唐卡由之前封闭寺庙中的绘制修行宗教产物逐渐成为开放画院中的艺术作品，画院将整个绘制过程展示出来，使每一位过往的游客都能够接触最“真实”唐卡作品的诞生。从人类学的视角来说，这种经营模式类似于“以销售为目的的艺术品展示……物品放置的场景、被发现地点的声望对于卖家预估品质、价值、本真性具有很重的分量”[②]。

从画院整体布置来看，画院将前厅作为接待消费者和展示画师绘制唐卡的现场，并且将矿物质颜料和画笔、画具等用品陈列在柜台中，试图向消费者传达出一个

---

① 杨振之，邹积艺.旅游的“符号化”与符号化旅游——对旅游及旅游开发的符号学审视［J］.旅游学刊，2006（05）：75–79.

② 克里斯托夫·B.斯特纳.贸易的艺术：论非洲艺术市场的价值创造与本真性［A］// 乔治·马尔库斯，弗雷德·迈尔斯.文化交流：重塑艺术和人类学［C］.阿嘎佐诗，梁永佳，译.桂林：广西师范大学出版社，2010：179.

“真实的”唐卡绘制过程，以满足大众的消费需求和旅游想象。根据笔者的调查访谈[①]得知，绝大多数的旅游消费者十分喜欢开放式画院的技艺呈现，游客对那些能体现出悠久历史文化、宗教信仰色彩和丰厚民族地域特色的唐卡手工技艺感到惊奇甚至震撼，对在现代后工业社会具备强烈差异性和独特性的藏地艺术产生兴趣甚至迷恋，画院所展示出的唐卡绘制过程很大程度上满足了大众对“唐卡与日常不同”的审美体验，在当代，“唐卡工艺的生产过程”已经成为大众的凝视及消费对象之一。

唐卡工艺通过展示原本不可被大众观看的技艺和绘制过程而获得大众消费者的喜爱，虽然在一定程度上，其原本的绘制场景受到一定破坏而遭到他者非议，但在旅游消费语境中，游客对民族手工艺业产生了参观、参与和体验的需求。开放式的画院和面向大众的唐卡绘制过程，这种“情景化”的构建方式早已经与具体的经济利益产生关联，对唐卡消费活动的产生起到相当重要的促进作用。新型沉浸式体验，使得民族技艺作为一项差异性的民族景观由以往单一的“游客凝视”走向游客与东道主互动下的“在地共建”。

三、沉浸式体验：游客与画师互动下的“民族景观”构建

才周太是香格里拉唐卡画院的画师，也是唐卡体验学习班的助教。他讲道，在传统的藏族社会中，唐卡绘制是一件修行累积功德的大事，一般都是由寺院中的僧侣和专门学习此项技艺的唐卡画师进行此项活动，其他信徒是没有资格参与的。进入当代，唐卡进入旅游消费领域中，其绘制已经不再是一件私密的、隐蔽的重要盛事，而成为大众消费者每个人都可以进行体验的一项公共性活动。“我们现在售卖的不只是唐卡作品，游客也可以加入体验一起来画唐卡，这样他们就有了属于自己的唐卡作品。”[②]

2010年，青海热贡人格桑达娃在云南迪庆香格里拉创建了香格里拉唐卡画院，从事唐卡创作和推广工作。2016年，他开始在画院尝试开放唐卡体验项目，为此专门开辟了一个独立的体验空间，提供参与式的唐卡体验学习，接待团队或个人游客来此体验“一日 / 多日唐卡学习”。据格桑介绍，这个体验项目从在北京开画院[③]以来，他就尝试着在做，一开始主要接受一些唐卡爱好者的问询和要求，后来慢慢发

---

① 访谈时间：2016年11月12日，访谈地点：香格里拉唐卡画院，访谈对象：游客S先生。
② 访谈时间：2016年11月12日，访谈地点：香格里拉唐卡画院，访谈对象：才周太。
③ 2014年，格桑达娃在北京798艺术区创立香格里拉唐卡画院。

现体验学习的成功对后续唐卡的消费购买有着十分有利的影响，便开始主动接受旅行团体来此进行唐卡体验学习。每年七八月份是香格里拉的旅游旺季，画院每天都要接待数十个团队来参观，有一些对藏族传统文化和艺术感兴趣的游客便会留下来，学习、体验唐卡工艺的绘制。

体验绘制唐卡不仅能增强游客对这项民族工艺的理解和认知，一定程度上还能激发其消费的欲望。格桑达娃在接受笔者的访谈中提到，“有一些游客来到了这里，体验完之后喜欢上了唐卡，就留在香格里拉做我的学徒，学习上几个月甚至一年的也有。不一样的人群也有不一样的需求吧。但是，唐卡体验确实能够增强顾客对唐卡的认识，一般体验完都会买一幅（唐卡）回家”①。从这里我们不难看出，参与式的唐卡体验学习已然成为大众旅游者所热衷的消费形式之一，画院以体验学习的方式，将原本不可被大众所学习和体验的唐卡技艺，演化成画师与游客共同互动下创作完成的艺术作品。

从传统市场的陈列销售转向当代以制作与销售融为一体的整个过程，传统民族文化成为唐卡销售的核心主体，这不仅使得唐卡技艺在当代被得以广泛认知和传承，同时也契合了旅游中游客从客体凝视者到主体表演者的需求变化。“游客不只是观众，也是表演者”②，游客不再满足于一个被动给予的接受者角色，他们更愿意主动参与甚至融入当地的社会与文化，获得一种感同身受的深度体验。消费者能够从体验学习中直接获得感官层面的满足，也符合其追求新鲜感和奇异感的心理诉求。

根据列斐伏尔的空间生产理论，空间与历史、人、物质密切联系在一起形成完整的社会实践。旅游消费场域下，经营者、传承人等通过挪移、仿制、体验等手段，再造出一种多元流动的民族技艺样态，使其成为具备观赏、学习、体验等多重维度为一体的民族文化景观，同时在新的空间、人群、社会中实现民族技艺的意义再生产，它包含着全球化进程中的地方文化的重塑，同时也昭示着消费社会下的大众文化洗礼。

面向大众的唐卡工艺的沉浸体验，是旅游业制造的一类职业景观。③它不仅带动了大众旅游的兴起以及工艺纪念品的生产，而且将唐卡的绘制过程搬上大众舞台，并且加以表演，这不仅是可供游客凝视的文化过程，更是可供游客参与、体验的游

① 访谈时间：2016 年 11 月 12 日，访谈地点：香格里拉唐卡画院，访谈对象：格桑达娃。

② 约翰·厄里，乔纳斯·拉森．游客的凝视［M］．黄宛瑜，译．上海：上海人民出版社，2020：218–225.

③ 马康纳．旅游者：休闲阶级新论［M］．张晓萍，译．桂林：广西师范大学出版社，2006.

客自我表演。在这种以“舞台景观”为对象的观光旅游中，其画师的技艺具有表演性，体验具有伪装性，创作过程成为文化产品。游客通过凝视、参与体验他人的技艺生产，满足了现代人对神秘异文化和宗教神圣性的浪漫想象。这种主客互动的体验让旅游不再只是单向傲慢的凝神静观，而是开启了游客自身与在地原住民的对话，重新建立起自由、平等的关系，伴随着深入的教学互动，共同建立新的“民族景观”。

四、在地共建：民族艺术的意义再生产

“所有的游客都在某种程度上渴望深度介入社会与文化——这才是一个基本的旅行动机。”①2018 年 6 月，香格里拉唐卡画院被评为迪庆藏族自治州非物质文化遗产保护传承基地，画院从“旅游消费”到“文化产业消费”的发展过程，也是正式走向“在地共建”民族文化道路的过程。

唐卡制作体验对从事艺术创作的实践者也带来了不一样的感受，笔者与一位常年在画院学习唐卡绘制的艺术家交流后得知，他在深入藏地后，开始学习使用唐卡传统画材和绘画技法，并将其应用到自己的艺术创作中，希望使作品更有创新性。正如他所言，“我自己本身就是纯艺术专业，一直对藏族艺术感兴趣。2019 年我找到了格桑老师开始学习藏族艺术。对我而言，这不仅是一门新艺术的学习，而且我在这个过程中对于自己的艺术创作有了更加明确的想法。我们是共同学习，创造更好的艺术”②。

从个体游客到藏地艺术家，不同到访群体与在地画师互动，文化身份之间相互产生作用，构成了唐卡的“文化生产场”，将唐卡从游客凝视下的大众观看转化到主客互动下的沉浸式体验与文化共建，赋予了其民族传统文化的特殊意义。画院通过画师、销售者与旅游消费者进行主体间的交往，共同促进唐卡价值的再创造。唐卡的文化共建反映出游客和藏地画师在彼此了解的条件下，都认可对方的文化价值，并尊重藏地文化。在这种状态下，新的文化产业发展模式被创造出来了。弱势文化没有被强势文化所同化，两者更多的是相互借鉴，交融发展。这是传统藏文化走向现代化的一个重要途径，也是传承传统民族意识的重新塑造。

香格里拉唐卡画院除了向游客及在地艺术家传习唐卡技艺，还积极探索与外界

---

① 马康纳 . 旅游者：休闲阶级新论［M］. 张晓萍，译 . 桂林：广西师范大学出版社，2006.

② 访谈时间：2023 年 8 月 13 日，访谈地点：香格里拉唐卡画院，访谈对象：艺术家 W。

的合作。2023 年，画院与上海洛素文化传播有限公司合作，开设暑期非遗体验工坊，招募海内外艺术专业学生，画师与来自罗德岛设计学院的插画教授 Prof. Oren 共同合作，带领学生在藏区进行采风和调研，探索藏族文化，教授唐卡颜料制作和绘画传统技艺。在跨文化学习合作的过程中，画师更直接地了解到西方艺术思维的方式，唤起自己的民族自觉。来自跨文化背景下的艺术家和学生从唐卡画师的身上感受到传统民族技艺和文化精神的传承，在这种心理推动下完成属于自己的唐卡作品。唐卡的宗教性与神圣性在当代社会生活和旅游市场中产生了新的象征意味，游客从观光香格里拉圣城和参观民族志博物馆转向了自我探索与认同的叙事。游客与在地画师由浅及深的互动交往，使得唐卡再次产生新的意义价值，形成新的民族景观建构。

随着文化变迁，作为传统藏族艺术的唐卡逐渐适应现代化市场，脱离以往传统的、宗教的价值语境，跨文化背景的艺术家的加入，游客的深度体验参与，让他们的身份逐渐从文化参与者转向了与在地居民共同重塑民族文化共建者。唐卡也不再是具备宗教神圣价值的宗教圣物，它从一种民族志物品[①]走向更为广阔的艺术领域。当代社会，重塑唐卡价值并非静态的、单一的过程，而是在地艺术家与游客之间主体性交往中互相借鉴、交流和融合的过程，是动态的、多样化的文化生产。

沉浸式体验与传习互动的加入，让唐卡这一单纯的旅游工艺商品增添了跨文化价值的意味，反映出“体验 – 共建”的形式，让传统的旅游符号化[②]走向符号化旅游[③]。各种不同的文化，包括其他民族的、现代时尚的、西方的，在这里相融共生，游客在这种环境与氛围中参与个性化创造，创造出新的文化符号，这些实践与创新比以往作为旅游纪念品的唐卡更有价值，也更具有鲜明的时代特色。它们超越时间与空间的限制，打破了以往封闭的族群自我凝视，形成了动态的“观看”体系。新型民族文化创意生产实践既是东道主主动选择的过程，也是民族传统文化与大众文化的认知互动和对话交流。

---

① 弗雷德・R. 迈尔斯 . 绘画文化：原住民高雅艺术的创造［M］. 卢文超，窦笑智，译 . 南京：译林出版社，2022：202.

② 旅游的符号化是将表象化的旅游符号呈现给旅游者，旅游者被动地吸取和接受其他文化。

③ 符号化旅游，是基于旅游主体对旅游地社区文化的本质认可，在旅游体验中，旅游者、规划设计师、社区居民等主体广泛参与到旅游地文化的创造过程，揭示了游客到目的地去与东道主共同创造新的文化符号的实质。

五、结论与反思

在传统旅游情境中，旅游通常是旅游地生产文化符号—媒体中介传播符号—游客验证符号—完成收集符号的过程，这种一般是旅游的符号化，它将被构建的、表象化的旅游符号呈现给旅游者，旅游者被动地吸取和接受其他文化，这对旅游业的可持续发展产生诸多不利影响。随着当下民族地区沉浸式旅游体验的深入挖掘，旅游者和在地文化生产者之间的交往关系被推进，使得游客凝视不再是单一的游客视角，东道主的“观看”与“声音”纳入同一范畴。跨文化群体的双向互动是一个互为主体的过程，双方在互动中建立平等且信任的关系，并共同满足对互为“他者”的想象，在以他者为镜像完成自我形象的建构过程中[①]，游客与在地画师共同完成新的民族景观建构。

以唐卡绘制体验和非遗工坊为例，旅游地的沉浸式体验打开了游客、跨文化艺术家与在地画师之间的交流屏障，使得“民族景观”从以往单一的游客凝视和符号消费走向双方的互动共建和意义再生产。旅游地不再是被凝视的民族志博物馆，而是被游客看作是充满传统社会价值的空间，游客和在地画师在其中共同探索和挖掘藏族传统知识与技艺，反思和体会理想生活。

从游客体验来看，游客在“体验 - 共建”中，个人的身份转向促使东道主和游客平等对话，自身和在地画师一同实践、创新文化传承和表现形式，得以探索新体验，结识新朋友，参观新地方，认知新自我，获得难忘的旅行体验。游客通过积极参与他者文化的日常生活实践，不断拓展个人创造力，在他乡重塑理想生活方式。

从东道主，即在地画师来看，“体验 - 共建”的非遗体验学习唤起了民族文化自觉，他们认识到当地丰富的旅游资源、深厚的文化内核、传统的民族精神是吸引游客来此地的目的，是旅游业发展的根本。工艺美术的繁盛为当地带来的除了旅游经济效益，还有藏地居民对本民族文化的自省，以及文化认同和文化自信的增强。在这个层面上，游客的涌入及参与创造，唤起了东道主的民族文化意识，促使在地原住民对自身文化“内省”，加强对自身民族的文化认同。

游客身份的转向和在地“体验 - 共建”实践活动启发我们，要用新的眼光看待旅游地、游客体验、在地居民与旅游在地商品之间不断发展互动的共生关系，“游客与东道主”的共建时代已经到来。沉浸式体验作为旅游形式的新介质，以传统民族

---

① 吴琼.他者的“凝视”——拉康“凝视”理论［J］.文艺研究，2010（04）：33-42.

技艺为依托，让来自现代生活场景的游客，通过沉浸式在地体验形式与在地居民跨越时间、空间、文化的限制进行平等的交流和表达，从而创新文旅形式。这是文化多样性的重要体现，也是文化创新必然经历的关键阶段。在平等共建理念的指导下，人们能够选择诗意地栖居，并最终实现"各美其美，美人之美，美美与共，天下大同"的理想社会。①

【参考文献】

［1］费孝通．美好社会与美美与共：费孝通对现时代的思考［M］．北京：生活·读书·新知三联书店，2019.

［2］迈尔斯．绘画文化：原住民高雅艺术的创造［M］．卢文超，窦笑智，译．南京：译林出版社，2022.

［3］德波．景观社会［M］．张新木，译．南京：南京大学出版社，2017.

［4］科恩．旅游社会学纵论［M］．巫宁，马聪玲，译．天津：南开大学出版社，2007.

［5］斯特纳．贸易的艺术：论非洲艺术市场的价值创造与本真性［A］// 乔治·马尔库斯，弗雷德·迈尔斯．文化交流：重塑艺术和人类学［C］．阿嘎佐诗、梁永佳，译．桂林：广西师范大学出版社，2010.

［6］刘丹萍．旅游凝视：从福柯到厄里［J］．旅游学刊，2007（06）：91–95.

［7］刘晓春．当代民族景观的"视觉性"生产——以黔东南旅游产业为例［J］．社会学评论，2021（03）：61–82.

［8］马康纳．旅游者：休闲阶级新论［M］．张晓萍，译．桂林：广西师范大学出版社，2006.

［9］史密斯．东道主与游客：旅游人类学研究［M］．张晓萍，等，译．昆明：云南大学出版社，2007.

［10］王钧，徐晓彬．少数民族民俗文化景观与乡村认同的建构［J］．海南大学学报（人文社会科学版），2024（02）：169–177.

［11］吴琼．他者的"凝视"——拉康"凝视"理论［J］．文艺研究，2010（04）：33–42.

［12］厄里，乔纳斯·拉森．游客的凝视［M］．黄宛瑜，译．上海：上海人民出版社，2020.

［13］杨振之，邹积艺．旅游的"符号化"与符号化旅游——对旅游及旅游开发的符号学审视［J］．旅游学刊，2006（05）：75–79.

① 费孝通．美好社会与美美与共：费孝通对现时代的思考［M］．北京：生活·读书·新知三联书店，2019.

从中国当代艺术展的“网红困境”谈起：论艺术的公共性与大众的审美参与

郑雨琦 ①
（北京大学艺术学院，北京 100871）

【内容提要】 近年来，中国当代艺术展在全国各地流行开来的同时，也常常面临一种“网红困境”，即许多并不带着直接观展目的的自媒体人在社交平台打卡晒照和自我彰显。这一现象一方面有助于展览本身的宣传推广，但另一方面也被质疑破坏了其原有的话语特质，从根本上挑战了艺术传播的目的。这种困境产生的根源在于艺术机构对大众参与这一终极目标及其过程的认知与辩论，背后的逻辑即日常生活审美化之后难以规避的文化平面态。因此，为真正提高大众的审美参与，既需要以一个相对包容的心态接受不同文化语境下更多人的自由解读，也可以利用艺术逐渐置入社会生活的过程，以有效的方式提升大众审美力，最终实现全民美育的理想目标。

【关键词】 当代艺术；网红困境；艺术公赏；大众参与

On the “Internet Celebrity Dilemma” in Contemporary Chinese Art Exhibitions: The Public Nature of Art and Mass Aesthetic Participation

Abstract: In recent years, contemporary art exhibitions in China have gained popularity across the country, often encountering an “internet celebrity dilemma”. This refers

① 郑雨琦，女，北京大学艺术学院博士研究生，北京大学文化产业研究院研究助理。主要研究方向：文化艺术的创造性转化与国际化传播。

to the phenomenon where many social media users, lacking a direct intention to view the exhibitions, visit for the purpose of check-ins, photo sharing, and self-promotion on social platforms. On one hand, this phenomenon aids in the promotion of the exhibitions themselves; on the other hand, it is criticized for undermining the original discourse of the art and fundamentally challenging the purpose of art communication. The root of this dilemma lies in the understanding and debate within art institutions regarding public participation as an ultimate goal and its processes. The underlying logic reflects an unavoidable cultural flattening after the aestheticization of everyday life. Therefore, to genuinely enhance public aesthetic participation, it is necessary to adopt a relatively inclusive mindset that embraces diverse interpretations in different cultural contexts. Additionally, it is essential to leverage the gradual integration of art into social life to effectively improve the public's aesthetic sensibility, ultimately achieving the ideal goal of universal aesthetic education.

Keywords: Contemporary Art; Internet Celebrity Dilemma; Public Appreciation of Art; Mass Participation

自媒体时代到来以后，一种潜在的文化撕裂成为大众不得不面对的伴生性现象。它往往与个体的身份标签等特质产生密切关联，构成让内在差异性逐渐外化为一种不可兼容的矛盾趋势，也成为许多偏激立场和话语模式中带入自身性思考的一个重要维度，使得在舆论环境中的社会群体愈加对立。但事实上，生活中并没有那么多分立，身份的异质也仅构成社会多元性的基础，而不应代表尖锐的群体性冲突。在此基础上，一种借以弥合大众创口的形式显得格外重要。在政治、经济、阶级等日益分层的时代，文化艺术承担了这个重要的职责。

艺术的公共性问题由此成为一个相当重要的命题。从过往小众参与的精英艺术，到当今时代博伊斯口中的“人人皆是艺术家”，艺术的重心经历了在生活中的下沉。中国当代艺术展举办的活跃化，在鼓励民众参与其中的同时，也尝试构建起一条新的文化共享路径。然而，文化的公共性不只是一个简单的参与度问题，尤其对当代社会的新公民来说，更好地理解和提高文化艺术审美力的意义非同小可。

一、中国当代艺术展的“网红困境”

（一）当代艺术及其介入性

艺术可以被视作一种介入社会的政治、文化方案，这是法国艺术批评家尼古拉斯·博瑞奥德（Nicolas Bourriaud）在《关系美学》中所秉持的理念[①]，他所基于的正是对当代社会发展模式的思考。这一提法源自资本主义时代商业化和市场化的常态，使艺术成为构建人与人之间交易式社会关系的基础，因而他尝试寻求在这种异化之下的合理解决路径。

在这种视域下，艺术作品的主题与其材料、形制、媒介等不再产生必然的关联，而仅与其激发出来的人际关系相关，并由此成为社会交流和关系构建的中介。[②]换言之，艺术家的主体性被极大地削弱，建立在其上的社会网络则成为整个艺术环节中最核心的成分。

博氏的关系美学不是对一类艺术或其风格样式的定义，而是用新的方式理解并阐释我们对当代艺术及其发展路径的思考。尽管他的这一理论在学界并未得到普遍认可，甚至引发过朗西埃（Jacques Rancière）、毕夏普（Claire Bishop）等学者的批判质疑，但他们的争论所围绕的焦点都离不开对人在艺术参与中的作用探讨，折射出当代艺术的一个积极的探索方向。

在国内，这种对参与性的重视及社会关系的构建也伴随着文化艺术行业的不断发展完善而有所体现。尤其是近年来相对具有影响力的艺术展举办的增加，当代艺术逐渐进入到普罗大众的视野，吸引着越来越多观众与其交互、对话。许多公共艺术机构在此趋势下尝试构建起一套介入式艺术方案，打破作品与观众的边界，并通过科技手段营造出紧密交互的氛围，形塑着人们对于艺术可参与性的认知，乃至将其带入生活和思维习惯当中。

但是，这种边界的跨越仅是在一个有限范围内的尝试。对大多数博物馆、美术馆而言，传统的单向度展陈依然是其核心业务模式。在这种既定的艺术语境下，人与作品的接触、互动乃至于一定程度上的“破坏”性变更，都是令它们难以接受的。

---

① Bourriaud N. Relational Aesthetics［M］. Dijon：Les Presses du réel，2002.

② 金影村 . 参与性艺术的困境：关系美学与关系艺术的批判性解读［J］. 艺术设计研究，2020（04）：111–115.

（二）“网红困境”及其表现

在国内，尤其是人口密集、活动丰富的一线城市，许多具有较大社会影响力的当代艺术展时常面临着一种普遍而相似的现象：伴随着普通观众率先拥入的，是许多有一定“人气”的网红或博主，其中以年轻女性群体居多，她们的目的往往并非纯粹的艺术欣赏，而是带有炫耀性质的“拍照打卡”与自我包装。对这些以人体自我呈现为重点的照片或视频，展览本身成为用以营造特殊氛围的烘托工具而非观摩品鉴的对象，对展厅全方位的探索也只为寻求达到最具视觉冲击力的拍摄视角。以将精心遴选的照片或视频上传到各大社交平台为终端环节，他们的核心诉求是获取大众的赞许、欣赏和持续关注。

2024 年在北京 798 艺术区，一场以 emoji（表情符号）为主要元素的潮流艺术展吸引了许多观众的关注，这些内容甚至和雕塑、绘画等传统的艺术形式结合在一起，呈现出一种多元交杂的特点。与此同时，观众还可以在参展过程中领取表情贴纸，甚至参与艺术共创环节。事实上，该情况并非首次出现，早在 2018 年，著名艺评人贾布就曾在首届长三角文博会论坛上将其称作“降维扩张”，并认为通过降低展览门槛、增加观众基数，才能有效完善文创特展这个产业。[①]在2019年举办的第二届长三角文创特展主题论坛上，她同样坚持了自己对展览“网红化”的主张，认为“特展的蓬勃发展是一个必然趋势，混乱是蓬勃的序章，而现在只是序章的前奏”[②]。

与其持相似观点者的主张，都是从积极的层面对这类现象的价值进行提取。从某种意义上说，自媒体人对这种活动的普遍参与不仅是当代艺术包容性和多元化的体现，而且具有艺术管理上的传播效应，对展馆机构来说，起到了积极的宣传推动作用，有助于提升展览的社会热度，展馆机构甚至可以通过相应营销获取更高的经济收益。此外，站在一个纯粹艺术的辩证角度，人与艺术的“摆拍”式交互本身也延长了对作品在既定框架之外的理念阐释，能够在更多的人群中产生影响力和多层次解读的可能。

然而，从批判性视角来看，过度拥入展览的网红，一方面，破坏了艺术展的本原意义，即艺术家尝试通过他们的作品抒发的自我表达或具体情感内核的传递等精神性要素被边缘化乃至完全漠视；另一方面，网红对展览的介入在实质上也是破

---

① 从“莫奈特展”到“网红展”：文创特展的发展变化和市场特点［EB/OL］.（2018-12-06）. https://xw.qq.com/cmsid/20181206A0AB3K00.

② 王健慧 . 魔都一年 300 个特展，“网红展”将洗牌［EB/OL］.（2019-11-25）.https://baijiahao.baidu.com/s?id=1651164018575549922&wfr=spider&for=pc.

坏性的，许多不顾及后果的行为可能对作品产生直接的、不可逆的负面影响，对其他参观者来说，大量聚集性的长时间拍摄，也是对欣赏仪式性的破坏——诚然，当代艺术本不排斥探寻更多可能的尝试，如2016年在上海外滩美术馆进行的菲利克斯·冈萨雷斯·托雷斯的个人展览中，艺术家便鼓励参观者拿取放在展厅里的东西并带回家——但这是纯粹艺术内容的个性化表达，涉及具体艺术展的理念设定，不具有普适性的参考意义。

基于此观点分歧，对艺术展中的网红参与现象也自然地生发出两种截然不同的态度：肯定者欣然接受这种天然的关注力，甚至策展方会主动为网红提供理想的拍摄或互动条件；而否定者则不仅会在接待参观者时明确禁止触摸、拍照或录像，设置准入门槛，拒绝商业化明显的行为，还会对持续性的长久摆拍行为进行人为干预阻止。然而，这两种模式似乎都不可避免地陷入一种特定要素的缺陷或牺牲之上的怪圈，或是深度缺失，或是受众不足。因此，网红对当代艺术的涉入成为一个"困境"而非问题。其中涉及更多的不是如何去规避一个既有的负面事物，而是如何看待这一难以寻求平衡的矛盾。

（三）"可分享性"的文化交流趋势

事实上，所谓"网红困境"并不是一个基于某种特定语境下的偶发事件，矛盾也并非只有国内有。

在国外网络社交的常见用语中，有一个叫作Instagrammable的合成词。其源自对一个被创设用于分享日常生活和美图的平台Instagram的延展，指的是用户能够且偏好在这一社交平台上传与分享的照片类视觉内容特质，中文也可以释义为"可分享性/可平台性"。一般而言，能够被定性为Instagrammable的图像场景常带有许多特点：首先，在视觉观感上简约且充满艺术张力。其次，能够源自生活却高雅脱俗，折射出分享者藏匿其后的隐秘生活态度。在国内，虽然我们并没有接触到这个社交平台，但也有许多具有替代性功能的类似产品，如微信、微博、小红书等，更有网民为之创造对应的词汇，如Redbookable等，来进行同等的替换性指代。

类似"网红打卡"的情况甚至并不局限于出现在当代艺术展览的领域，还出现在其他一些文化场域，如人文景点、文化街区等，这事关分享和公共鉴赏的普遍性问题。在流行文化四溢的当下，美照的分享已经触及生活的方方面面。准确把握这种普遍心理，成为受众分析中一个极为有效的可利用手段。

这些现象的出现表明一种潜在的趋势，即民众在社交平台的生活分享，已经不再只是一种简单的生活记录或者草率标的物。随着网络的虚拟媒介空间日益成为生活中一个重要的组成部分，人们尝试着在充斥着熟人或陌生人的不同社交圈层中构建起一套自我期许的形象身份特点，因而对自己愿意分享的状态具有很强的选择性和挑剔性——即让他人看到自己愿意呈现的一面。往往这种表达很难直接采用语言表意，因此带有符号性的画面内容成为很好的代言者。

博瑞奥德在德波（Guy Debord）的“景观社会”① 基础上，提出了“临时演员社会”（the society of extras）的概念。新兴技术的出现，如互联网、多媒体系统等，都在指向创造“共活”领域和有关文化对象的新型交流形式的集体欲望。在临时演员社会中，每个人都在或多或少被删节的交流渠道中找到互动民主的幻象。② 对艺术展的共享而言，在这个互动过程中，艺术家本人反而退台，展品则成为一个联系性的媒介，是建立对话者之间关系的重要工具。回到博瑞奥德的关系美学理论视域，阐释的语境从“艺术家－欣赏者”转移到了“欣赏者－欣赏者”之中。原本的艺术作品解读不复存在，新的语境被源源不断地创设出来，自媒体平台的经营者如何“看待”作品，以及社交平台上成千上万的观众如何“看待”他们对此的分享，产生了来自遥远距离观看之下的大众解读。

二、艺术内容公共化的矛盾根源

（一）大众参与：当代艺术展的终极目标

在尝试分析“网红困境”背后的矛盾归因之前，首先需要理解以当代艺术展为代表的这批公共艺术机构在提供各种文化服务和活动组织之外所追求的一个相通的终极目的。

作为现代都市空间的有机组成部分，艺术机构在职能上经历了从传统的私人或半开放性质到对公众开放的历史转型，该转型也是“现代社会走向社群化、公共化的一个标志”③。换言之，在这个过程中将传统小众的精英艺术转化为能够为社会、为大众参与艺术服务的内容，提高大众的审美参与度，建设更为完善的社会美育体系，让艺术成为生活的重要组成部分，提高区域内文化艺术对受众的指引性，等等。这些都构成了公共艺术机构的终极目的性之所在。

---

① 德博尔．景观社会［M］．张新木，译．南京：南京大学出版社，2017.

② Bourriaud N. Relational Aesthetics［M］. Dijon：Les Presses du reel，2002.

③ 王文婷．都市叙事视角下公共艺术机构属性初探［J］．艺术管理（中英文），2020（02）：95-101+110.

然而，这种审美参与在自发的逻辑性上依然代表着传统的高雅之性，与信息技术时代开始流行的泛文化形式产生难以越界的隔膜。以典型网红文化为代表的后者，常被视作浅俗文化而被鄙弃。这类文化的特性在于其往往是一种基于身体需要的满足而非精神美学为主导的产品，对感官刺激的需求远大于对深度的“心赏”。与之相对应的是，许多美学家类似“艺术即心赏”[①]的主张在同时代人当中，尤其是致力于推动社会美育与引导文化建设的相关领域从事者间，无形中达成了共识。

如若从网红式分享行为的深层动机分析，还不难看到内在的布迪厄式“文化资本”的心理导引效应。社交平台的精致美图分享不仅是浅显的视觉欣赏，还意在彰显某种文化地位的潜在话语，大众欣赏被视作“高雅文化”的艺术品带有一种朝更高境界靠拢的自觉。然而，除此以外，我们很难从多数网红的简单照片分享里读取出更深入的信息，它传递的或许是一种纯粹的在场性表达，对作品本身的思考性却往往缺位，尤其当照片的核心从作品本身变成了“人”，聚焦点便不再是展览本体，艺术展的重心被不断下拉，与策展所期望的目标背道而驰。

即便是在“网红困境”之外，作为普通观众的大众以一种自发的互动参与艺术活动时，也难免其目的的杂糅性，其中不乏类似的心理过程，即忽视艺术展背后的核心理念，而只为寻求在快节奏碎片化都市生活之外，一个用以精神休闲的安置空间。相比于能够寻求到直接解决途径的“网红困境”问题，后者的矛盾看似没有那么凸显，却遮掩了关于公众艺术理解中更隐性的问题，“网红困境”的出现凸显了这一更隐性的问题，使我们关注大众的艺术参与这一命题，并寻求一个明确合理的出路。

（二）两条路径：从艺术进入审美力提高

在理解当代艺术展的终极目标是提高大众的审美参与的基础上，“网红困境”的存在原因便不难理解。从社会对文化艺术接受的普遍性漠视，到全民美育取得积极有效成果，需要一个漫长而复杂的建设性过程。在这个过程中，艺术的公共性追求存在阶段性的差异化路径。换言之，针对提高大众审美参与的办法，事实上涉及两个不同的层次，即量的层次与质的层次。

一般来说，这种过程的第一步是让更多人参与其中并普遍认知和接受艺术作品，达到参与量的提高；第二步才是在此基础上，思考如何让这种参与由肤浅的，甚至有些偏颇的观瞻，回归到传达内容的本原性上，使大众从获得感官冲击向进行深度

---

① 冯友兰．新原人·三松堂全集（第4卷）［M］．郑州：河南人民出版社，2001.

思考靠近，真正提高大众的审美力，即达到质的跃进。

因此，不难理解一些当代艺术展之所以会出现类似的“网红困境”，其内在的矛盾张力并不在于对一个绝对可解问题的认知出入，而在于这种模式在两个相继又相区分的路径中承载了一定程度的矛盾焦点。

在第一步，如何尝试借助积极的宣传推广，让大众都能参与进来，是基于规模化的考虑，既包括更多的人数，也涵盖对多阶层、广地域及不同年龄段等身份特质的参与者的吸纳要求。需要承认的是，当代艺术展览的“网红困境”从一定程度上解决了第一步所涉及的参与，即通过特殊的网络效应在宣传上收获良好成果。这一点是无可争议的，甚至可以说，这种网红效应本身也是艺术管理与营销过程中的一个积极反馈。无论其背后的目的如何，是不是对某种“潮流”的趋同认可，不可否认的是，通过网红效应，艺术的确置入人们的生活当中，成为公众之间愿意主动分享和交流的对象。

但当继而追问第二步关乎深度思考与内涵接受的议题时，目标的相悖性反而凸显。当代艺术展，区别于市场化和互联网时代下的新兴流行文化形式，该门类特质中的社会效益成分强调了其存在的作用与意义。在这些艺术领域的原生形态下，小众参展群体的目的与兴趣都非常集中且纯粹，他们往往报以高度欣赏的态度进入相应文化场域中，品鉴、解读作品，将艺术完全视作用以私赏的审美对象，而与带有外化表现特质的人的社群性无关。因此，批判者眼中以网红参与为代表的快餐式文化接受，在本质上都是对内容原始意涵的严重解构。

这两条事关量与质的路径彼此独立却又相互影响，乃至在落实到具体措施时还彼此掣肘，但都需要我们在考虑公共艺术品终极目的时给予格外关照。

（三）彼岸重塑：日常生活的审美化

文化艺术接受广度与深度的内在矛盾并非仅在当下才格外凸显。事实上，自从阿多诺（Theodor Adorno）提出文化工业批判理论以来，艺术与生活之间的界限即被清晰地划分。他反对把艺术仅仅归结为社会存在的一种反映形式，指出我们不能忽视艺术的独立的自律性。[①] 而鲍德里亚（Jean Baudrillard）在其艺术哲学理念中更是指出，具有独异性的艺术本应是一个“彼岸”[②]，但现在却和“此岸”的生活融合在

---

① 阿多诺 . 美学理论［M］. 王柯平，译 . 成都：四川人民出版社，1998.

② 鲍德里亚以“double”“other scene”“another dimension”及“a beyond”等多种方式来表述“彼岸”的含义，见 Baudrillard J. Symbolic Exchange and Death［M］. London：Sage Publications，1993.

一起，因而在当代艺术中“消失”了。

诚然他们基于特定语境之下的批判视角对我们思考文化艺术而言存在足够的警示意义，然而从积极的建构主义视角看，当代的文化转型以它独有的方式得到了回归。传统艺术的诗性虽然消失，取而代之的却是一种新的艺术生活之路。舒斯特曼（Richard Shusterman）在《生活即审美》中认为，“将艺术与生活更紧密地整合起来”是实用主义哲学的一个主要目的，并且是“通过对超出美的艺术范围之外的审美经验的普遍重要性的更加认可而获得”①。在国内，陶东风教授也提出文学与社会关系的重建，不是“回到庸俗社会学”，而强调文艺学应突破本质主义文学观的束缚，将一些被精英文化否定的对象纳入文学的范畴。②

抛开学界对这个议题的争论，其共同反映的一个事实情况是，艺术在不可逆地与普通民众的日常生活产生紧密的互动与深度的交融。尤其是随着互联网媒介技术手段的发展，丰富的文化内容进入大众视野，越来越多的个体成为文化共享者，而社群之间文化欣赏力的巨大差异所带来的内容结构性破坏及其衍生的矛盾性也自然与之伴随。在这种情况下，消失的“彼岸”被另一种形制重塑，而作为这个塑造过程的参与者与推动者，我们也需要能动地思考通过何种理想的途径，才能使其尽可能保持与本原面目之间的相似与照应。

基于提高大众艺术参与度和审美接受度的这一建设性目标，虽然对漫长的实现过程来说，在一个特定时期内首先达成基础的数量普及与群体涵盖带有天然合理性，但是社会对大众审美力的彼岸重塑之期望，还在于能够使之真正理解艺术展或带入自己的思考，而非停留在一个身体感知的肤浅层面或以纯粹自我价值的彰显为目的。因此，本文旨在寻求一条通路，能够最大化地弥合这对矛盾之间的张力。

三、新时代语境下的大众审美参与

（一）艺术自由观：提高现代文化包容度

针对文化艺术传播过程中的受众广度与深度的弥合问题，首要的是确信文化的浅俗化过程并非绝对负面。随着后工业时代传播媒介进一步渗透进入日常生活当中，艺术下坠到生活层面并且呈平铺分布状态，这是王一川教授曾在其著作《艺术公赏

---

① 舒斯特曼.生活即审美：审美经验和生活艺术［M］.彭锋，译.北京：北京大学出版社，2007.

② 陶东风.日常生活的审美化与文化研究的兴起——兼论文艺学的学科反思［J］.浙江社会科学，2002（1）：166-172.

力》中归纳提出的“艺生平面态”①。然而，随着这种深度性减少的平面态发展趋势，文化的受众面推广不能代表其价值的下降。

在现代艺术体系下，自由观的理念不可或缺。这种自由观表现在思想的自由性上，即不受外化压力的束缚，每个人都拥有自我诠释和解读对象的艺术权利，并享受这种解读带来的各种可能结果。仅追求高层次解读的单一评价体系很难再适应进入新时期以后的艺术发展，尤其是对时代精神的当代艺术展而言，在保留作者性的基础上理应给予作品解读以最大限度的个体性宽容。

这一观念也被许多学者所持有和认同。皮特森（A. Perterson）就曾在其对乡村音乐的研究中提出“文化杂食主义”（Cultural Omnivore）的概念，指出传统的精英 - 大众式受众分层模式不再具有代表性，“杂食 - 非杂食”的分类方法才更具有意义。② 从这个层面来说，不同形态的文化，无论传统意义上的精英文化，还是大众文化，其在价值判断上没有高低之分，而真正的区分体现在个体对不同文化的兼容性上。彭锋教授也曾讨论当代艺术的价值，认为应当对艺术价值采取多元取向的态度，而无须达成一种可衡量的统一性，③ 该观点也是建立在这个基础上释放的包容信号。

回到艺术展的公众接受度议题，无论这些自媒体人是为获取思想还是彰显自我，艺术文化的存在性都得到了认同。这种认同从纯粹的商品拜物教向文艺领域转向时便已经开启，代表着公众消费趣味与文化品位的逐步提升。伴随着这种潜意识认知，越来越多的公众将会迈入当代艺术的展厅。当艺术作为一种普遍传播的生活形式呈现在公众生活中每个角落的时候，社会的美育已然达到了一次飞跃式的进步。

21 世纪以来，国内文化产业快速发展，与此前公众生活中几乎对自发性艺术活动零参与的状况相比，当前初步的观众规模泛化已然标志着社会对文化艺术认可度的高度内化。尽管不可否认，因为具体的行为表现不当等表层因素，类似于网红参与的情况仍会带来一些阶段性问题亟待解决，但无须对此过度批判。对流行态的大众偏好介入文化艺术的情况，需要相关行业的从事者、管理者以一个开放包容的积极心态正视这些现象，而不急于否定大众对文化艺术关注的尝试。

（二）隐性的传递：引导潜在文化审美力

正如前文所述，提升公众的文化艺术参与度不应只局限在横向范围上的扩张，

---

① 王一川 . 艺术公赏力：艺术公共性研究［M］. 北京：北京大学出版社，2016.

② Peterson R A. Understanding Audience Segmentation：From Elite and Mass to Omnivore and Univore［J］. Poetics，1992（21）：243–258.

③ 彭锋 . 当代艺术的价值取向［J］. 美术观察，2013（05）：22–23.

也同样需要思考如何以有效的方式积极推进纵深的审美力。虽然需要接受大众的艺术品鉴，但是社会美育的目标仍然是一个没有终点的任务进行时态，人们的精神思想性，是建成一个更加理性的当代公民社会所需要确证的目标。

这种文化接受力的提升与诸多要素都有紧密的关联。氛围营造、美学教育、社会舆论等要素，都对个体的审美参与具有潜移默化的综合性训练与影响。对中国许多公共艺术机构而言，其面向参观者所做的许多努力都是在这方面进行积极尝试的体现。这些机构通过适当形式的宣传营销，促使更多人带着新鲜感进行分享与参与，填充空虚的休闲时间，获得精神上的放松与满足，同时获得无形之中的美的教育。这些都可以在简单的网络共享之外，通过同样有吸引力的丰富活动途径得以实现。因此，在适当排除过度商业化的行为之后，有效且委婉地引导自媒体人的互动和介入形式，并利用这条天然的关注路径将自身的力量进行散播与表达，是一种积极的思想输出模式。

再者，随着我国国民素质的不断提高，对许多人来说，文化艺术的接受不再只是一个消极的受教化过程，相反地，越来越多的人逐渐主动寻求能够填补劳动工作之外的精神归属，安置被长期规训和压抑的头脑。在这一过程中，单纯的视觉消费已经不能满足许多人的需要，一些关涉世界、生命与自我的疑问与思考也成为日常性话题。当这些哲思性的意识被积极地发掘和得以回应时，文化互动的模式可以自发成为一种常态，艺术对生活的介入也不再纯粹是缺少内涵的浅俗表象符号。对艺术机构或者管理者来说，想要更好地实现这一目标，需要充分考虑大众能够接受的对话形式，使之既不藏匿于难以接近的象牙高塔中，又足够厚重以承载起所有的核心意涵。换言之，若要在提高大众文化参与度之外充分增强这种参与的艺术审美实质，则需要搭建起一个艺术和民众沟通的桥梁，以大众能够理解且愿意接受的灵活方式，吸引其主动进行认知、反思与探索。

在这个意义上，广大基于社交平台进行纯视觉化美图分享的自媒体人，其内容模式的创设可以被视作一条路径，因而也不需要被抨击者视作浅俗文化的代表而予以全盘否认。学会利用这条路径，达到提高大众审美参与的目的，才是我们当今尝试推动全民美育所应当坚持的前进方向。

总的来看，当代艺术展“网红困境”的表象背后，实质是关于社会公众的文化艺术参与性问题，其逻辑可以推广到涉及传统精英式文化的大众化表达的多个领域。作为新时期的文化发展目标，这种公众参与性的提高不应只局限在简单的推广与覆盖，还需包括艺术接受与思想内涵性的层面。

文化产业最大的矛盾性之一在于它是调和“精神高空”和“实质落地”的项目，在不断的升腾与回归的放逐中周旋前行。① 因此，对艺术性缺失的批判不能停止，对大众的切实需要也应当予以理解和必要的满足。类似“网红困境”的外在矛盾只是暂时性的，在可预见的未来或许还会出现更大体量的观众拥入艺术领域，也必然随之催生出更加成熟的管理体系。在当下这种良性的发展态势中，坚持把握好公众在文化艺术参与建设上的正确方向，是当代文化艺术领域从业者所应当背负的时代使命。

【参考文献】

［1］阿多诺．美学理论［M］．王柯平，译．成都：四川人民出版社，1998.

［2］德博尔．景观社会［M］．张新木，译．南京：南京大学出版社，2017.

［3］冯友兰．新原人・三松堂全集（第4卷）［M］．郑州：河南人民出版社，2001.

［4］金影村．参与性艺术的困境：关系美学与关系艺术的批判性解读［J］．艺术设计研究，2020（04）：111-115.

［5］彭锋．当代艺术的价值取向［J］．美术观察，2013（05）：22-23.

［6］舒斯特曼．生活即审美：审美经验和生活艺术［M］．北京：北京大学出版社，2007.

［7］陶东风．日常生活的审美化与文化研究的兴起——兼论文艺学的学科反思［J］．浙江社会科学，2002（1）：166-172.

［8］王文婷．都市叙事视角下公共艺术机构属性初探［J］．艺术管理（中英文），2020（02）：95-101+110.

［9］王一川．艺术公赏力：艺术公共性研究［M］．北京：北京大学出版社，2016.

［10］从“莫奈特展”到“网红展”：文创特展的发展变化和市场特点［EB/OL］（2018-12-06）．https://xw.qq.com/cmsid/20181206A0AB3K00.

［11］王健慧．魔都一年300个特展，“网红展”将洗牌［EB/OL］（2019-11-25）．https://baijiahao.baidu.com/s？ id=1651164018575549922&wfr=spider&for=pc.

［12］Baudrillard J. Symbolic Exchange and Death［M］. London：Sage Publications，1993.

［13］Bourriaud N. Relational Aesthetics［M］. Dijon：Les Presses du réel，2002.

［14］Peterson R A. Understanding Audience Segmentation：From Elite and Mass to Omnivore and Univore［J］. Poetics，1992（21）：243-258.

① Baudrillard J. Symbolic Exchange and Death［M］. London：Sage Publications，1993.

审美智能与情感计算：人工智能时代的人机协同艺术创作变革①

张瀚月② 张艺璇③

【内容提要】本文深入探讨了人工智能（AI）在艺术创作中的应用，特别是情感计算与审美智能在当代艺术实践中的核心作用。随着AI技术从弱人工智能向强人工智能的转变，艺术作品中的情感表达逐渐被情感计算模拟和再现，传统的情感编码方式在AI生成艺术中得到重新定义。通过分析审美智能的编码与解码机制，本文揭示了人类创作者与机器之间的复杂互动关系，以及受众在情感解码过程中所扮演的能动角色。此外，生成式AI作为创作工具在图像生成、音乐创作和虚拟影像合成等多个艺术领域的广泛应用，推动了艺术形式与审美范式的革新。本文进一步探讨了AI技术对艺术创作主体性的挑战，强调了人机协同模式下创作者身份的流动性与不确定性。在这一背景下，AI不仅是辅助创作的工具，也逐步成为艺术创作的独立参与者，促使人类重新审视创作过程中的自主性与控制权问题。本文认为，人机协同艺术创作将引发艺术观念的深刻变革，推动未来艺术实践的持续创新。

【关键词】人工智能；人机协同；审美智能；情感计算

---

① 本论文得到中国国家留学基金（项目编号：202306010212）资助。

② 张瀚月，北京电影学院视听传媒学院新媒体艺术理论专业博士研究生。主要研究方向：新媒体艺术理论。

③ 张艺璇，北京大学艺术学院艺术管理与文化产业专业博士研究生，牛津大学地理与环境学院访问学者。主要研究方向：数字文化产业。

Aesthetic Intelligence and Affective Computing: The Transformation of the Human-machine Collaborative Framework in the AI Era

Abstract: This paper explores the application of artificial intelligence (AI) in artistic creation, with a particular focus on the central roles of affective computing and aesthetic intelligence in contemporary artistic practices. As AI progresses from weak to strong artificial intelligence, emotional expression in artworks is increasingly simulated and reproduced through affective computing, redefining traditional modes of emotional encoding in AI-generated art. By analyzing the mechanisms of encoding and decoding within aesthetic intelligence, this paper reveals the complex interaction between human creators and machines, as well as the active role of audiences in the emotional decoding process. Additionally, the widespread application of generative AI as a creative tool in fields such as image generation, music composition, and virtual image synthesis is driving a transformation in artistic forms and aesthetic paradigms. This paper further examines the challenges AI poses to artistic subjectivity, emphasizing the fluidity and uncertainty of the creator's role in a human-machine collaborative framework. In this context, AI not only functions as a creative tool but also emerges as an independent participant in artistic creation, prompting a reexamination of issues surrounding autonomy and control in the creative process. This paper argues that human-machine collaborative art will lead to profound shifts in artistic concepts, fostering ongoing innovation in future artistic practices.

Keywords: Artificial Intelligence; Human-machine Collaboration; Aesthetic Intelligence; Affective Computing

人类正迈入人机共存的时代。人工智能（AI）指“用人工的方法和技术，模仿、延伸和扩展人的智能，实现机器的智能化”[①]。智能算法为核心的人工智能技术在艺术生产与生成的各个环节中，持续重塑着艺术与技术以及人类与技术之间的互动关

① 魏斌，等.人工情感原理及其应用［M］.武汉：华中科技大学出版社，2017：1.

系。传统艺术创作是人类精神活动的物质化呈现，其中情感是驱动精神活动的重要动力源。在 AI 艺术的语境下，传统艺术作品中情感表达的形式逐渐被情感计算所替代，且随着 AI 技术由弱人工智能向强人工智能的演进，AI 对情感的计算能力也在不断提升，体现为 AI 艺术逐步实现对人类情感状态的精确计算与输出。这一现象引发了一系列紧迫的理论问题：在 AI 时代，艺术在人机关系中的具体运作机制如何？艺术的核心要素——情感——在人机协同创作中的实现方式为何？在审美体验中，艺术家与 AI 协作创作的异同应如何理解？如何应对 AI 时代背景下人机协同带来的艺术变革？以 ChatGPT-4.0 为代表的人工智能大模型，现已广泛应用于多个艺术创作领域，人类创作者的角色与价值正经历一场深刻的变革。这种转型不仅涉及创作模式的改变，更深刻影响了艺术的主体性与未来发展方向。

一、审美智能的本质：从编码到解码的艺术认知

审美智能（Aesthetic Intelligence）是人类智能系统的一部分，指主体感知、理解和创造审美对象的能力结构，主要体现在对审美符号的编码与解码上，是形成审美体验的基础。[①] 审美智能是对艺术作品的感知、分析、创意生成与表达能力的综合体现，是一种结构化的能力体系，只有在系统化的框架内，各个能力模块才能发挥其完整的功能。作为一种具有动态发展的智能，审美智能能够通过持续的学习与经验积累得到不断提升。其研究范畴涵盖哲学、心理学、审美教育、设计学等多学科领域。在艺术创作的过程中，艺术家通过不同的风格和符号体系对作品进行编码，而公众则依赖其个人的知识积累与审美经验，对艺术语言进行解码，从而实现对作品的鉴赏与理解。这种编码与解码的过程不仅涉及审美感知的个体差异，还与文化背景和知识框架密切相关。

（一）艺术编码中的人类体验与情感输入

在艺术创作过程中，蕴含着复杂而多层次的内在意义。以绘画为例，艺术创作不仅仅是对外在对象的简单再现，更体现为对创作对象的深入观察与灵感的激发过程。正如张璪所言，“外师造化，中得心源”，艺术创作需要创作者通过对客观事物的反复分析、研究和沉淀，最终触发灵感。艺术创作通常经历多个阶段，包括预备阶段、酝酿构思阶段、顿悟启示阶段以及完善修改阶段。在这些阶段中，艺术家通

① 马赜博儿．审美智能论：何为并如何［J］．中国文艺评论，2023（09）：68-83.

过情感的不断凝练与表达，确保作品能够达到其预期效果。以梅花的绘画创作为例，艺术家会关注梅花枝条因承受花重而产生的自然弧度，并通过作品的形式语言精准呈现这一自然现象，以中立的表达方式塑造作品的艺术形态。同时，艺术作品的立意也源自艺术家对客观事物的态度、观点及其主观意识的反映。艺术家常借助作品作为媒介，表达内心的情感与思想，进而实现更高层次的审美体验。具体而言，艺术创作可从两个方面分析：一是形式语言的运用，二是情感的表达。前者涉及作品中外在形态特征的展现，后者则反映了创作者的精神气质和内在情感。形式语言通过可视化的形象构成作品的视觉表现力；而情感作为一个多维概念，不仅体现在艺术作品的外在形态中，还通过作品的意涵影响其内容及审美意境的形成。这一过程与艺术家的文化素养、审美趣味、艺术经验、美学理念和实践能力密不可分，这些因素彼此相互作用，塑造了艺术家的独特创作风格。从作品层面来看，优秀的绘画作品在构思、技巧和构图上均遵循情感的内在逻辑，以个体情感的主观性为导引，揭示人类普遍的情感结构。同时，艺术家的风格不仅源自其创作技巧，还深受其文化背景、情感诉求、时代特征及个体精神的影响。这些元素共同作用，构成了艺术家独特的艺术风格。

（二）艺术作品的情感生成：人类与艺术的关系

苏珊·朗格在其著作《情感与形式》中提出："艺术是人类情感的符号形式的创造。"[①] 这一观点深刻地强调了情感在艺术创作中的核心作用。朗格认为，艺术不仅是技术的展示或物质生产的结果，更是人类情感传达的关键媒介。艺术作品通过情感的表达与传递，能够唤起观众的共鸣与思考。因此，情感在艺术创作中起到了主导性的作用，构成了艺术生命力的核心。无论是音乐、绘画、戏剧、舞蹈，还是其他艺术形式，情感都在创作过程中发挥着至关重要的作用。作曲家、演奏家、画家、舞蹈家等艺术家通过特定的结构与表现手法，赋予作品某种情绪特征，从而将情感注入其中。例如，戏剧中的情感语言、舞蹈中的肢体动作，都是情感表达的具象化手段，赋予作品以鲜明的情感内涵。在这一过程中，艺术创作者基于其训练背景、审美修养与艺术传统，对作品进行个性化的诠释。这种诠释不仅体现了艺术家的创作技巧，还反映了他们对情感的独特理解。

不同的艺术家因个人经验、历史背景和文化传统的不同，会对同一题材或形式做出不同的情感表达与艺术诠释。因此，即便是基于相同的乐谱或绘画主题，不同艺术家的创作在主题表达、结构呈现和技法运用上都会具有鲜明的个性化特征。观

---

① 苏珊·朗格．情感与形式［M］．刘大基，傅志强，译：北京：中国社会科学出版社，1986：51.

众在欣赏这些作品时，可能会发现新的情感层次或表达维度，这正是艺术家在创作过程中所实现的情感潜力的深度发掘。

艺术创作深受艺术家个人生命历程的影响，通过他们的知识积累、技能运用与情感体验，艺术家能够对人物、景物及物体进行深刻的观察与感知，并结合自身的经验与洞察力，在特定的时空背景下创作出具有强烈情感表达的艺术作品。无论是模仿说、巫术说、理念说、表现说，还是形式论，关于艺术起源的各类学说都一致强调了情感在艺术中的关键地位。情感不仅是艺术创作的重要元素，也是艺术作品得以唤起观众共鸣与深度理解的基础。

（三）审美智能解码：情感在艺术中的再现与理解

情感在艺术中的呈现可分为两个层次：一是艺术家在创作过程中通过个人审美经验和情感体验进行的情感编码，二是受众在艺术欣赏中通过主观审美感知进行的情感解码。此双向过程构成了情感在艺术中的再现与理解，凸显了审美智能的关键作用。艺术家通过符号化的艺术语言进行情感编码，传达出情感内涵，该过程不仅依赖个人经验和情感记忆，还体现了独特的审美风格。艺术作品中的情感通过形式化的艺术语言（如构图、色彩、线条等）外化为可感知的符号，使受众能够感知情感。在欣赏过程中，受众通过审美智能进行情感解码，这一过程深受个人经历、文化背景和审美素养的影响，既是对情感逻辑的再现，也是观众与作品互动的结果。情感的再现不仅涉及艺术家与受众的互动，还受到文化和历史语境的影响，不同的文化背景下，情感编码与解码的过程具有相对性。因此，情感的再现是多维度的，既体现个体的审美经验，又反映更广泛的社会文化关系。审美智能为这一复杂过程提供了理论框架，帮助理解情感在艺术中的传递与阐释。

二、情感计算与AI艺术创作的交互模式

技术的发展一直服务于社会变革与人类进步，但从未有如人工智能（AI）般与人类深度融合的技术。在历史早期，技术与艺术紧密交织，思想上呈现出模糊的融合状态。随着工业化进程，技术逐渐从艺术领域分离，成为独立的学科。然而，20世纪以来，摄影、电影等新艺术形式的兴起，尤其是网络技术、信息技术与虚拟影像技术的发展，进一步加深了技术与艺术的结合，推动了艺术表达与创作实践的变革。这种融合不仅重新定义了艺术形式，还拓宽了艺术的边界，催生了众多新的艺术现象。在人机协同艺术创作的背景下，这一问题不仅限于技术层面，更涉及人类、

机器与艺术和谐发展的复杂关系。人机协同通过整合人机交互与智能科学的优势，形成了一种全新的智能模式。在这一过程中，人工智能发挥了核心作用，尤其是在艺术领域，AI引发了深刻变革，人类通过人机协同的方式，创造出“机器化”的艺术作品，艺术的生成逐渐实现了数据化与计算机化。

（一）生成式AI作为艺术工具的多样性应用

生成式AI（Generative AI）是人工智能技术中的一种重要生产方式，其核心能力在于“人工智能生成内容”（AI Generated Content，AIGC）。在艺术领域，生成式AI的学习对象最初来自杰出艺术家的经典作品，生成式AI通过反复处理原始数据，提取出具有鲜明风格的特征，并通过人工数据标注为后续内容的生成建立明确的风格特征和共通肌理，进而实现艺术原作到AI生成作品的一键式风格迁移（Style Transfer）。近年来，生成式AI在多个艺术领域得到广泛应用，包括图像绘制、音乐作曲与编曲、动画渲染与制作、2D或3D影视短片以及游戏设计等，应用的广度和深度正在迅速扩展，并逐渐覆盖艺术创作的各个门类。

具体而言，在影像生成领域，AI技术从生成诸如Sora等人工智能文本发展到生成视频模型，再到基于用户的文本提示生成高质量的视频内容；在视觉合成领域，AI技术从传统的物理拼接发展到虚拟背景合成，实现了影像的主动生成；在虚拟制作领域，AI通过实时渲染和虚拟现实技术，提供了高度逼真的视觉效果。此外，在音乐生成领域，AI借助机器学习算法，能够分析并生成符合特定风格和情感特征的电子音乐作品；在舞台美术设计中，AI技术的应用包括生成虚拟背景并通过实时渲染为观众提供沉浸式体验。由此可见，生成式AI正在多维度推动艺术创作实践的转型，并成为未来艺术创作中不可或缺的技术手段。

（二）情感计算的功能：从模拟到创作的技术跃进

人工智能正在从弱人工智能向强人工智能过渡，其中情感计算是这一发展过程中的关键突破。情感计算的精确性直接影响人机之间的本质区别。在AI时代，机器能够通过数据计算生成情感数值，并将其输出为艺术作品。在生成过程中，机器基于用户输入的关键词，从数据库中选择元素、比较风格、推测受众的审美偏好，以此生成艺术作品。

自1946年电子计算机“埃尼阿克”（ENIAC）诞生以来，人类进入了由数字技术主导的信息社会，所有媒体都被转化为可以供计算机处理的数值数据。[①] 随着计算

---

① 列夫·马诺维奇．新媒体的语言［M］．车琳，译．贵阳：贵州人民出版社，2020：25.

机技术和互联网的快速发展，信息需求显著增加，传统的信息检索方式已无法满足人们的需求，促使新的数据处理方式的兴起。情感计算的研究者致力于探讨计算机是否具备情感属性，情感是否可以被量化，以及情感计算是否能够成为人工智能时代的主流。麻省理工学院媒体实验室的 Picard 教授在 1997 年出版的 *Affective Computing* 一书中正式提出了“情感计算”的概念，并指出情感计算（Affective Computing）与情感相关、来源于情感或能够影响情感的计算过程。情感计算旨在使计算机系统具备识别、理解、表达和适应人类情感的能力，从而优化人机互动，提高计算机智能。① 情感计算主要通过图像、视频、音频、文本及生理信号（如脑电波、心电图等）来提取情感数据，这些信号因其难以伪装，能够更加真实地反映情感状态。情感计算在发展初期主要依赖于实验数据，当前更多基于社交媒体用户生成的内容。情感计算区分了情感反应与内在情感机制：情感反应为外在表现，可通过算法实现；而内在情感机制则是情感反应的源头。尽管对人工智能而言，并不需要具备内在情感机制即可实现情感反应。目前，机器尚未具备“自我”意识，这是人工智能进一步发展的瓶颈所在。现阶段 AI 的优势在于其数据处理能力、精确度和高速运算，这些优势能够有效提升艺术创作的效率并降低成本。

（三）AI 类人特性与艺术创作的协同演化

人工智能技术的诞生扎根于对其理论基础的深入探讨。计算自其概念提出之初，便与人类认知活动紧密相连。现代计算机之父冯 · 诺伊曼认为生命的本质在于计算。②20 世纪 90 年代，随着计算主义进入哲学、认知科学等领域。人类开始意识到算法可以在各个领域存在。萨金特（Thomas J. Sargent）表示：“人工智能其实就是统计学，只不过用了一个很华丽的修辞。” ③ 计算机语言和模型也从自然语言扩展到更高级别的形式化表达。在生物学的领域中，生命系统被证明是一个多层次的计算网络，其组织法则以分子算法为基础。这也意味着未来的人工智能将超越计算机，成为一种能够直接处理复杂数据的“超级”计算工具。控制论的出现彻底颠覆了人类与机器技术的传统模式。控制论催生了对生命的新向往。从技术的角度来看，在这个系统中人与生物之间的相互作用被称为信息流。计算机、通信系统以及生物控制系统等都属于这一范畴。有机过程和机械过程的控制可以通过反馈信息来实现。

---

① 姚鸿勋，等 . 情感计算与理解研究发展概述［J］. 中国图象图形学报，2022，27（06）：2008-2035.

② 冯 · 诺伊曼 . 计算机与人脑［M］. 北京：北京大学出版社，2010.

③ 雷 · 库兹韦尔 . 人工智能的未来［M］. 杭州：浙江人民出版社，2016：1–5.

控制论把人类看作一个具有一定智能结构的开放系统。生命过程与非生命过程具有同等的重要性。生物和人一样具有理性精神，它们能够按照自己的意志去行动。控制论创始人诺伯特·维纳（Norbert Wiener）认为动物和机器均为信息处理系统，两者均会审视自身的行为、调整自身行为。① 以上理论可以得出自然生命和数字化的机器皆以计算为本质。在这种意义上，人工智能就是计算机模拟人的认知过程并通过机器来完成对自然界或人工环境进行分析、推理、判断等高级运算活动的过程。在当下的AI艺术中，人工智能和人并非对立，而是通过对话而交融——艺术界称它为“人机交互艺术”，数字艺术先驱罗伊·阿斯科特（Roy Ascoot）称它为“干性数字媒体和湿性生物系统的融合”②。在这个艺术世界里，艺术家在机器中采用卷积神经网络（CNN）、循环神经网络（RNN）、生成对抗网络（GAN）和脉冲神经网络（SNN）深度学习算法，赋予人工智能类脑学习思维以生成视觉图像，转换风格和生成文本。这些理论对研究AI时代，艺术与技术、艺术与人机交互中的关系具有重要意义。计算机拥有像人一样的大脑——能够处理各种复杂问题。机器和技术的外在形态，是人类根据其功能和内在需求所赋予的“身体”。在后人类的语境中，随着时间的推移，人类与机器本体之间的分界线逐渐模糊，艺术以一种跨越媒介的方式大胆挑战了生命体和机器之间的二维边界。围绕“AI艺术”（AI Arts）的探索与定义层出不穷，比较具有代表性的观点来自列夫·马诺维奇，马诺维奇特意在定义中突出了艺术核心概念中的“创造”（Create）属性，旨在强调生成式AI技术的内容创新一面。但在定义的另一方面，经由计算机完成的程序编定与算法设计，以及融合人机交互体验的动态维度，都成了AI艺术不同于传统艺术的新构成。

总体而言，传统艺术家在艺术创作中独有的情感体验与表达方式，正在AI艺术中通过情感计算技术进行模拟与再现。在这一过程中，审美能力的表现不再仅依赖于人类的直观情感体验，而是通过算法驱动的情感计算，由机器生成具备审美价值的艺术作品。此类作品以计算模型为基础，展现了人机协同创作在情感与审美表达方面的创新形式，从而扩展了艺术创作的传统边界。

三、AI时代的艺术观念变革：人机共创的新形式

如前文所述，在新型人机关系的社会背景下，人工智能作为一种媒介，势必对

① 朗伯·鲁亚科斯，瑞尼·凡·伊斯特.人机共生［M］.北京：中国人民大学出版社，2017：3–7.
② 谭力勤.奇点艺术：未来艺术在科技奇点冲击下的蜕变［M］.北京：机械工业出版社，2018：5.

艺术创作产生深刻的革命性影响。当前，许多艺术家已在“人工智能+艺术创作”领域开展了前沿性的探索实践。AI艺术的发展不仅挑战了传统的艺术观念，还为艺术创作提供了前所未有的机遇。在这一背景下，构建符合AI时代的新艺术观念，并重新定位人与AI之间的关系，是人类在未来艺术创作中保持创新性和主体性的关键。

（一）人机协作的艺术革新：从辅助到共创

随着人机协作的不断深化，艺术家与人工智能在艺术创作的各个环节中逐步形成紧密的合作关系。以影视作品为例，这种协作从创作的前期阶段便开始介入，包括剧本内容与风格的把控、叙事节点的设置以及分镜脚本的绘制等方面，极大地激发了创作灵感与创意。在拍摄与制作过程中，人工智能不仅可以生成虚拟画面，还能够将其与实拍影像相结合，创造虚实交融的视觉效果。这种技术手段使得创作团队能够在早期发现并解决潜在的问题，从而有效提升创作效率和作品质量。诸如Gen-2、Pika以及OpenAI的GPT系列等AI工具，简化了传统影视制作的流程，降低了技术门槛，使得创作过程更加大众化。普通受众与专业人士均可通过这些工具参与影像创作，打破了专业与大众之间的界限。此外，电影美术创作也越来越依赖技术的支持，数字资产正逐渐成为电影美术的重要组成部分。在高效的虚拟制作环境中，人工智能和人机协同技术的应用大幅提升了电影美术的创作效率，不仅释放了美术师的创作潜力和想象力，还充分利用了计算机的海量存储能力与强大的运算速度。蔡国强的cAI™项目也是一个具有代表性的案例，该项目将AI视为一种具备自主性和学习能力的智能生命，对其进行培养与探索。蔡国强团队所使用的训练数据涵盖了其个人的文字记录、创作经历、艺术思路、草图以及以往作品。此外，cAI™项目通过让AI模拟不同的人格，如爱因斯坦和尼采等，扩展了其学习范围。这使得cAI™项目创作的作品不仅承载了蔡国强团队的创作特质，还融合了多位重要历史人物的智慧和人格特征，从而形成一种跨越个体边界的集成式艺术表达。这一现象表明，AI在艺术创作中的应用已经超越传统意义上的工具性角色，逐渐参与到更具创造性和复杂性的艺术生产过程中。[①] 当前，人工智能正推动艺术创作迈入新的时代，我们应积极适应这一变革，并充分利用其带来的机遇，进一步提升艺术的整体水平与表达方式。

（二）人机关系中的互相驯化：适应与挑战

人机协作中的“互相驯化”现象，体现在人与机器在长期交互中的相互适应过

---

① 蔡国强和他的AI分身［EB/OL］.（2024-06-14）. https：//new.qq.com/rain/a/20240227A04XB400.

程中。在人机对话正式开启之前，用户往往会接受多次文本提示，这些指南提醒习惯于人与人交流的使用者，在与机器互动时需简化其语言指令，避免传统的属人特征。具体而言，用户应使用简洁、明快、直接且明确的语句发出指令，而非采用冗长、委婉、含蓄或包含常见礼貌用语的表达。机器需要的是清晰定义的任务指令，而不是模糊的人机问答互动。任何带有曲折含义或过于复杂的人类交流方式都会降低机器对指令的解读效率。因此，非人化的指令结构反而能够更加精准地实现用户的预期目标。实质上，在用户向 AI 工具发出指令之前，他们已经隐性地接受了来自程序设计者的预设逻辑与框架。因此，所谓的"自由创造"在启动之时就被隐藏的技术逻辑所限制。技术社会中的人类主体性逐渐被消解，传统手艺中具备"在手状态"的工艺逐步让位于通过工具实现的创作行为。与此伴随的代价是，用户的思维在不断适应机器的过程中部分地"机械化"，无休止的指令调整和文本修订潜在地阻碍了创作灵感的自由生成。在艺术创作中，这一现象尤为显著。艺术创作中至关重要的"决定性瞬间"因指令被反复修正而耗散其内在的情感张力与激情，注重独特体验的审美契机也在日益游戏化的人机交互体验中渐渐消失。传统艺术中作为核心追求的伟大杰作，因其内在的深度和情感复杂性，难以通过当前 AI 艺术生成工具所达到。与此相对，AI 艺术工具的发展使得艺术创新逐渐向自动化生成的方向靠拢。艺术家与人工智能之间的协同创作逐步走向互相驯化的过程，双方在创作过程中彼此调整和完善，催生出新的审美表达。在这一过程中，艺术家与 AI 之间不再是工具与使用者的单向关系，而是作为作品的共同创作者，通过人机交互协同推进艺术作品的生成与优化。

（三）AI 与人类创作主体的双向流动：控制与自主的再定义

在当代艺术创作领域，AI 正逐渐成为创作过程中的重要工具，涵盖从前期准备、创作制作到宣传推广的多个阶段。AI 不仅能够提供新颖的创意与技术支持，帮助艺术家拓展其创作思路，激发新的表达方式和媒介形式，同时也大幅提高了创作效率，释放了创作者的时间与精力，使其得以专注于更具创造性的环节。尽管 AI 在多个创作环节中显著提升了效率，艺术创作中的核心动力仍然来自人类艺术家的独特思维能力与情感表达。AI 可以生成内容并提供技术支持，但它无法替代艺术家对情感的深刻体验与表达，也无法引导艺术创作过程中不可或缺的灵感与洞察。因此，在创作中，艺术家依然是引领创意方向的主体。随着人工智能的不断发展，其对艺术创作的介入也带来了潜在的风险。一方面，AI 的应用确实能够提升艺术家在效率与技术水平上的表现；但另一方面，过度依赖 AI 可能会使艺术家受制于工具理性，进而丧失对创作过程的控制权与主导性，甚至可能沦为AI的附庸。在此情境下，创作的最终效果将取决于艺术家与AI之间的协作关系。唯有当艺术家的专业水平足够高，并具备对AI工具的熟练掌控能力时，AI的优势才能得到充分发挥，从而确保艺术家在艺术作品的生成与表达中始终占据主导地位。

随着AI的持续进化以及数据库的不断更新，艺术创作将变得更加开放且动态，创作的过程不再具有明确的终点，艺术家的身份也因此变得更加流动化与具有不确定性。创作者在这一新的环境中，必须保持主动性与创造力，才能在与AI的协作中保持主导地位。AI的不断进化意味着创作过程永无终结，而艺术家的身份也将在这一动态过程中持续变化。因此，在AI日益发展的背景下，创作者必须不断调整与适应，才能在不断变化的技术环境中保持其创作的独特性与引领性。

四、结　语

人工智能正在从检索者、搬运者和呈现者成为合作创造者（Co-creator）甚至独立的创造者（Creator），构建信息整合、知识生产和内容创作的新模式。[①] 人类长期以来追求在技术领域中的绝对控制权，但显而易见，人机交互的发展已经改变了传统的控制观。在人类中心主义的框架下，智能机器的自主性发展引发了关于人类与机器之间控制权的争论，特别是在艺术领域，这种争论表现为创作主体性的问题。随着AI在与人类互动过程中不断积累数据并更新其知识库，AI逐渐展现出具备自主生成能力的潜力。然而，在讨论AI艺术时，我们不应将焦点仅局限于主体性之争，而应突破这一单一维度。事实上，随着机器自主性的增强，AI为人类提供了一个反思自身价值的机会。在这一背景下，关键问题不再仅仅是“谁控制创作”，而是“情感在创作中的核心价值是什么”。随着机器自主性的发展，人类需要思考如何重新定义人与机器之间的关系，以及如何应对这种不断变化的关系。因此，人机交互的核心问题并不在于简单的权力或控制权的分配，而是如何通过建立新的伦理观念和互动模式，推动人类思维方式的革新。尽管当前的人工智能尚无法完全取代人类在文学和艺术创作中的角色，但随着强人工智能在情感计算领域的不断进步，未来的机器可能不再仅仅是人类智慧的延伸，而是具备独立存在价值与创作主体性的存在。人机协同的艺术创作将逐步走向更加深入的融合，促使艺术家和AI共同塑造新的创

---

① 张锐，刘靖晗.以ChatGPT看生成式人工智能对传媒业的影响[J].声屏世界，2023（10）：6.

作模式。在此过程中，人类需要保持主动性，重新审视并适应技术对创作主体性和艺术表达方式带来的深远影响。

参考文献

[1] 诺伊曼．计算机与人脑［M］．甘子玉，译．北京：北京大学出版社，2010.

[2] 马赜博儿．审美智能论：何为并如何［J］．中国文艺评论，2023（09）：68–83.

[3] 马诺维奇．新媒体的语言［M］．车琳，译．贵阳：贵州人民出版社，2020.

[4] 鲁亚科斯，瑞尼·凡·伊斯特．人机共生［M］．粟志敏，译．北京：中国人民大学出版社，2017.

[5] 库兹韦尔．人工智能的未来［M］．盛杨燕，译．杭州：浙江人民出版社，2016.

[6] 朗格．情感与形式［M］．刘大基，傅志强，译．北京：中国社会科学出版社，1986.

[7] 谭力勤．奇点艺术：未来艺术在科技奇点冲击下的蜕变［M］．北京：机械工业出版社，2018.

[8] 魏斌，等．人工情感原理及其应用［M］．武汉：华中科技大学出版社，2017.

[9] 姚鸿勋，等．情感计算与理解研究发展概述［J］．中国图象图形学报，2022：2009.

[10] 张锐，刘靖晗．以 ChatGPT 看生成式人工智能对传媒业的影响［J］．声屏世界，2023（10）：6.

[11] 蔡国强和他的AI分身［EB/OL］．（2024-06-14）．https：//new.qq.com/rain/a/20240227A04XB400.

前沿观察·文化创意传承

从故事驱动到场景营造：中国传统艺术题材戏剧作品的创意传播

——以舞蹈诗剧《只此青绿》为例

孟繁一 ①

（北京大学艺术学院，北京 100871）

【内容提要】 以故事为核心的传统戏剧传播策略已得到广泛应用，对当下戏剧演出市场动态转向与观众审美需求变化的回应能力却日益匮乏。场景的观看更符合中国人理解生活和世界的方式，舞蹈诗剧《只此青绿》在场景营造的传播策略中蕴含中国卷轴画“移步换景”等观看原理，不仅让观众实现对戏剧作品感知力的解放，更进一步从产品开发与场景应用等角度推动了《只此青绿》创意传播策略的形成。在“中国演剧体系构想”提出的背景下，期待以《只此青绿》为代表的中国传统艺术题材戏剧作品的传播逻辑能够为中国戏剧演出行业在市场发展与跨界传播中提供参考价值。

【关键词】 《只此青绿》；场景营造；观看；创意传播

From Story-driven to Scene-building: Creative Dissemination of Chinese Traditional Art-themed Drama Works

—A Case Study of the Dance Poetry Drama *A Tapestry of a Legendary Land*

Abstract: The traditional drama dissemination strategy with story as the core has been widely used, but the ability to respond to the dynamic shift of the current drama performance market and the changing aesthetic needs of the audience is increasingly lacking.

---

① 孟繁一，北京大学艺术学院硕士研究生。主要研究方向：演艺产业与文旅融合。

The viewing of the scene is more in line with the Chinese way of understanding life and the world. The dissemination strategy of the dance poem drama *A Tapestry of a Legendary Land* in the scene construction contains the viewing principle of Chinese scroll painting "Changing the Scene", which not only realizes the liberation of the audience's perception of the drama, but also further promotes the formation of the creative dissemination strategy of the art from the perspective of product development and scene application. Under the background of "The Concept of Chinese Drama System", it is expected that the dissemination logic of Chinese traditional art-themed drama works represented by *A Tapestry of a Legendary Land* can provide reference value for the market development and cross-border dissemination of Chinese drama performance industry.

Keywords: *A Tapestry of a Legendary Land*; Scene Construction; View; Creative Dissemination

戏剧作为一种文化艺术产品，其发展与市场、观众有着密不可分的联系。然而，戏剧因其现场性与不可复制性，以及表演团体的“成本病”等问题，使其在文化艺术市场中常常陷入营销与传播的小众文化困境，难以实现规模化的经济效益与社会效益。在传统的戏剧创作实践中，戏剧一直被视作艺术作品，故事与人物是演出呈现的核心。因此，戏剧演出市场一般也以剧情及其背后蕴含的创作主旨、价值观等作为意义展示的表征。

而随着消费社会的到来与数字文化产业的兴起，今天消费已然不是人的真实消费，而是意义系统的消费。艺术的长尾效应使其创意表达开始出现从剧场、电影院等专一空间过渡到参与人们真实生活的日常空间的趋势，实现系统化的整合。因此，在当代消费社会背景下，以场景营造与体验为核心的戏剧演出市场发展策略具有巨大的升值空间与发展潜能。在具体实践中，中国东方演艺集团出品的舞蹈诗剧《只此青绿》是这一新兴策略的典范。该剧不仅通过高质量的艺术呈现在演出市场中迅速占据主体地位，更通过场景营造的策略使原本小众的舞台艺术作品迅速“破圈”，在短时间内受到广泛好评，荣获 2022 年度中国演出市场票房榜综合类第一、2022 年度中国演出市场票房榜舞剧类第一[①]，成为引领国民风尚的现象级作品。《只此青绿》

① 相关资料来源 2023 年 5 月 30 日“2023 中国（苏州）演出交易会主论坛”现场发布市场年度榜单数据。

是中国戏剧领域内少数几部通过演出带动全民共鸣与热潮，并与众多商业品牌和产品进行多维联动的现象级舞台作品之一。整个过程中，中国东方演艺集团基于作品的故事本身所进行的多角度场景营造，为这一传统叙事提供了更广阔的传播途径与更丰富的营销空间，使得《只此青绿》不再是只具有单一艺术属性的作品，而是成为有故事、有品位、有生活的创意空间与社交平台，将传统的品牌传播渠道转化为全民体验和参与的场景。与此同时，中国东方演艺集团近年来在《只此青绿》的基础上，先后创作《唯我清白》《大江东去》《将进酒》等原创剧目，不仅实现舞台作品既有“高峰”又有“高原”的双突破，更为中国传统艺术带来源源不断的消费群体与商业势能。

目前，关于舞蹈诗剧《只此青绿》的相关研究主要集中在艺术创作与美学、文化传播、商业发展等方面。关于艺术创作与美学方面的研究主要从艺术层面探讨舞蹈和绘画的跨媒介融合，以及如何通过演出的形式传递中国艺术生命精神和生命美学的体验。王一楠认为，《只此青绿》通过“外师造化，中得心源”的创作理念，协调了叙述与情感、表现与再现之间的复杂关系；[①] 孙禹琼通过论述演出中时空合一、虚静共感的艺术生命体验，展现了中国艺术生命精神的体验，强调了中国“一气化”哲学对艺术美学的影响。[②] 关于文化传播方面的研究，主要探讨了《只此青绿》如何通过演出的媒介形式实现中华优秀传统文化的创新性发展。苏曼林从全媒体时代受众角色与媒介价值的角度，分析了《只此青绿》是如何通过不同传播媒介满足不同受众需求，促进了中华优秀传统文化的传承与发展的；[③]胡皓雯从算法推荐技术出发，分析以《只此青绿》为代表的小众文化圈层在“破圈传播”过程中壁垒如何形成与如何实现破解。[④]而在商业发展方面的研究则主要聚焦于艺术创作的商业化发展方式。门雅楠认为，《只此青绿》通过企业化运营和产业链建设，推动了传统舞蹈的商业化发展；[⑤] 陈俊汝从“国潮 3.0”时代入手，分析舞蹈文化 IP 与文化自信之间的内在联

① 王一楠 . 以舞入画：从《千里江山图》到《只此青绿》的跨媒介探索［J］. 北京舞蹈学院学报，2022（05）：8–13.

② 孙禹琼 .《只此青绿》：中国艺术生命精神的体验［J］. 四川戏剧，2023（02）：88–90.

③ 苏曼林 . 全媒体时代舞蹈诗剧《只此青绿》受众角色与媒介价值［J］. 文化与传播，2022，11（06）：41–46.

④ 胡皓雯 . 算法推荐机制下小众文化圈层壁垒的形成与破解——以《只此青绿》破圈传播为例［J］. 今传媒，2023，31（10）：113–116.

⑤ 门雅楠 . 基于舞剧《只此青绿》的舞蹈商业化发展论述［J］. 尚舞，2023（14）：152–154.

系。[①] 总的来说，舞蹈诗剧《只此青绿》作为中国传统艺术题材的代表作品，具有极强的艺术价值和市场价值。既有研究大多以《只此青绿》个案作为研究重点，而其戏剧创作方法论与文化创意产业之间究竟通过何种方式产生链接，这样的链接对中国传统艺术题材戏剧作品是否具有普遍的推广价值，则是本文想要探讨的重点。在这一探讨中，场景营造具有极其重要的媒介意义。随着“中国演剧体系构想”的提出，如何推动中国传统艺术题材戏剧作品的审美价值走出剧场，创造性地为多元的商业能动者主体性进行识别与确证，从而引发戏剧演出市场的作品生产与消费逻辑的新变革，这已经成为亟待回答的时代命题。

一、从“故事驱动”迈向“场景营造”

如果通过艺术的存在方式观察戏剧艺术本身，我们会发现戏剧艺术既是时间的艺术也是空间的艺术。戏剧的时间性体现于故事的开展，观众对剧情和人物的感受与认识来自观看，需要时间来完成；戏剧的空间性则体现于场景的凝固与积累，演员表演需要场景作为载体进行呈现。张先将戏剧的叙事性与非叙事性分别用“流”与“场”进行界定。[②] 自古以来，戏剧就其本质来说，是动作的艺术。[③] 黑格尔也指出，能把个人的性格、思想和目的最清楚地表现出来的是动作，人的最深刻方面只有通过动作才能见诸现实。[④] 因此，好的戏剧故事来源于一系列具有戏剧性的动作，在此基础上，进一步在规定情境下结合人物性格与人物关系，通过认识舞台事件组织符合人物心理、层次清晰的舞台行动，从而实现剧情的推进，在舞台上呈现出完整的戏剧故事。从这方面来说，故事驱动对戏剧演出市场起着重要的基础性作用。以故事为核心的戏剧创作实践，不仅是戏剧演出市场进行舞台演绎的重要途径，也是剧目出品方在作品与观众之间搭建的易于理解的沟通桥梁。

由于叙事常常是叙述者通过讲故事的方式展示由他个人提供的一个关于人生本质的、绵延不断的经验流（Flow of Experience），[⑤] 由此以故事为核心的戏剧创作经常会提供给观众先验的价值分享甚至是价值判断，实现自上而下“以人为量”的教

① 陈俊汝．“国潮 3.0”时代下“文化 IP”舞蹈化塑形与品牌研发——以舞蹈诗剧《只此青绿》为例［J］．尚舞，2023（12）：81-84.
② 张先．场与流（一）——关于戏剧的叙事性问题［J］．戏剧，2001（02）：18-23.
③ 谭霈生．论戏剧性［M］．北京：北京大学出版社，1981：10.
④ 黑格尔．美学：第一卷［M］．朱光潜，译．北京：人民文学出版社，1958：270.
⑤ 张先．场与流（一）——关于戏剧的叙事性问题［J］．戏剧，2001（02）：18-23.

化作用。尽管在当代戏剧实践中，戏剧可以在叙事和创作的过程中通过多线或开放叙事为观众提供更多的戏剧空间，但对主流戏剧创作而言，由价值观和主题传递出的故事核心仍然占据着主体地位。并且从戏剧鉴赏与观演关系的角度来看，剧场内现实时间的限制使得观众仍主要以线性时间的逻辑接收舞台上提供的信息，其中在价值上的教化作用极大束缚了观众应有的能动思考空间。同时，在国内学科发展中，由于历史和现实的原因，戏剧学科曾被分成了两个不同的方向："戏剧"与"文学"。"戏剧是隶属于文学"的这种传统观念遗留的问题，导致戏剧学科内部存在的另一个方向："戏剧是文学。"① 这一方向的长期影响使人们对戏剧的认知容易停留于故事与文本，极易忽视了戏剧艺术本身所具有的真正的戏剧性，以及戏剧在剧场等特定演出空间所呈现出的现场性。

实际上，戏剧所带来的舞台呈现不仅存在于以故事为载体的时间之中，随着国内外新的戏剧理论与实践的突破，以场面为载体的空间性得到了进一步的阐释，场面承载了现实时空与舞台时空互动与连接的功能作用。随着影视对戏剧的影响与冲击，戏剧舞台上具体场面的呈现与转换弥合了舞台时空与现实时空的差距，"过去"也可以成为"现在"，使得每一个舞台上"正在发生的事情"同时也处于能动的"现在"之中，实现观众作为能动主体在思想上的真正解放。

随着科学技术的进步以及数字经济的兴起，影视与数字人工智能等新兴业态加速了对演出市场的冲击，戏剧原初所演绎的故事文本可以通过影视的方式得到更便捷和产业化的视听呈现，本雅明在《机械复制时代的艺术作品》中提及象征着艺术品原真性的灵晕（Aura）在剧场中也面临暗淡消沉的危机②。因此，进入数字资本时期的当下，"戏剧还能为人们带来什么""人们为什么还需要戏剧"等问题促使着戏剧艺术转向人本主义的探讨。对以《只此青绿》为代表的中国传统艺术题材的戏剧作品，舞台上的场面延伸到社会意义上的场景，这类作品通过对"场"的强调，破解以故事为核心的戏剧在呈现过程中经常出现"以人为量"的先验价值判断的问题，回归到"以物为量"的精神故园。

在消费社会的影响下，以舞蹈诗剧《只此青绿》为例，中国传统艺术题材的戏剧演出市场的发展模式开始逐渐由故事驱动向场景营造过渡。这不仅来源于中国传

① 相关论述详见谭霈生．是"戏剧的"还是"叙事的"——戏剧学学科两个方向之辨［J］．戏剧，2021（1）：33–36.

② 相关内容参见拉曼·赛尔登．文学批评理论：从柏拉图到现在［M］．刘象愚，等，译．北京：北京大学出版社，2000：455–458.

统艺术审美与接受的趋势特征，更贴合了“场景”本身的传播学意涵与符号认同。舞蹈诗剧《只此青绿》的创作实践，使得上述市场发展的趋势得到了集中体现。

二、观看之道——《只此青绿》中的场景原理

“场景”一词是一个相对复杂的概念，在中国传统美学中，“场景”与“风景”“意象”“场面”等概念相关。朱良志认为风景的定义有三条，包括客观性、形式感与审美特性。[①]叶朗则指出，审美意象的基本结构是“情”与“景”的统一。[②]总的来说，无论是“风景”，还是“意境”，都绝不仅指涉客观层面的景物与地点等表象概念，而是“境生于象外”，是一个融入了主体意识的、完整的、充满意蕴的感性世界。[③]因此，中国传统艺术语境下的场景激励人们在已有的“景”的基础上充分调动主观的人生感受，艺术接受者的主观世界使得原初有限的场景空间进入无限的生命境界之中。值得注意的是，在主客交融的基础之上，“场景”也与戏剧影视中“场面”的概念息息相关。戏剧场面强调在一定时间、一定环境内进行活动构成的特定的流动着的生活画面。随着戏剧在意义上的不断延伸，舞台上流动着的“场面”逐步和现实与审美生活中流动着的“场景”产生链接。因此，这种连续发生的动态图景强调审美者在进行艺术鉴赏的过程中需保持一种时间性的动态意识，即流动性。这与中国传统美学的审美习惯不谋而合。舞蹈诗剧《只此青绿》作为戏剧作品，其舞台创编灵感正是来源于中国现存最早的卷轴山水画之一，宋代王希孟所作之《千里江山图》。该画作为卷轴画的代表之一，其背后蕴含的场景与观看之道是理解戏剧作品进行创意传播的关键。中国画作为一种兼具时间性与空间性的艺术，其时空的展现过程体现于母题经由一定间隔，通过一道道场景次第展现于画面之中，最终形成物象群组。[④]其中，卷轴作为中国传统绘画的一种重要呈现形式，其观看之道更是古代文人墨客进行艺术鉴赏的重要载体。巫鸿在《重屏——中国绘画中的媒材与再现》一文中，重点探讨屏风绘画的同时也提到了手卷绘画在中国传统绘画中的作用，强调手卷画的特殊观画方式需引起我们的注意。[⑤]总的来说，当今在博物馆中，将卷

① 朱良志．一花一世界［M］．北京：北京大学出版社，2020：342.
② 叶朗．美学原理［M］．北京：北京大学出版社，2009：61.
③ 同上。
④ 乔治・罗丽．中国画的原理［M］．刘晶晶，译．杭州：浙江人民美术出版社，2022：92.
⑤ 相关内容参见巫鸿．重屏——中国绘画中的媒材与再现［M］．文丹，译．上海：上海人民出版社，2009：46–48.

轴画以文物的形态进行全画完整展示，并非中国传统卷轴画的观看之道。欣赏者通过手扶画卷的方式，根据个人的节奏进行收放自如的观看，收放所形成的画框其实就是场景的具象体现，它强调在收放之间的场景世界中理解世界，在移步换景的观看之中体味人生。

笔者以卷轴画的观看之道为出发点论述中国传统艺术中所蕴含的场景观念，绝非用场景的观看特性否定叙事存在的意义，而是强调场景的观看更符合中国人自古以来的审美习惯，以及中国人在理解场景与叙事过程中的逻辑。事实上，卷轴的收放体现出空间的延伸，观看者在澄怀味象中实现画面背后故事的想象。在空间营造方面，以卷轴为代表的中国绘画并不采用西方绘画在画框中固定视角的焦点透视法则，而是更倾向于动态的、游动的视点。在移步换景的场景观照中，观者并不知道下一幅画面的景象细节，在细微的收放之中打破因完整画面的结构性所导致的思维定式，在不断邂逅突变的偶然中实现联想和想象力的真正解放。在这样的情境之下，画面中的“留白”才能真正激发故事的想象，每个人都能在心底建构属于自己的叙事，并在回味过程中实现生命建构的超越。因此，观看先于言语，体验先于表达，中国传统艺术中的叙事来源于场景激励下个人主观想象力的解放，从而在审美鉴赏中实现超越自我的意愿。场景营造更符合中国人理解生活艺术与世界的独特方式与味道。

随着全球化视野的普及与文化艺术生产等相关理论的发展，互联网语境下“场景”的概念开始得到较为清晰的界定，并被赋予了产业化的意涵。场景是一种基于互联互通技术、人们的时间与空间同时在场的生活方式和价值形态①，也是共享经济商业模式创立的重要工具②。通过对“场景”相关概念的梳理，我们可以得知，在如今创意产业的发展背景下，“场景”并不是传统意义上诸如地点、景观等静态孤立的概念，而是贴合人们日常生活经验的情感载体，并具有孕育更多商机的可能性。在观看的基础上，场景构建起不同群体间基于相同或相似观念的情感链接，从而实现价值交换。这既是一种体验，也是一种链接。因此，对舞蹈诗剧《只此青绿》来说，故事只是串联情节的线索，其来源于《千里江山图》的场景变化，而真正的传播主体实质上是《千里江山图》中通过观看而获得的场景。《只此青绿》想要表达的情感来源于图像的母题，但经过了场景的表达和戏剧的演绎，作品具有了图像所不具备

① 向勇．创意管理学［M］．北京：清华大学出版社，2022：101.
② 吴声．场景革命：重构人与商业的链接［M］．北京：机械工业出版社，2015：46.

的情感力量。该剧首先从画作本身提炼出原创的美学场景，围绕剧目挖掘具有商业潜能的创意内核；其次推动作品与观众乃至广大群体进行情感链接，与不同种类的功能性产品进行联姻，建构《只此青绿》的生活美学场景，最后以塑造情感体验场景的方式，使广大观众得以真实地参与舞台演出的互动情境并实现精神上的价值认同，使作品走入人们的内心世界。

三、功能与链接——《只此青绿》基于场景的传播逻辑

在“场景”的传播机制作用下，原本与演出本体无关的社会群体与产业活动中，更为多元化的能动者主体性开始得到识别与认可。随着文化创意产业链的不断延长与拓展，“场景”不仅激发了舞台艺术作品创作者的创意，更在此基础之上搭建起以青绿山水背后的中国传统书画为核心的创意传播平台。它既促进高度网络化参与的开放式二度创作，延伸单一舞台艺术作品的创意产业链，更通过场景带来的认同凝聚了广泛的趣缘群体，衍生出新的经济与文化内涵。

（一）生活美学的场景营造——产品开发与场景应用

随着时代的发展，艺术所能够带来的震撼人心的力量早已超越作品本身，艺术生产与劳动不断通过市场、技术、管理等手段推进消费转型升级，并获得更高的社会效益与经济效益。现如今，“场景”不仅是物理空间意义上的地点，基于作品本身的故事或形象等元素创造的艺术性场景在作品之外所带来的审美性更可以依托外在的资源与环境，为作品的商业前景带来更大的潜能。波默在定义“审美经济”（aesthetic economy）时认为，产品和服务的审美价值超越了功能价值，作为“第三种价值”的审美价值主要由审美吸引力、灵晕和氛围构成。[①] 通过艺术与不同领域之间的相互融合与赋能，碰撞出新奇而动人的火花，艺术作品的意义生成与场景营造从作品本身跨越到产品与产业领域，将作品的艺术价值和审美价值转化为产品与产业的经济价值与社会价值。

值得一提的是，在价值转化的过程中，如何让产品在更广泛的观众群体中获得鲜明的辨识度，进而快速被观众识记并产生消费动机，也是场景营造的关键所在。丹尼尔·西尔与特里·克拉克从城市与地方整体文化风格的角度指出，美学直觉加

---

① Böhme G. Contribution to the Critique of the Aesthetic Economy［J］. Thesis Eleven，2003，73（1）：71–82.

上由欲望转化而来的活动和舒适物，使我们能够更清楚地分辨不同场景。[①]拓展产品在日常生活中的美学意义，设置能够给观众提供具有场景想象可能的舒适物，可以使作品在更广阔的天地找到不同的主体进行赋能，营造出和而不同、丰富多元的场景世界。

在场景营造的基础上，《只此青绿》跳脱于舞台作品本身，不仅向内探索新时代中国传统美学的全新生命力，也在不断向外延展跨行业的影响作用，通过自身的美学特质为其他类别的民族企业提供生机盎然的生活美学场景，从而丰富了产品的文化认同与审美旨趣。中国文化重视味，最有中国味的气味莫过于酒与药。[②]对中国的酒业来说，如何能够在产品工艺上继承传统，保留醇厚的中国味的基础上，通过品牌打造与营销，区分其他同类别产品，拓宽受众群体，实现创新与突破，是企业乃至整个行业努力的方向。吴声认为，产品的功能属性（Inside）+链接属性（Plus）=新的场景体验。[③]中国绍兴黄酒集团长期致力于传承非物质文化遗产绍兴黄酒酿制技艺的最高水准，打造国家级高品质黄酒产品，[④]在寻找合作项目的过程中并没有片面追求浮于表象的网红产品，而是探索不同产品与企业间文化的认同和共识，以期通过链接达到全新的产品商业效果。舞台诗剧《只此青绿》深深根植于中国古典艺术的创意表达，这与黄酒品牌的企业文化不谋而合，两者共享着中国传统文化的脉络与根基。因此中国绍兴黄酒集团在新品研发过程中，积极与中国东方演艺集团进行商业对接与沟通，并与其签署战略合作协议。舞蹈诗剧《只此青绿》与古越龙山共同推出“只此青绿－只此青玉”联名款，该剧为中国的黄酒产品不仅提供了重要的中国传统文化标签，更提供了古色古香而又充满着灵动意蕴的艺术场景，使该联名款酒品具有极高的生活美学属性，提升了与之相关的文化价值和社会价值，使得今后双方将在推广中国文化和民族品牌上相互赋能。

（二）情感体验的场景营造——短视频领域的场景互动

场景是最真实的以人为中心的体验细节。[⑤]体验场景是强调人身心俱全的在场体验，因此人的在场感是极其重要的。无论是本雅明在《机械复制时代的艺术作品》

---

① 丹尼尔·亚伦·西尔，特里·尼科尔斯·克拉克．场景：空间品质如何塑造社会生活［M］．祁述裕，吴军，等，译．北京：社会科学文献出版社，2019：6.

② 彭锋．方案——2011年威尼斯国际艺术双年展中国馆［M］．北京：人民美术出版社，2012：19.

③ 吴声．场景革命：重构人与商业的链接［M］．北京：机械工业出版社，2015：139.

④ 吕旦霖．只此青玉！中国黄酒创新品牌营销研究分析［J］．中国酒，2023（03）：52–57.

⑤ 吴声．场景革命：重构人与商业的链接［M］．北京：机械工业出版社，2015：29.

中提到的“灵晕”概念、布尔迪厄的“场域”理念，还是波默的气氛美学，诸多后工业时代的理论家都开始从不同的角度强调人的当下体验。因为只有通过当下的在场，个体的主观能动性体验才能获得真实的意义升华与心灵触动。而从消费者的视角出发，场景建构需要突破物理意义的传统空间，使得消费者从初级的生理世界与客观世界消费，进入高级的情感、精神乃至是信仰的主观世界消费。具体来说，体验场景一共分成三个层次：感官体验层、情感体验层和精神体验层。[①] 消费者在体验场景中，获得五感与通感带来的生理反应，形成基于主体感受的情感体验，进而实现对道德、价值、生命价值等信仰与精神层面的深度体验。在此过程中，技术的深度参与与介入关联着场景能够带给消费者真实感与体验感的可能性。罗伯特·斯考伯和谢尔·伊斯雷尔在《即将到来的场景时代》一书中指出，大数据、移动设备、社交媒体、传感器和定位系统是构成场景的原力，这五种原力对场景的作用是改变作为消费者、患者、观众或在线旅行者的体验。[②] 这样的体验场景能够充分刺激和调动消费者的感官、情感、思考、行动、联想等感性因素和理性因素，从而重塑消费者的思考方式，并最终让消费者认同品牌的营销方式。[③]

在“互联网 +”的时代背景下，《只此青绿》不仅在演出领域和春晚的舞台上收获可观的票房数据和收视率，其影响热度早已横贯线上线下，在抖音、快手等诸多新媒体平台获得更惊人的爆款数据。值得一提的是，《只此青绿》在短视频领域传播的并不是单一的演出片段剪辑，而是提炼作品中重要的舞蹈动作与艺术形象，在网络上进行的话题分享式互动传播，其中比如“青绿腰”“青绿仿妆”等打卡项目在网上获得了极高的话题指数与互动频率。节目播出的近 20 天后，单抖音平台“只此青绿”相关的话题视频播放就达近 30 亿次，其中单个话题播放超过 1 亿次的就有 6 个，包括 # 只此青绿（7.8 亿次）、# 青绿腰（6.4 亿次）、# 只此青绿仿妆（4 亿次）、# 孟庆旸青绿腰挑战（3.8 亿次）、# 只此青绿这一下腰绝了 （1.4 亿次）、# 只此青绿腰挑战（1.1 亿次）。[④]

因此，艺术作品想要真正走进人们的心灵深处，并非通过抽象的概念与理性来达到目标，而是需要通过生活方式的建构来实现人们思想观念的建构，进而实现美

---

① 向勇 . 创意管理学［M］. 北京：清华大学出版社，2022：105.

② 罗伯特·斯考伯，谢尔·伊斯雷尔 . 即将到来的场景时代［M］. 北京：北京联合出版公司，2014：11.

③ 周高华 . 情感营销：情感经济、场景革命与口碑变现［M］. 北京：人民邮电出版社，2016：69.

④ 引用数据来源：范霖 . 从《只此青绿》看传统文化在新媒体语境下的传播“出圈”［J］. 记者观察，2022（5）：91–93.

学的想象。这也促成了舞蹈诗剧《只此青绿》的广泛影响力。与常规的戏剧演出宣传策略不同，《只此青绿》精准打造传播的记忆点，通过线上各个平台互动与打卡的场景营造，极大丰富了人们的参与感和体验感，“青绿腰”与“青绿仿妆”等沉浸交互场景直接深入人们日常生活的末梢，使得《只此青绿》走下舞台，开始在人们的日常生活中变得可知可感，将舞台演出的膜拜价值转化为体验价值。再比如，《只此青绿》的领衔女演员孟庆旸在小红书进行账号运营过程中，充分利用小红书平台偏向于个人打卡种草的社交特性，在个人账号上围绕演出、幕后排练与热身准备等花絮段落，构建鲜活而私人的真实场景。个人端社交平台的场景设置策略不仅能够迅速拉近演员乃至整个剧组与观众群体的距离，更能引发观众的留言评论等良性互动，在青绿的价值认同中实现观演之间的情感链接。人们在模仿与打卡的情感体验场景中收获中国传统文化带来的快乐。在这种交互的氛围里，观众获得自己的主体性，感知自己作为观众的尊严。由此，舞台艺术作品也可以成为日常生活的真实场景，剧中的主演也可以是自己云端真实可感的好友。

四、结　语

长期以来，舞台表演艺术因其瞬间性、不可复制性及鲍莫尔“成本病”等客观因素，导致其难以通过技术的进步实现艺术生产率的提高，因此在现阶段，现场表演艺术的市场现状仍然难以对标影视行业。随着移动互联网与大数据人工智能时代的到来，舞台表演艺术也应积极推陈出新，在传播与营销的视域下获得新的消费可能。随着电影版《只此青绿》的成功上映，舞台诗剧《只此青绿》通过场景营造的策略仍然在持续通过不同视角进行广泛尝试，不仅与多元受众群体产生情感与价值链接，在全球范围内实现“青绿”出圈，更将舞台作品的艺术价值转化为产品、产业乃至消费生态的经济价值与社会价值，使得艺术与其他产业进行双向赋能。

对中国传统艺术题材的戏剧作品来说，舞蹈诗剧《只此青绿》的意义不仅是艺术创作上的高峰，更是多元发展的开始。作品爆火的同时也为同类型演出的未来发展提供了机遇与挑战。一是舞剧作品一枝独秀，但其他类型演出形式的市场效果仍反响平淡。郝戎指出，进入新时代以来，创建我们民族自己的演剧体系十分迫切。在这一过程中，需要重点挖掘以中国戏曲为代表的传统的、民族的舞台表演艺术和话剧艺术。① 然而，就目前的中国演出市场来看，能够达到破圈效应的演出仍然以《只此青绿》《永不消逝的电波》《红楼梦》等舞剧作品为主，中国话剧和戏曲艺术作为中国传统戏剧演出市场的核心部分，在市场发展与传播效果来看仍然发展较缓，缺乏破圈和高认知度的品牌演出，难以形成现象级的全民文化热潮。

就《只此青绿》作品本身而言，通过场景营造带来的传播与消费效果目前也有一定的局限性。虽然在各大媒体平台产生了很好的热点话题，但在产业上的经济效益仍然有限，联名产品的知名度尚不够突出。更重要的是，未来以《只此青绿》为代表的中国舞台艺术作品在话题与口碑营销的运作同时，也应充分考虑作品的商业变现能力，建构外部社会网络，使得基于艺术作品的场景营造成为目标产品最大的消费动因。通过外部的资源链接，聚合更广泛的社会效益与商业力量。

【参考文献】

[1] 西尔，克拉克.场景：空间品质如何塑造社会生活［M］，祁述裕，吴军，等译.北京：社会科学文献出版社，2019.

[2] 斯考伯，伊斯雷尔 . 即将到来的场景时代［M］. 北京：北京联合出版公司，2014.

[3] 罗丽 . 中国画的原理［M］. 刘晶晶，译 . 杭州：浙江人民美术出版社，2022.

[4] 巫鸿 . 重屏——中国绘画中的媒材与再现［M］. 文丹，译 . 上海：上海人民出版社，2009.

[5] 范霖 . 从《只此青绿》看传统文化在新媒体语境下的传播“出圈”［J］. 记者观察，2022（5）：91–93.

[6] 冯海涛 . 画式——《千里江山图》卷中的绘画语言研究（下）［J］. 美术研究，2023（02）：25–32+41–42.

[7] 高华 . 情感营销：情感经济、场景革命与口碑变现［M］. 北京：人民邮电出版社，2016.

[8] 郝戎 . 中国演剧体系构想［J］. 戏剧（中央戏剧学院学报），2021（02）：1–13.

[9] 吕旦霖 . 只此青玉！中国黄酒创新品牌营销研究分析［J］. 中国酒，2023（03）：52–57.

[10] 吴军 . 场景理论：利用文化因素推动城市发展研究的新视角［J］. 湖南社会科学，2017（02）：175–182.

[11] 吴声 . 场景革命：重构人与商业的链接［M］. 北京：机械工业出版社，2015.

[12] 向勇 . 创意管理学［M］. 北京：清华大学出版社，2022.

[13] 张先 . 场与流（一）——关于戏剧的叙事性问题［J］. 戏剧，2001（02）：18–23.

[14] 张铮，许馨月 . 从场景理论到氛围理论：文化经济模态的新阐释体系［J］. 南京社

① 郝戎 . 中国演剧体系构想［J］. 戏剧（中央戏剧学院学报），2021（02）：1–13.

会科学，2024（01）：133-141.

［15］张铮，许馨月 . 从创意者经济到认同者经济——数字文化产业发展模式的需求侧转型［J］. 苏州大学学报（哲学社会科学版），2023，44（02）：162-170.

［16］朱良志 . 一花一世界［M］. 北京：北京大学出版社，2020.

［17］Böhme G. Contribution to the Critique of the Aesthetic Economy［J］. Thesis Eleven，2003，73（1）：71-82.

品读“国图”之国风文创
——兼述“文化主体性”于文化产业成功中的实践意义

沈望舒[①]
（北京大学文化产业研究院，北京 100871）

【内容提要】 短短数年，国图文创闪亮崛起。多系列的国脉结构、千余种的国风佳品，给市场带来一阵国学国魂式清风。深化改革开放的“天时”，国家图书馆资源的“地利”，汇聚于2019年重组之文化经济生产力主体的“人和”，这支团队初露“新质生产力”的端倪，其以足够的文化自信与自觉、强烈的文化主体性与高科技含量的流程运作，进行自身学理化的思想组织建设，集成化和系统化的核心业务建设、精品内容建设、营销渠道建设、合作共同体建设……故而，名品迭现、“名利双收”，在图书馆文创领域独树一帜。国图文创所贡献的依靠中华优秀传统文化内容和科技化手段，以魅力化的文化主体性为主导，坚定走中国现代文明实现之路的成功实践，值得文化产业从业者品味思考。

【关键词】 文化主体性；国图文创；国脉国风

① 沈望舒，北京大学文化产业研究院研究员。

Reading the National Library's Cultural Creations in the Style of Chinese Traditional Culture

—Also Discussing the Practical Significance of "cultural Identity" in the Success of the Cultural Industry

Abstract: In just a few short years, National Library Cultural Creation has risen to prominence. With a series of national vein structures and thousands of high-quality national style products, it has brought a fresh breeze of traditional Chinese culture and spirit to the market. Benefiting from the "favourable timing" of deepening reform and opening up, the "geographic conditions" of the resources of the National Library, and the "unity of the people" of the cultural and economic productive forces restructured in 2019, this team has begun to show the signs of a "new quality productive force". With sufficient cultural confidence and self-awareness, a strong sense of cultural subjectivity, and a high-tech process operation, they have built their own theoretical organizational construction, integrated and systematic core business construction, high-quality content construction, marketing channel construction, and cooperative community construction. Therefore, they have achieved a series of famous products and "both fame and profit", standing out in the field of library cultural creation. The successful practice of the National Library's cultural creation, which relies on excellent traditional cultural content and technological means, takes the charm of cultural subjectivity as the leading factor, and is firmly on the path to the realization of modern Chinese civilization, is worth contemplating by practitioners in the cultural industry.

Keywords: Cultural Subjectivity; National Library's Cultural Creation; National Vein and National Style

2023年，笔者以访谈、踏勘、文献组合的方式，略对国家图书馆（下称国图）风生水起的文化创意产业进行调研，被其累累硕果所触动——喜见"有里有面"的文创规模战阵；因其主体性而思索——造国图优势、彰典籍魅力，走出一条独具特质且可持续发展的成功道路。

习近平总书记在文化传承发展座谈会上提出"文化主体性"的重大论断，深刻阐释了“两个结合”特别是“第二个结合”的重大意义：“‘结合’巩固了文化主体性，创立新时代中国特色社会主义思想就是这一文化主体性的最有力体现。”（新华社，2023）

当人们对“文化是国家、民族的灵魂”已成共识之际，能否在文化强国、文化事业高质量发展等不同层级奋斗中展现文化主体性，那种上表国家、民族精神灵魂，下示一域一业自立自强内容优势的本质特征，便成为关键。

国图文创业态体现出来的国魂、国脉、国风式成就，证明了正确思维行动导向的保障功能：唯有走个性路，才能拥有、捍卫文化主体性；唯有守正创新，才能保持、强化文化主体性；唯有履新使命，才能巩固、提升文化主体性。

国图式文化主体性，使其文创凭借雄厚馆藏资源底蕴，以系列、规模的卓越产出来安身立命；通过布局谋篇、集因聚势、优化价值链，在深化改革开放中荟萃人才、研发产品、磨砺队伍、塑造魅力，形成有效供给对接有效消费，以“新质”文化生产力迭代“内容价值”传播，奏响“文化主体性”之产业与市场成功的时代华章。

一、顺应“天时”：国图文创在市场风生水起

中国传统文化中的“天时”，现已超越自然时序、一般规律和气候条件的狭义，多指宏观背景、时代潮流、一域大势等造就“顺之者易成”的整体环境。中国式现代化，依托改革开放这“关键一招”，全面推进民族复兴伟业的趋势，是为天时。北京国图创新文化服务有限公司作为国图文创工作机构（下称该机构），为改革开放进程的产物。其背靠国家级公共文化服务单位，属于以社会效益为准则、以市场需求为导向、以文化经济为目标的企业化运作探索者。

该机构以文化创意产品开发与经营为核心业务，兼管展览展示、研学培训、全国图书馆文化创意产品开发联盟、文化创意、空间设计与经营、品牌与资源授权、文献保护等业务。其主理文化创意产业体系的内容策划、创意设计、供应链管理、销售体系、仓储物流、新媒体营销、授权等各环节。

业绩体量是机构能量的基础，市场表现为文创成功的尺度。该机构研发入市的文化创意实物产品，涵盖上千主题汇成的28个主题系列，如传统经典系列、诗情画意系列、百福系列、鲁迅系列、《红楼梦》系列、天津印象系列等，包括1000多个SKU（电商平台货仓单位术语，引申为某规格某花色产品统一编号，此处可理解为

1000多种文创产品进入线上物流营销的代码资质)，共计65个品类，如随身附件类（徽章、钥匙扣、遮阳伞等）11种，文具类（笔袋、便利贴、信纸、信封等）10种，配饰8种，箱包6种，礼品6种……

这些系列、品类的业绩可喜。根据该机构“2023年度高质量发展工作会议”的资料，可知其发展历程：三年半时间，完成营收从0到“5000多万体量” 的崛起，2022年较2021年增长69%，利润又增39%……[①]

这些系列、品类，多与消费需求契合。从该机构参加2022年天猫平台5·18世界博物馆日主题营销活动的场景，可感热度：自17日20时开始，国图文创即现火爆——数小时后的当日销售额便突破了30万元；截至19日24时的销售额，竟超过了100万元。其在节庆礼品类目的行业排名，从活动前的237位，一路飙升至第8名，首次超越故宫、大英、国博等店铺……

该机构重视线上线下两个市场的双功能、两手硬：在国家图书馆、江西省图书馆、天津津湾广场等地运营的文化创意空间达5500余平方米，它们集文创展销、图书销售、特色培训、创意饮品、展览展示等于一体，打造出一批独树一帜的典籍文化创意产品，如九歌古书香薰、敦煌拾遗礼盒、司马光《资治通鉴》复仿手稿、万事胜意手绳等，或因其喻义、符号价值，或因其美器、装饰效果，而被消费者选购。其中，位于天津的国图津湾文创空间，屡因特色文创环境、多彩服务活动、核心卖品实力，被国内发行业和天津地方表彰，荣获“最美”称号；该文创空间自2021年7月开业以来，日均接待公众常在4000人以上，成为天津市民的“网红”打卡点，持续名列大众点评书店音像与图书馆榜单的前列。

二、坐拥“地利”：国图文创有雄厚资源

中国传统文化中的“地利”，从早先土地提供的财富、地理显示的优势的含义，演化为围绕发展建设目标的各种有利因素，强调人无我有或人有我优的那些天然禀赋。该机构隶属国图序列，从而有着显著“地利”。

作为共和国的文化重器、国家之总书库，国图拥有规模宏大的硬件设施，位于北京紫竹院公园旁的现代化业务场所，建筑面积达28万平方米；拥有品类齐全、古今中外、集精撷萃的宏富馆藏，据2021年年底馆藏统计，存储文献4400万余册

---

① 本文引用数字与案例，除注明外均为在对国图文创的实地调研与踏勘中所录。

(件)，包括善本古籍 34.46 万册（件)、金石拓片 26 万余件、甲骨 35651 片、敦煌遗书 1.6 万多号，古代舆图、少数民族文字典籍、 名家手稿、西文善本等珍品共计 330 多万册（件)；数字资源总量 2497.95TB……

作为民族文化建设之经典一极，国图功能以文献庋藏为基，以优秀文化传承传播为重，践行国民文化素质培育战略。其功能发挥突出表现为有一支国家级专家领衔的 1313 人职业队伍，其学历结构本科以上者达 1240 人（博士 94 人，硕士 752 人)，他们老中青相结合，在各个专业岗位上守正创新，于学术研究、辅佐教育诸方面，书写中国图书馆业的时代辉煌。国图教育始终在提高和普及两端发力，履行为奋斗者凝神铸魂使命责任。为帮助广大领导干部丰富历史文化知识、汲取治国理政历史经验、提高文化素养和思想政治素养、提升马克思主义理论水平，由中央和国家机关工委、文化部、中国社会科学院主办，国家图书馆承办的“部级领导干部历史文化讲座”，自 2002 年开讲，已举办了 100 多场、听讲的省部级干部达万余人次。在服务社会受众常态方面，据 2018 年的记录，到馆读者 545.85 万人次，书刊流通 2549.95 万册次，网站点击量 12.22 亿次，公益讲座 855 场，公益展览 15 场，公开课录制 26 场，馆际互借累计 720 家文献信息单位，国际互借共涉及 63 个国家和地区的 535 家图书馆……

作为中华优秀传统文化之“殿堂”，南侧临街的国家典籍博物馆是国图一大门面。其基本展“中华传统文化典籍陈列展”，浓缩三千年浩如烟海的文献历史，梳理历代对古籍文献发展保护传承有重大影响的名人名事名著；观众从中可体察中华文明的脉动，可领悟民族文化的灵动。其重要临展，由中国第一历史档案馆、敦煌研究院、甘肃简牍博物馆、国家图书馆（国家典籍博物馆）联合主办的“20 世纪初中国古文献四大发现展”，将王懿荣发现甲骨文、西北科学考察团发现居延汉简、王圆箓发现敦煌经卷、罗振玉等清查整理发现明清内阁大库档案的成果，以空前深度告之世人。这既是对基本展概说的一次择要式详述，又昭示了自殷墟甲骨文、居延汉简、敦煌遗书、明清档案等 20 世纪初“四大发现”，到如今中国甲骨学、敦煌学、简牍学和清内阁大库档案学“四大显学”的研究成果，属于对“五千年文明史”解读、阐释、理解的新进展。

一业实力后盾，为前台厚植底气；一域丰富资源，护佑主题文创行稳致远。

三、积极“人和”：国图文创以团队迎国潮

人和，指中华人本思想核心追求之“人事和协”。如今国图文创能够初露“峥嵘”，现在国图资源得以全面发力，贵在人物适配、团队得力，即彰显“人才是第一资源”铁律。当价值链要素环节中，多是充满奋斗精神、拥有文化见识，以文化自信和历史主动的自觉在进行布局谋篇者时，产业腾飞会顺理成章。

人物到位，是文化主体性通过产品、服务、项目、产业而绚丽绽放的核心。2019 年 5 月，国图起用有着馆内展览部工作经历的张立朝，主持该机构的重组、规划、运营、管理，这是盘活全局的“大招”。国图文创因主导者有力有为而揭开“破圈”、拓展的序幕。笔者首次拜访这位总经理时，对博物馆业文创繁荣与图书馆业相对滞后的比较，他流露出一种知己知彼的清醒和自信：博物馆文创多选自馆藏珍贵文物，其具有标识化外观、较高的知名度；而图书馆典籍“以文字为主，晦涩难懂，缺乏直观美感，直接提取创意元素几无可能”，存在“藏品内容单一、艺术表现力较弱、品牌影响力不强等问题”。国图文创须深挖内容价值，不可简单走故宫、国博的路子；产业流程上也与巧用外形的切入点不同……他对该机构的建设胸有成竹，对战略思路、核心业务、机制安排侃侃而谈。表明文化主体性，自始便缘于不同实情的明确立场。

团队到位，是文化生产力主体针对文化经济目标在实现行动上的组织落实。该机构根据国图文创特色的需要，团队结构上重点突出，先设六个内容挖掘岗位，借力国图资源中稳定的典籍专家进行有效指导，致力在典籍解读、创意挖掘方面“沙里淘金”，积累升华“好故事”；再任用八位设计师——他们懂国图、知典籍、有专业、强有力，善于将价值内容按照消费需求进行活化、转化、时尚化的载体塑造。该机构在团队建设上，依需渐进、逐步完善：为保障文创品牌，加大综合效益的回报，设有电商部和市场部攻营销、仓储物流；既开发省级代理商 20 多个，又于天猫、京东、拼多多等电商平台开办自营店；还通过引进专业电商管理人才、创新营销方式、发展网络直播等带动销售。2023 年元旦，该机构与 CCTV 中视购物频道和快手平台联合直播带货，十几秒售出 5000 个文创徽章、2500 根相思红豆手绳等，盛况令人咋舌；接着农历二月二，央视主持人、虚拟主播齐聚中央电视塔，一鼓作气直播推荐近百款国图文创产品。张立朝说：该机构是平均年龄 27 岁的不足百人小团队，一直干得很“苦”。他们的辛苦付出，换来企业的跨越式成长——营收从 2019 年的 700 万元增长到 2022 年的 5000 多万元，一路高歌猛进。

产品到位，是文化企业以主体化成功而安身立命的根本基础。该机构懂借势、善合作、喜共赢：搭中国集邮有限公司发行敦煌藏经洞发现120周年纪念邮票便车，从国图馆藏敦煌遗书中开发出精美的“敦煌拾遗手账”，该产品不仅荣获2019—2020年度全国最佳集邮品文创类二等奖，并通过中集邮、敦煌市等渠道大卖近2万套；与豆瓣联合开发的读书香薰系列，仅2021年6月上市后的两周，8000套即告售罄；巧配国图馆藏的明代《食物本草》与二十四节气文献，联合北京出版集团合作开发《食物本草图谱》，一年多销量突破5万套，销售码洋超千万元；随综艺文化节目“典籍里的中国”热播，与央视共同开发的同名文创产品广受赞誉……一本本或全国或系统或地方评选的获奖证书上，甲骨文系列文创、“金榜题名”系列文创、“敦煌”主题文创、“永乐大典”主题文创、“庆赏昇平”主题文创等赫然文字，皆证该机构小胜、大胜、连胜式产业成功。

来自人、为了人、服务人的“人文经济”，揭示当代文化产业表里。“人物+团队”的卓越组合，决定着配置资源、整合环境、改善条件、推出精品效度。业绩铺陈该机构一步步营造的业态，讲述其特质文化产出逐渐在图书馆业开始的领跑型“名利双收”进程。

四、“破圈”名品：国图文创以魅力傲消费

天时、地利、人和，主构正向发展基因。若失“天地人”和谐，会让人有事倍功半的遗憾，一事无成的狼狈。该机构博得好开局，其过程甘苦交织、一言难尽。但是毫无疑问的是，文化生产力主体之人的因素，厥功至伟；该机构的运行机制、业务模式、方向道路等有着契合规律诸长。不过，品鉴国图文创的文化主体性，令人印象深刻的是结晶、是国魂国脉精神、是历史文脉上的国风国潮气息，通过创新和科技的复合力量，它们一展风采——各美其美、又美美与共。

（一）国魂国脉国学，通过“系列”阵容，诠释“创新是第一动力”的道理

踏入该机构探美，初时因其文创在不经意间“系列”涌现，好奇规模化挺进的秘密；略略深入，便被其多系列明暗显露的国魂国脉“味儿”触动，欲知“正而美”被社会消费青睐的原因。经内外欣赏，笔者以为可有几种解读：

创新，以国家文脉上里程碑现象级的大名头，使“系列”居高位、有大格局。甲骨文、敦煌拾遗、传世经典，比如《山海经》《永乐大典》《四库全书》《资治通鉴》等系列，以响当当的优秀传统文化大牌符号领衔，唱响守正创新主旋律，合

乎国图文创身份地位，也方便受众正向“脑补”，有助于受众萌生探寻如何以文创品之微展示重大主题的兴趣。同时方便相关方选择文化交往时的礼物……它们用“高大上”的价值彰显为旗，于“小精美”的内容形象上落笔。伴随全社会不断升温的中华优秀传统文化热，如此“系列”另辟蹊径、已然坐稳市场一席。

创新，以民族灵魂标志性亮点之妙趣，使“内容”星光闪耀、引人侧目。殷商色调的甲骨文“生肖手绳”；先秦到明清大事的“中国古代典籍长河”折页；卷状的仿四色“四库全书磁笔帘”；大红封面“我是中国人”手账；深底白字“非礼勿视”渔夫帽；鲁迅系列的“愿中国的青年都摆脱冷气”空调毯和“新青年”“呐喊”“嗬”等徽章或冰箱贴，或独具匠心，或妙趣横生，或扣人心弦。基于该机构“甲骨文渊”图库与李宁 YOUNG 携手制作的“神秘的文字”系列童装产品，进入泛文化生活去传文统、表国脉。

创新，以实、巧、美、显的国学魅力，让文创品自生黏性、自带流量。配合国图藏《永乐大典》文献展，该机构开发同名系列二十余种文创产品，包括根据大典中多种“万字纹”图案设计，配以大典特有的柠黄、砖红两色，有美好寓意且形式别致的丝巾；包括据大典集出，于外观上印上“贵人”页，赋名“贵人”，具有个性美雅，并带有“手机遇充电宝即遇贵人”情趣的充电宝……受众既能经现场观展认知先辈创造文化珍品的伟大、体悟近代积弱珍品受侮的沉重，又有通过“买到手”的方式、实现将“把图书馆带回家”的喜悦。

成一事也许要千难万险，坏一事常常仅需一击。但是，创新永远是成事的决定性动力。创新文化武装之人，奉行倾心倾情倾力的创新之事，推出文化产品、服务、项目的精彩创新之果，是夺取“系列”成功的关键钥匙。

（二）国品国风国潮，通过“破圈”名物，讲述“科技是第一生产力”的故事

踏勘中，笔者常喟叹国图文创的“含金量”，时不时揣摩其实现较高“含金量”的过程，慢慢总结出了精品产出之要害：科技主导。科技主导，特指“大科技”的统领地位和鲜明特色。首先，它反映在科学思维、方法、作风、模式的自信自觉——是围绕“神魂道”而形成的科学文化意识、知识、学识、共识，促使该机构形成着眼点、着力点的学理化安排。接着，它反映在应用材料、工艺手段、制作生产、推广营销、监控测察等环节技术集成的历史主动——精益求精的工匠精神，以及围绕“器术法”达成的道器合一、讲求精致、触动心弦的塑形，促使该机构实施富有审美情趣和标准的科技化范式。正是知行合一，使得国品国风国潮的具象文创系列接踵而来。

科学见识与认知共力，领跑国图文创行动。该机构存档的总结、文件、文案，有明显学理化倾向。2023年工作要求，用三个关键字“知、动、和”立意识、明立场——将真正深入地知己知彼、不断提高“己”、有能力服务“彼”前置；讲科学判断基础上的主动拓展、韧性战斗、灵活处置之“动”，指出关键与条件；讲内外双修、产业链生态链所需团结合作、共存共赢心态之“和”，自方法论概说实践性。该机构论国图文创优质IP，略述定义与时势，详释公共图书馆文创IP特点：根植于中华优秀传统文化的核心价值观、高质量的受众群体及强大的流量优势、巨大且可持续的挖掘空间。在引证社会案例基础上，论图书馆优质IP的培育：关于价值观的提炼与衍生主题，强调立足职能、引领阅读、围绕馆藏、生生不息；关于流量级客户培育主题，强调细分应用场景的个性化流量、以人为中心的渠道口碑和图书馆的“目标族群”目标；关于优秀IP的无限跨界，分述文化产业内与外两类跨界融合经验……

人物与团队的“心之声”，刻画国图文创的“行之迹”。国图馆藏大量中华优秀传统文化经典内容，被该机构化作“诗书礼乐”文化符号的时尚载体。以专题展览与音乐会、主题套装与学习生活用品等形式，助推国风国潮，此为基本模式。背靠国图资源大树，结合内外互鉴成果，联手各行各域优势专业力量、合作共创多赢局面，此为基本路径。

（三）科学思想、科学精神、科学组织、科学行动的统一，增强企业效率

科学与技术组合交融，优化国图文创业务。该机构屡以“破圈”产品来搅动市场。美轮美奂的葫芦合卺杯、玲珑剔透的心经主人杯等，以设计、材料、工艺、包装、宣介的科技组合拳行走市场。科技文创前沿性产品也实现了大卖：两款基于区块链技术的NFT——古代诗词和通过甲骨文图形创作的绘画数字藏品，首批4万份于支付宝平台发售，上线1分钟后即告罄。

运用各方面科技的单品，是文创科技的2.0版。以葫芦合卺杯为例，文创起点是我国现存最早的典礼仪式辑本《仪礼》记载的“合卺”礼婚俗。经科学与技术全面赋能，其666元/套的定价，未挡住消费者的喜爱、求索、认购，并成就了它“一款在市场上没有竞争对手的独特产品”之美誉。面世后即作为“明星”款，获得销售额逾百万的佳绩。其外观运用设计、材料、造型、涂装科技，使一对葫芦合卺杯集秀美华贵于一身；托盘那“愿长如：庆会双星，千秋偕老”祝福语，借古老典故奉上祥瑞，喜上添喜。其底蕴可上溯悠悠青史关于礼器的记载，饱含夫妻同甘共苦、琴瑟合鸣、永结同心的寓意，触发消费者联想民俗中“交杯酒”那极富画面感的场景，再加上礼盒内小册子详介合卺礼仪式的步骤，使之“科学＋文化＋时尚＋喜悦”的获得感十足。

从该机构的流程测算可略知科技3.0版。传统（线下）为体、新型（线上）为用的全面营销，虽为进步，但已演变为社会大势。而合乎经济规律的指标分析步骤，于文创企业中尚不多见使用，它使决策更科学，令营销受科技支撑。仍以葫芦合卺杯为例，其上市后的月度产品分析，分为销售概况、操作方式、数据分析、经验总结四个部分。销售概况分为销售趋势与成交来源两部分：月度2—27日的销售曲线图中，17个高值和19日的峰值一目了然，“优质爆品”的结论可信服。操作方式主谈实现手段，包括标题优化（12因素）、品牌新享（6因素）、新品期维护（包含口碑、流量、转化循环等7组，各考核12项指标）、直通车（5点审视）、引力魔方（对5组不同关键词进行定向统计对比）、万相台（比较花费推广场景的效果）、买家秀激励（附红包激励的晒图评价选择）。数据分析，有围绕成交的店内搜索表现（购买目的）；有行业分析（结婚礼物与文创礼物对比）、婚庆用品概况、结婚礼物－家居类目匹配度（10种摆件）、结婚礼物－餐饮具类目匹配度（10种碗杯）；有用户分析，分地域、人群（省级、市级与支付偏好）；有竞品分析（对单价300～500元、500～1000元结婚礼物的各自优势进行评价）。总结涉及6个方面的12条特质；最后是针对四个重点，制定的运营规划指标性建议。

（四）科技入列、视域全面、思维跨越，质量效益牵手数量规模，与经验型迥异

系统化、集成化的共同体，提升国图文创成功度。该机构对依靠改革而进、凭借开放而兴、走共同体之路而强的科学发展观，有自己持之以恒的坚持。毫无疑问，纵观国图文创，均为该机构主体性的写照；然而，横看国图文创的产品、服务、项目生成结构，则必须承认，其多为中华文化利益、责任、命运共同体“大科学”之产物。该机构以主题、主导的内容价值，发起和促成许多跨地跨行跨界的文创活动。若与馆内资源、国图各部门的共同体是“基础科学”——从该机构同为线上线下诸多平台，可窥其基础根系；那么与央视、与出版界、与各行业各企业、与各省（自治区、直辖市）乃至世界各国的文化交流互鉴合作就是“应用科学”——国图文创依此左右逢源。从其促成该机构“人前显贵”的众多事例，可一览其广度、深度、热度。

可以说，作为新兴且仍属于中小企业的该机构，其成就的风云现象常为多方共赢的硕果，常为各类各级共同体在系统科学、集成科学作用下，经优势互补、彼此协作的技术路线而获。是“众行远”古训写就的中华民族现代文明。

五、结　语

（一）文化主体性令国图文创“破圈”，是文创产品服务出彩要义

习近平总书记强调：“任何文化要立得住、行得远，要有引领力、凝聚力、塑造力、辐射力，就必须有自己的主体性。……文化自信就来自我们的文化主体性。”（新华社，2023）文化建设的人物与团队，须充分认识文化是一个国家文明形态独特生命力和创造力的重要源泉；其主体性贯穿文创研发制作推广全过程。文化主体性作为区别于其他文化的鲜明特质和价值标识，是文化自信的依托和精神自立的底色，是团队成员、族群民众相互认同的根基，是产品服务之自主性、创造性、能动性、包容性的前提，是一企一业一地一国个性化影响力的条件。该机构的成功起步，关键在植根于中华文化主体性，重点在于对国图宝藏进行深入的资源化建设，可贵在于立足自主、科学、专业的集成化努力。这些都需要珍惜，并值得保持和提升。

（二）新质生产力助推国图文创起飞，是文化业态安身立命要素

习近平总书记强调，“发展新质生产力是推动高质量发展的内在要求和重要着力点。……必须继续做好创新这篇大文章，推动新质生产力加快发展”（新华社，2024）。新质生产力是创新起主导作用，具有高科技、高效能、高质量特征，符合新发展理念的先进生产力质态。它由技术革命性突破、生产要素创新性配置、产业深度转型升级而催生，以劳动者、劳动资料、劳动对象及其优化组合的跃升为基本内涵，以全要素生产率大幅提升为核心标志，特点是创新，关键在质优，本质是先进生产力。该机构初露新质生产力端倪，主要靠人的文化自觉、团队的科学奋斗、创意创造创新之资源配置能力和产品服务的科技化水准。其短短数年促进国图文创崛起的历程，为中国文化产业保持向上向善、向前向美的发展趋势，提供了可资各类生产力主体借鉴的团队建设经验。

（三）“文化+”与“+文化”为国图文创方法，是文化经济昌盛的要务

习近平总书记高度重视文化功能，强调“文化是一个国家、一个民族的灵魂”，“文化自信”是更基础、更广泛、更深厚的自信，是更基本更深沉更持久的力量，告诫“统筹推进‘五位一体’总体布局、协调推进‘四个全面’战略布局，文化是重要内容；推动高质量发展，文化是重要支点；满足人民日益增长的美好生活需要，文化是重要因素；战胜前进道路上各种风险挑战，文化是重要力量源泉”。该机构以

“文化+”科技、会展、文旅、产品、服务的复合式业态，线上线下以价值视觉场景优先，闯出文化经济的新形态、新生态；再以铸魂塑形、团队培训、核心业务、组织结构、运管流程、方法手段“+文化”的模式，营造共情共理共事的奋斗氛围，通过人相交、心相通的操作，助国图文创在命运共同体大道上迅跑，为中华文化经济的价值、“颜值”、峰值屡添亮色。

【参考文献】

[1] 习近平在文化传承发展座谈会上强调：担负起新的文化使命 努力建设中华民族现代文明[N]. 光明日报，2023-06-03（01）.

[2] 习近平在中共中央政治局第十一次集体学习时强调 加快发展新质生产力 扎实推进高质量发展[N]. 光明日报，2024-02-02（01）.

[3] 习近平. 习近平谈治国理政（第二卷）[M]. 北京：外文出版社，2017.

[4] 习近平. 习近平谈治国理政（第四卷）[M]. 北京：外文出版社，2022.

新媒体语境下传统美术类非遗的传播特征刍议
——以年画为例

田文溥[①] 梁振文[②]

【内容提要】 作为中国传统节庆中深入民间的文化事项，年画在时代变革中经历了实用到文化、遗产到资本、静止到流动的转变，这是以年画为代表的传统美术类非遗事项从过往的区域性集体认同转向公共型文化资源的接续过程，同时也是节庆语境下的民间信俗同现代社会的耦合过程。新媒体语境下的年画传播展现出洞悉需求的精准传播、文化认同的全民共创，以及沉浸式的场景搭建等特征，使现代文化传播模式承载民间文化的情感认同和地方记忆。此外，面对数字技术下非遗事项可能存在的同质化、去中心化、片面化传播风险，要强化非遗传承人在数字时代的适应性生存，巩固非遗数字传播与现代受众的连接，构建多元协同的非遗传播生态，在不断变化的新样态中延续其文化功能并参与构建现代文化生活。

【关键词】 新媒体语境；传统美术；年画；非遗传播

Ruminations on the Communication Characteristics of Traditional Fine Arts Non-Heritage in the Context of New Media
—Taking New Year's Paintings as an Example

Abstract: As a deeply rooted cultural element in traditional Chinese festivals, New Year paintings (Nianhua) have undergone transformative shifts in the context of societal

① 田文溥，天津大学冯骥才文学艺术研究院博士研究生。主要研究方向：非物质文化遗产保护与研究。

② 梁振文，北海艺术设计学院专任教师。主要研究方向：视觉设计与媒体艺术研究。

changes—from practical utility to cultural significance, from static heritage to dynamic capital, and from localized artifacts to fluid cultural resources. This evolution reflects the continuous process through which traditional art-based intangible cultural heritage (ICH) practices, represented by New Year paintings, transition from regional collective identity to public cultural resources. Simultaneously, it embodies the integration of folk beliefs within festive contexts into modern society. Under the new media paradigm, the dissemination of New Year paintings demonstrates features such as demand-driven precision communication, collective cultural co-creation, and immersive scenario construction, enabling modern cultural communication models to carry the emotional resonance and local memory embedded in folk culture. Furthermore, in response to potential risks in ICH communication under digitalization—including homogenization, decentralization, and fragmented narratives—it is imperative to enhance the adaptive capacity of ICH inheritors in the digital era, strengthen the connection between digital ICH dissemination and contemporary audiences, and build a diversified, collaborative ecosystem for ICH communication. This approach ensures the perpetuation of cultural functions and active participation in shaping modern cultural life amidst evolving paradigms.

Key words: New Media Context; Traditional Art; New Year Paintings (Nianhua); ICH Dissemination; Cultural Communication

一、引　言

数字时代的深刻变革正在改变知识生产与传播的方式，作为中华优秀传统文化精髓的非物质文化遗产（以下简称“非遗”）在现代传播中也同样面临理论、实践层面的双重挑战。在我国的非遗保护体系中，非遗分为民间文学、传统音乐、传统舞蹈、传统美术等十大类别。① 传统美术类非遗是民众在日常生活中自发创造的艺术形式，通过手工艺、绘画等传统技艺，展现浓厚的乡土艺术特色和民间审美趣味，被用于民间仪式或环境美化之中，包含丰富的文化内涵。2003 年《保护非物质文化遗产公约》关于非遗保护的内涵的界定中指出，“保护”指确保非物质文化遗产生命力的各种措施，包括这种遗产各个方面的确认、立档、研究、保存、保护、宣传、弘

① 我国非遗囊括民间文学、传统音乐、传统舞蹈、传统戏剧、曲艺、传统体育、游艺与杂技、传统美术、传统技艺、传统医药、民俗十大类别。

扬、传承（特别是通过正规和非正规教育）和振兴，其中的宣传、弘扬就涉及非遗传播的范畴。目前非遗的宣传、弘扬工作已经非常深入，同时，依托新媒体平台，非遗也得到了更多的传播机会。

从实践层面来看，非遗最初被视为具有历史性与濒危性的文化资源，侧重于依赖数字手段实现长期档案化存录，然而在实践过程中，这类手段逐渐被认为疏离了非遗的活态与参与属性。此后，伴随着政策体系的不断完善，各类非遗开始借助数字技术在文化产业、乡村振兴、文化教育等领域展现出重要的联结作用。2017 年中共中央办公厅、国务院办公厅印发的《关于实施中华优秀传统文化传承发展工程的意见》中提出了推进非遗数字化保存与传播，实施新媒体传播工程。[①] 2021 年《关于进一步加强非物质文化遗产保护工作的意见》鼓励新媒体平台参与非遗传播，强调多技术形态下的非遗数字化保护。[②] 数字技术通过扩大传播范围，增强公众互动体验，进而深化个体对非遗的审美体验和文化认同，促进了个体在文化传承中寻找生命意义，成为构建文化身份和实现精神满足的重要途径。宋俊华指出，数字化技术需内化为非遗自身发展方式，方能确保其生命力，这构成了非遗数字化保护与发展的基本趋向。[③]在新媒体语境下，传统美术类非遗仍有待借助数字媒介融入现代生活，以回应当代审美需求。

从理论层面来看，国内学界主要聚焦非遗数字化传播涉及的空间场域、技术手段、风险与路径等问题。在空间场域层面，汤书昆分析了“数字化生存”这一全新人类生存状态对非遗传播的影响，强调非遗传播应超越物理限制，利用数字化技术，在全球范围内构建新的文化叙事空间，同时指出，非遗传播需适应数字媒介空间规则，并在新生态中实现多民族共创和文化多样性的创新再造[④]；技术手段层面上，宋俊华、王明月回顾了非遗数字化保护从被动的、静态的展示向互动的、动态的、体验的展示转变的过程，分析了数字化技术在非遗保护中的合法性，探讨了非遗数字化保护的可能性和实践路径[⑤]；在风险与路径层面，薛可、龙靖宜提出了在数字时代

---

① 中共中央办公厅 国务院办公厅 . 关于实施中华优秀传统文化传承发展工程的意见［EB/OL］.（2017–01–25）［2024–06–01］. http://www.gov.cn/zhengce/2017–01/25/content_5163472.htm.

② 中共中央办公厅 国务院办公厅 .“十四五”文化发展规划［EB/OL］.（2022–8–16）［2024–03–01］. https://www.gov.cn/zhengce/2022–08/16/content_5705612.htm.

③ 宋俊华 . 关于非物质文化遗产数字化保护的几点思考［J］. 文化遗产，2015（02）：1–8+157.

④ 汤书昆 .“数字化生存”条件下中华多民族非遗传播的新生态［J］. 上海交通大学学报（哲学社会科学版），2024，32（03）：1–17.

⑤ 宋俊华，王明月 . 我国非物质文化遗产数字化保护的现状与问题分析［J］. 文化遗产，2015（06）：1–9+157.

下非遗传播面临的数字鸿沟风险，并从原因分析、影响因素、传播机理和解决策略等多个维度进行研究，提出了具体的策略，包括提升非遗传承人的数字素养、优化非遗内容以满足当代受众需求、强化非遗的数字化表达能力，以及构建层级性数字资源共享平台等，以期消弭数字鸿沟，推动非遗的有效传播①。

本文以中国传统年画为例，探讨传统美术类非遗在新媒体语境下的文化表达与其当代价值的拓展与转化。在中国大量的传统美术类非遗事项中，年画长久以来占据着重要的位置，作为中国传统节俗中最深入民间的传播媒介，年画是地域文化的集体认同，在民众观赏娱情之余也是其自我教育的手段。虽然现代化进程改变着民众的生活日常，但旧时节俗的传统并不像城镇化、工业化那样转型迅猛，历时性维度下的年画在代际传承中不断生成新的形式，成为地域认同的文化产品。

二、时代变革下的木版年画

（一）从实用到文化

传统的民俗生活渐失对年画等乡土文化的存续生态的影响，最直观的表现是年画受众的缺失，生产销售对象逐渐由借此装饰民居空间的民众转为珍藏艺术和搜集学术资料的收藏者和研究者；同时年画的生产品类锐减，如年画中的门神门画与神马等题材由于符合民间信仰还存在少量实用空间，而且在生产中由于其历史上缓慢的形式更迭更便于传承人掌握，所以还被广泛生产，但戏曲年画作为年画曾经的大宗题材早已处在生产的边缘（笔者近年走访山西晋南地区，作为历史上戏曲梆子腔繁盛一时的地域，当地当下乡村戏曲演出仍十分火热，戏曲文化生态孕育了大量的戏曲年画作品，但戏曲年画在当地生活中已难觅使用的痕迹，这是时代转换下受众群体的消失导致的年画结合当代生活的不适的体现，可见在近二十年来民间文化逐步复苏的同时，年画中部分题材的特殊性逐渐显现）；最后，堪忧的年画传承使年画传播更具现实意义，木版年画的生产涉及勾、刻、印、绘、裱等多道工艺流程，这往往需要集体生产的家族传承，但目前能全部掌握制作流程的传承团体屈指可数。近二十年来，我国积极接轨联合国教科文组织的非遗保护理念，推进非遗代表性传承人的认定条件与程序，根据中国非遗网数据显示，目前全国共有 18 个年画相关项

---

① 薛可，龙靖宜．消弭数字鸿沟：中国非物质文化遗产数字传播新思考［J］．中国非物质文化遗产，2021（02）：99-106.

目列入国家级非遗代表性项目名录，有6批共计32名国家级年画传承人（见表1）[①]。但有些地区的年画（如上海小校场年画）由于缺乏传承人，未能像其他年画一样被列入非遗名录。小校场年画作为苏州桃花坞年画中分出的一支，其鲜明的地域色彩无不彰显着重要的文化价值。据学者张伟等人统计，在全世界范围内，包括个人和机构的收藏，上海小校场年画的全部存世量很可能在一千幅左右，这是中国传统木版年画各产地出品中存世量最少的。[②]而这稀少的存量甚至只有一半在中国，另一半则散落在世界各地，在年画史上盛极一时的上海小校场年画，如今竟到濒临消失的境遇。因此，从这个层面来看，年画的传播与传承同样重要，让传统文化以各种方式再现是非遗传播的目的。

表1　木版年画国家级非物质文化遗产代表性项目名录数据

序号	项目名称	公布时间	国家级代表性传承人
1	杨柳青木版年画	2006	王文达、冯庆矩、霍庆有、霍庆顺
2	武强木版年画	2006	马习钦
3	桃花坞木版年画	2006	王祖德、房志达、叶保芬（叶宝芬）
4	漳州木版年画	2006	颜仕国
5	杨家埠木版年画	2006	杨洛书、杨乃东
6	高密扑灰木版年画	2006	吕臻立、王树花
7	朱仙镇木版年画	2006	任鹤林、郭泰远、张廷阳
8	滩头木版年画	2006	刘国利、钟建桐、李咸陆、钟海仙、高腊梅
9	佛山木版年画	2006	冯炳棠
10	梁平木版年画	2006	徐家辉
11	绵竹木版年画	2006	李芳福、陈兴才
12	凤翔木版年画	2006	邰立平、邰瑜

① 中国非物质文化遗产网.国家级非物质文化遗产代表性项目名录［EB/OL］.https://www.ihchina.cn/project.html#target1.

② 冯骥才.中国木版年画集成·上海小校场卷［M］.北京：中华书局，2011：25.

续表

序号	项目名称	公布时间	国家级代表性传承人
13	木版年画（平阳木版年画）	2008	赵国琦
14	木版年画（东昌府木版年画）	2008	栾喜魁
15	木版年画（张秋木版年画）	2008	—
16	木版年画（滑县木版年画）	2008	韩建峰
17	木版年画（夹江年画）	2008	张荣强
18	木版年画（老河口木版年画）	2011	陈义文

数据来源：https://www.ihchina.cn/

（二）从遗产到资本

年画从实用到文化的转向过程中，民间文化的“遗产”属性凸显。同时，在国家层面的“非遗保护”语境下，以此为基底构建的学术场域吸引了大量民俗学、艺术学、人类学等领域的学者，在此之上形成了可观的学术成果与实践。但偏学术化的文化阐释是否可以同非遗事项核心内容的传播构建良好的互动生态？于涓认为，这种以学术为导向的高语境阐释往往与传承人所处的文化语境相悖，使传承人处于“失语”状态，学术话语、原生价值、传承责任等文化阐释逐渐使传承人在非遗事项中成为陌生的他者，这种界限与差异背后是传承人的陌生感与不适性。[①] 学术导向的非遗研究是必要的，但由于带有鲜明学术属性的文化生产缺乏吸引公众文化消费的属性，因此较难进入大众视野。黄鸣奋认为，“不论作为公众的需要、社会的需要、组织的需要或个人的需要，艺术都有可能利用科技来为自己的生产、流通、消费服务”[②]。伴随着年画的张贴使用等应用性功能的日渐式微，其传统图式蕴含的地方文化资源在资本的介入下，通过促进地方文化资源的有效配置、生产要素的合理流动和文化市场的深度融合，成为“创造性转化与创新性发展”的公共型文化资源，参与到地方社区、文化产业与个人发展中去。技术赋权下，数字平台成为大众普及的通用媒介，成为公众生活需求下的文化生产平台。2015 年，京津冀文化产业联盟成立大会于国家动漫园召开，该联盟致力于搭建设计版权交易平台，设计开发天津当

① 于涓．“脱域”的“再嵌入”：短视频平台赋权非遗传播——以抖音为例［J］．电视研究，2022（05）：74–76.

② 黄鸣奋．当下高科技与泛艺术的互动［J］．长江文艺评论，2022（05）：4–9.

地的杨柳青年画等非遗事项。艺术从业者通过平台与非遗传承人或用户进行沟通学习，深入了解艺术市场动向。年画传承人得以精准把握消费需求，生产适销对路的产品。2021年，非遗数字化领域又出现了数字藏品的新热点，通过区块链技术的加持以提升非遗数字化藏品的经济效益。国家级非遗木刻水印传承人魏立中通过线上数字藏品的形式拍卖自己的木刻作品。每一件非遗数字藏品都拥有独立的区块链编码，一旦上线发售结束，永远不会再次上线，区块链技术为非遗作品提供不可更改和独特的身份，对收藏者来说，每一件藏品都具有唯一性，保障了保值空间。在数藏平台上线之后，他的“二十四节气”系列木版水印作品在短短几天内就售出了两万五千余份，参与人数高达五万人。此外，还有部分非遗爱好者、传承人在具有社交属性的短视频平台以故事性、互动性的展演讲述与创意阐释，使年画重新成为联系传统与现代的纽带并融入日常生活。这一做法同时保留年画原有的地域特性，从而保留社会转型过程中的核心文化阐释，在地域性的文化共鸣中拓宽传承人的实现价值的渠道，同时激发了最广大的文化消费者参与非遗的热情。

（三）从静止到流动

智能传播下的新技术革命改变了现代生活的主流方式。历时性维度下，传播媒介从口头转变到报纸、广播等大众传媒，直至转变为现代社会把最广大地域区隔的群众连结在一种网格人际关系和群际关系中的数字媒介。当下数字化、网络化、社交化取代了传统单一的媒体形式，人们直接参与着数字内容的生产，由原来被动接受信息转变为积极参与内容的生成过程，凸显了社群化的特点。社群成员之间通过互动和分享，推动信息的传递、流通和分享。在此之上，社群中的关系网络得以建立和传递，其促进了社群成员之间的联系和互动，推动了不同媒体形式的融合发展。社群中的互动和交流增强着用户对内容的认同感和参与度，社群中的共同利益和价值观得以凸显。这使得年画突破了过往相对封闭的地域壁垒，实现跨域流动传播。由追光动画制作的年画动漫电影《小门神》（图1）取材自中国传统神话中的门神形象，这一民俗元素在影片中得到了生动的再现与创新。动漫电影中角色取材自中国民间门神：神荼和郁垒。现代动画技术使角色形象鲜活且富有个性，门神兄弟不仅保留了传统神话中的英勇与忠诚，还融入了现代人的情感与困惑。山西平阳年画博物馆除了陈列木版年画相关的实物，还运用了互动技术以及年画数字化动态转换手段（图2），利用数字技术特点使年画具有了亲身体验性、实时反馈性的特点。在基于数字化新技术的交互式传播中，这些以年画元素为素材创作的数字化创意作品内嵌“年文化”的集体记忆和民俗情感，通过网络与社交媒体等多个平台展示传播，提高了年画传播的效率，扩大了年画传播的覆盖面，连接了更广泛的受众，拓宽了社会公众参与传统文化的方式和渠道，实现了由旧有的“静态性”纸媒传播转为新媒体语境下的“流动性”全民共享。

图 1　动漫电影《小门神》
（图片来源：https://baike.baidu.com/tashuo/browse/content?id=a079f3de5918eb20d7a44b21）

图 2　山西平阳年画博物馆的数字技术展示（图片来源：本篇文章作者拍摄）

三、新媒体语境下年画传播的特征

（一）洞悉需求的精准传播

人工智能图像识别和再计算，加快了年画物质文本的数字采集工作，数字化的年画内容有了新的技术构成。在数字传播平台上，有多种手段获取观众感受、大数据的反馈，其中尤为重要的是不同观众的群体性解读。基于算法模型的AIGC，通过搜集、分析用户的浏览痕迹，依照关键词搜索、互动反馈等描摹用户画像，根据用户的偏好形成洞悉需求的精准文化信息传递，提供契合用户审美旨趣的文化产品，这种智能化分发提升了目标用户的卷入度与触及率。按照罗斯关于视觉材料的观点，视觉材料（影像）作用的三个地点——生产地点、影像自身地点、收视点——交叉联系，在社会环境中理解“影像材料”背后的视觉文化。①“影像自身”即是年画的物质构成，“收视”就是年画的展示场景和社会层面的“看法”。相关年画主题的数字作品的生产者表现出对受众异常的观照，情感基础和文化素养决定了受众拥有的视域范畴和观看行为，影响这一群体所能阐发的“理解和看法”。

6月5日，在2024年文化和自然遗产日到来前夕，抖音发布《2024非遗数据报告》。数据显示，过去一年抖音上国家级非遗相关视频累计分享量同比增长36%；国家级濒危非遗相关视频数量同比增长33%；截至目前，抖音上共有1428名非遗传承人，其中30岁以下的有199人，同比增长72%。②杨红认为，跨时空的非遗传播虽然具有符号化、浅表化、碎片化的特质，但不能忽视其可见度高、覆盖面广、传播性强的优势。③受众的感受得到更加精准的关注，这是大众媒体发挥媒介技术，转变大众视觉经验的优势。以非遗为主题的视频创作者，往往以“微纪录片”的形式复刻非遗的文化体验，视频从单纯的碎片娱乐化向整体知识化转型，制作周期长，时间跨度大，涌现出“彭南科”“李意纯”“山白”等拥有庞大粉丝群体的非遗头部达人，形成的大众影响力为非遗传播提供了新的方法和路径。2024年2月7日，以朱仙镇木版年画制作工艺为主题，博主“山白”在抖音更新了一期民间木版年画的工艺流程视频（图3），获得千万播放量。通过微纪录片的形式进行年画文化传播，创新了当代非遗叙事的路径，扩宽了受众获取非遗知识内容的渠道，自然完善了非遗知识内容的普及，再借助智能交互精准推送给更广大的受众，使受众获得跨时空具身体验的同时，为年画等非遗事项带来更多变现空间。

---

① 吉莉恩·罗斯.观看的方法：如何解读视觉材料［M］.肖伟胜，译.重庆：重庆大学出版社，2017：25–39.

② 2024抖音非遗数据报告：00后、60后最爱看国家级非遗内容［EB/OL］.（2024–06–06）［2024–07–03］.https://m.cyol.com/gb/articles/2024–06/06/content_nywdywTe3L.html.

③ 杨红.目的·方式·方向——中国非遗保护的当代传播实践［J］.文化遗产，2019（06）：21–26.

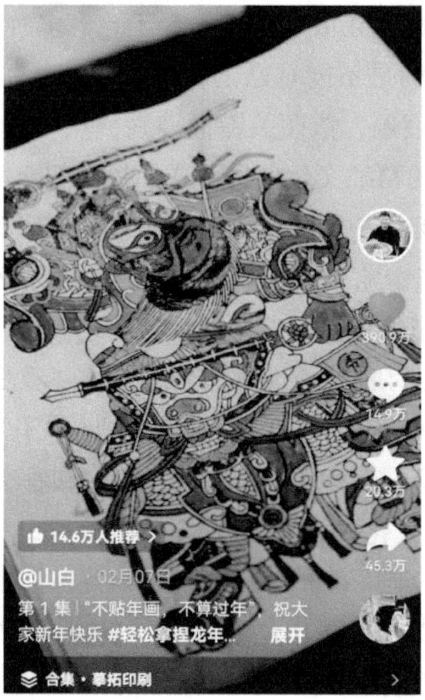

图 3　抖音博主"山白"更新朱仙镇木版年画制作工艺视频
（图片来源：https://v.douyin.com/XTazSE5EpWs/E@u.sE nq:/ 01/10）

（二）文化认同的全民共创

在将以往的地域性文化认同精准推送给目标受众以贴合公众的文化需求外，人工智能在短时间内掌握大量的文本、图像等原始数据和资料，进入全新的文化生产阶段。数字时代的文化生产依托海量的非遗文本与强大算法，形成以图像、视频、文本为主的多模态人工智能生产体系，通过自然语言的理解、生成和机器实时学习并分析艺术风格、情感色彩，再现审美经验。如上海大学团队[①]基于人工智能的图像风格转移技术，将上海东方明珠广播电视塔、新世界与上海世博会中国馆等图片作为卷积神经网络的训练变量，利用上海小校场年画图像资源为现代文化生产提供内容支持，把上海小校场年画的风格转移到现代上海的地标性建筑之中（图 4），经过多次迭代训练后，生成的图像与上海小校场年画的风格保持一致，这使上海小校场年画从以往的数字保护与存录转向数字传播的新阶段。2019 年由文化和旅游部批准

① Chen H，Luo Y. The artistic style transfer from Shanghai modern landmark buildings images to Xiao Jiaochang New Year pictures based on deep learning［J］.Journal of Physics：Conference Series，2020，1678（1）：012083.

的“年画重回春节”系列活动让年画再次成为社会焦点。“QQ 华夏手游”项目组以“年画重回春节”为契机，以“交互”“参与”属性使用户在云端体验了年画的印制工艺（图 5），旨在将年画融入现代生活。正如赫尔曼·鲍辛格所认为的那样，现代技术对传统生活的“闯入”被视为一种“自然性”的渗透，这种渗透并未终结民间文化，而是促使其发生改变。[①] 基于数字技术的全民共创，在重塑非遗外在呈现的同时，也为非遗的精神内核与文化价值在新时代焕发生机提供了可能。全民共创通过引领数字社区中的用户从初步认知提升至情感共鸣，激发受众在传播中进行文化再生产及传承意义的转化，在虚拟与现实交错中形成非遗表现新模式。

图 4　上海大学针对现代上海的地标性建筑的小校场年画风格转移技术成果 [②]

---

① 赫尔曼·鲍辛格. 技术世界中的民间文化［M］. 户晓辉，译. 广西：广西师范大学出版社，2014：57.

② Chen H，Luo Y. The artistic style transfer from Shanghai modern landmark buildings images to Xiao Jiaochang New Year pictures based on deep learning［J］. Journal of Physics：Conference Series，2020，1678（1）：012083.

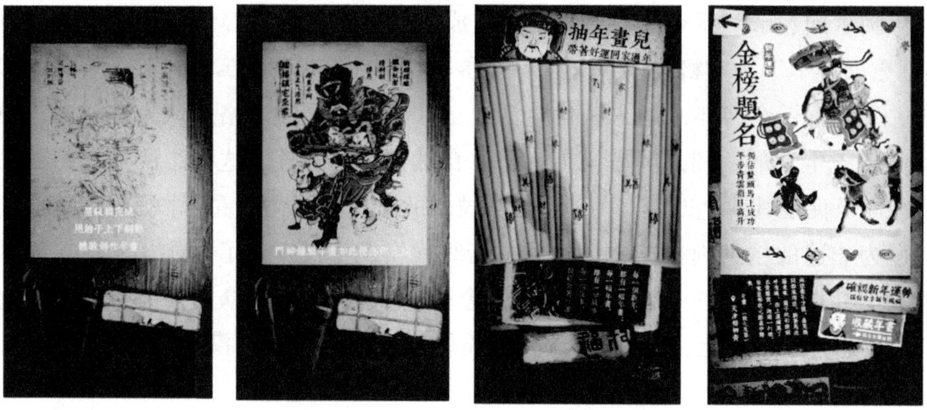

图 5 “QQ 华夏手游”项目组的年画话新年数字交互作品
（图片来源：https://hx.qq.com/act/a20190105nianhua/index.html?ADTAG=tgi.wx.share.message）

（三）沉浸式的场景搭建

数字时代虚拟现实技术通过结合年画等传统手工技艺的制作场景、工艺流程、张贴习俗等和元宇宙、虚拟现实、增强现实等技术进行情境再现，使传统年画观看方式迁移到多种感知体验上。早在 20 世纪，尼葛洛庞帝就预言，未来挑战将远远不只是提供更大的屏幕、更好的音质和更易使用的图形输入装置，这一挑战将是，让电脑认识人，懂得人的需求，了解人的言辞、表情和肢体语言。[①] 年画数字内容的创作借助现代科技和媒体融合，通过多种媒体形式激活受众的多感官体验，从而构建了人与年画之间的新关系。孙发成认为，通过技术手段加持，身体影像化的维度得以拓宽，受众的远程在场转变为虚拟在场，文化传播活动提升到了新的高度。[②] 这强化了受众在审美活动中的主体性，促使观众从单纯的“观”到多种感官参与审美。在新媒体交互作品“福鱼双屏”互动系统中，通过交互，观众在现实中产生身临其境的虚拟世界体验。观众可以通过触控展览的屏幕进行互动，并通过在手机移动端进行手绘的方式增强对作品的参与感。互动系统充分利用数字化技术的特点，提高了观众的切身体验和代入感。在作品“年画·入画”（图 6）中，观众可以借助移动端设备，将自己的形象与年画融合，人脸识别技术和大屏互动系统构建虚拟的年画世界，使广泛的社会公众与年画艺术进行互动。新媒体交互作品《大过年》是王志

---

① 尼葛洛庞帝．数字化生存［M］．胡泳，范海燕，译．海南：海南出版社，1997：110.

② 孙发成．从具身实践到智能嵌入：媒介演进中非遗活态传承的新向度［J］．民族艺术，2024（02）：108–115.

强基于杨家埠木版年画《正月十五闹元宵》而创作的，利用了动态影像、声音视觉可视化及互动体感交互技术。体验者触摸装置上的感应器，触发电脑相关程序播放动画，动画通过动态光效投射到静态装置作品上，使体验者与年画人物进行交互体验。作为世代相传并在适应周围环境及与自然和历史的互动中不断得到再创造的文化遗产，非遗具有为相关社区和群体提供认同感和持续感的文化意义和社会功能。[①]在新的时代背景下，新媒体技术为这种文化体验开辟了新的空间，借助模拟环境构建情感联结社群。非遗所蕴含的故事、技艺及其价值，通过社交平台、游戏化学习、教育课程等多种渠道被广泛共享，并在此过程中不断催生出新的情感交流方式与审美体验。

图 6 “年画·入画”新媒体交互艺术作品
（图片来源：https://mp.weixin.qq.com/s/KtOUTN8aOGJ9Wk7rBFNC0Q）

图 7 王志强制作的新媒体艺术作品《大过年》互动装置[②]

① 项兆伦. 在传统工艺青年人才论坛上的发言实录［EB/OL］.（2016-10-31）［2024-08-13］. https://www.mct.gov.cn/whzx/bnsj/fwzwhycs/201610/t20161031_765215.html.

② 王志强. 互动影像装置作品《大过年》解析［D］. 山东工艺美术学院，2020.

四、新媒体语境下非遗传播的挑战与对策

（一）非遗传承人与数字技术的适应性关系

在非遗数字化生态构建的过程中，非遗传承人在数字时代的困境逐渐凸显。木版年画等传统非遗事项，其地域性特征的彰显源于旧时较为封闭的乡土生活。作为一种口传身授的身体遗产，非遗技艺具有无形、即时、动态、多样等特征，因此通常也伴随着传承人的消失而难寻踪迹。数字技术的革新在影响个体传承机制的同时，又促使个体转变为信息传播的枢纽，加速了文化传播范式的变迁。但需要注意的是，随着现代性因素的渗透，原来鲜明的地域性特征在与外部世界的多频互动中有所削弱，同时公众娱乐形式的多元化发展进一步加剧了非遗传承人在数字传播领域面临的挑战。薛可通过调查数据指出，非遗传承人整体平均年龄偏高，他们对数字传播技术相对陌生，知识储备欠缺，使用能力薄弱，长期在非遗数字传播中处于失语状态，是数字时代的“弱势群体”。[①] 孙发成认为，在传统社会中，传承人的身体在场是非遗传承的基础，而在数字时代，传承人的角色扩展到了虚拟空间，他们的身体可以通过数字化形式在场，甚至与技术融合，形成新的人机合一的传承方式[②]；因此，对非遗传承人与数字技术的适应性关系的探讨是必要的。这不仅是非遗保护与发展的内在需求，也是应对乡土社会与现代文明冲突、重塑民众审美趋向与趣味的关键所在。

应对未来非遗传承人在数字空间可能存在的多元挑战，首先，需强化非遗传承人在数字化时代的适应性生存，其中涵盖数字化认知、意义阐释、技术应用等方面，包括提供数据平台操作、数字语言运用等专业指导，以促进非遗通过数字媒介实现广域流通，这也将是非遗传播领域的重要议题；其次，构建知识资源体系与开发研究已成为迫切需求，非遗的数字化保护与传播，应通过线上与线下相融合的形式，构建开放多元的开放协作模式，形成以传承人为主体的传播生态，增加年轻一代接触非遗的机会；最后，非遗数字化蕴含着时代背景下的记忆重构诉求，在巩固传承人的文化身份的基础上，有望增强非遗本体的社会可见度，这是非遗与数字技术融合发展的内在要求，同时，在技术的演进中，也要注意以传承人作为非遗活态

---

① 薛可，龙靖宜．消弭数字鸿沟：中国非物质文化遗产数字传播新思考［J］．中国非物质文化遗产，2021（02）：99-106.

② 孙发成．从具身实践到智能嵌入：媒介演进中非遗活态传承的新向度［J］．民族艺术，2024（02）：108-115.

传承的核心和灵魂，保持非遗事项本身的活力与延续性，避免数字化过程中的文化失真。

（二）非遗数字传播与现代受众的连接

非遗与数字媒介技术的深度融合，为非遗审美体验的数字化呈现开辟了新路径。然而，这一过程中也容易伴随碎片化、去中心化的传播导致的，非遗作为一种整体的文化事项的割裂，这可能导致参与者对非遗事项的认知出现偏差。廖丹认为，非遗数字化的兴起易走入片面化的误区，如数字化叙事空间的局限、原生体验不足以及技术论误区。因此，作者认为非遗数字化过程中应遵循体验性原则，提出了“多觉艺术”的概念，即超越以视觉为主的传统艺术传播形式，重视体验感，关注听觉、嗅觉、味觉、触觉等多感官的综合体验，提供更加“身临其境”的效果，提升非遗数字传播效率。① 此外，社交媒体以流量为导向的运作逻辑，也可能削弱非遗传播中的文化深度。针对此，汤书昆提出，要将“民族文化嵌入新生态”作为非遗当代观照的新空间，这需要非遗事项适应并融入由数字技术构建的新的社会文化环境，倡导全社会共同参与文化互嵌，促进文化认同与民族国家共识的形成。在这一过程中，非遗不仅是文化传承的对象，也是推动社会文化创新和构建人类命运共同体的重要力量。②

非遗的数字化重构通过媒介融合策略，赋予了用户跨越物理空间的参与式感知能力，此过程构建了一个融合传统与现代、虚拟与现实要素的互动平台，实现了非遗故事与仪式在现代时空背景下的灵活融入与持续更新，从而使其转向具象多元的文化体验，并增强了其现代生命力。首先，未来需要持续构建新媒体传播矩阵，深入挖掘非遗深层文化内涵，通过故事化、情境化手法，增强公众对非遗的认知与情感共鸣，打破受众圈层，拓宽传播渠道，实现非遗传播的广泛触达。其次，需要继续做好深度挖掘与精准定位的工作，明确受众需求，利用人工智能技术提供技术支撑，同时结合数字技术与传统媒介，构建综合传播空间。在这一过程中，要不断优化传播路径的有序性与明确性。最后，需要充分利用已收集的数据，强化非遗传播的能力深度，更多地关注数字内容的生产与创新，挖掘非遗项目与数字技术深度融合的契合点，深入了解传统美术类非遗与各类数字技术对接的可能性与创新方式。

（三）构建多元协同的非遗传播生态

作为一种代际传承的文化实践，变化是非遗最本质的特点，这种变化与人不断

---

① 廖丹，李奇．时空视角下非遗数字化问题与策略研究［J］．艺术评论，2021（02）：85–95.

② 汤书昆．“数字化生存”条件下中华多民族非遗传播的新生态［J］．上海交通大学学报（哲学社会科学版），2024，32（03）：1–17.

适应环境变化而变化的需要密切相关。[①] 而当代社会流动性的增强似乎消解了非遗的属地特征与社区的边界秩序，并且多元主体的交往推动了非遗实践与社区营造的互促发展。[②] 数字化传播使得信息流动更加迅速和广泛，但同时也可能导致文化内容的标准化和同质化。比如，在此过程中，年画原有的地域特色可能会被淡化，因为受众可能更倾向于消费那些符合主流审美或易于理解的文化产品。随着年画通过新媒体平台传播，创作者还可能会对年画的原始设计和风格进行调整，从而使得年画的地域特征变得模糊。此外，年画往往与特定的节日、习俗和地方文化紧密相关，在数字化传播的过程中，这些文化语境可能会丧失，导致年画的文化内涵和象征意义被削弱。

面对全球化背景下非遗可能面临的文化同质化倾向，非遗的数字传播需依托跨领域合作，鼓励政府机构、学术界、文化组织、企业以及媒体等展开不同领域的合作，构建一种多元主体共同参与的非遗传播生态。非遗数字化传播的进程加速，要求强化资源收集与管理，推动数字化技术从单一记录非遗数字资源扩展至对其进行深层的研究与利用。传统的技术手段在时代变革中将会难以满足高效管理需求，新兴的人工智能在未来将有可能成为提升非遗数字资源管理效率与推动智能化的关键所在。“采用规则推理以及机器学习的方法，对存量非遗信息资源进行自动化分类，提高非遗信息资源的分类组织速度，科学描述非遗信息资源包含的对象、概念、属性。”[③] 我们应对非遗资源进行深度挖掘，促进非遗保护与发展的综合效能提升。通过整合非遗数字资源，融合算法技术，构建基于非遗大数据的动态系统，它有能力将单一数据转换为与非遗内涵、逻辑相关联的深层知识，并促进非遗知识的深度呈现，增强非遗事项的可及性与吸引力。在此基础上，需要进一步推进社区参与并做好责任分配。非遗数字化传播虽有效提升了其社会认知度，但亦导致了非遗与其原生社区关联的弱化。传承的地域限制被打破，非遗呈现分散化、去中心化趋势，传播范围虽广，却可能加速非遗实践的流失，尤其是那些依赖人际互动与地域环境的实践。因此，非遗数字化传播需平衡传播效率与传统维系，以防削弱非遗的文化根基。立足非遗本体来看，需要明确非遗传承与传播的各自要求。根据《中华人民

---

① 宋俊华．关于非物质文化遗产数字化保护的几点思考［J］．文化遗产，2015（02）：1–8+157.

② 谭萌．交往与共享：“非遗在社区”的实践路向［J］．湖北民族大学学报（哲学社会科学版），2024，42（01）：147–157.

③ 周耀林，赵跃，孙晶琼．非物质文化遗产信息资源组织与检索研究路径——基于本体方法的考察与设计［J］．情报杂志，2017，36（08）：166–174.

共和国非物质文化遗产法》等法律法规制定的代表性传承人制度，旨在把具身性的知识活态传承下去。苑利从三方面对两者进行了区分。从工作性质看，非遗保护是“文化事业”，非遗传播是“文化产业”；从责任主体看，非遗保护的责任主体是各级政府的非遗主管部门，而文化创意产业的责任主体是各级政府的文化产业部门；从执行主体看，非遗的传承主体是各级各类传承人，而文化创意产业的执行主体是文化创意工作者。[①] 总之，要鼓励非遗项目所在的社区参与到非遗的保护和传播中来，通过社区赋权与责任分配，确保非遗活态传承更加贴近其原始的文化背景和知识实践，同时让非遗数字传播发挥更大的作用。这些构成了非遗的核心生命力，对社区认同与凝聚力至关重要。

五、结　语

以年画为代表的传统美术类非遗接续现代生活的过程是复杂且渐进的。在其实用性式微而文化性凸显的当下，新媒体语境下的科技赋能，为年画的现代传播提供了支持，在数据推送、文化共创及场景搭建等方面，推动了年画资源转化为现代易接触、易参与、易获取的形态，使年画在时代发展中被赋予静态图像之外的鲜活文化生命，在现代社会中不断变化成为新样态。这种承载着民众情感慰藉与幸福憧憬的非遗事项在当代社群化的交流共享中被民众与社会认可，这促进了年画的活态演进与多样发展，丰富了年画的现代性文化功能。同时，新媒体语境下的非遗传播要关注文化产生的“原境”，在现代技术的加持下，确保文化与技术的和谐共生，使地域集体认同在向社会公共资源的转向中既留存传统文化的源流，又持续构建着现代社会的文化生活。

【参考文献】

［1］冯骥才．把非物质文化遗产保护好传承好．人民日报［N］．2022-02-07（07）．

［2］冯骥才．中国木版年画集成·上海小校场卷［M］．北京：中华书局，2011.

［3］宋俊华．关于非物质文化遗产数字化保护的几点思考［J］．文化遗产，2015（02）：1-8+157.

［4］周耀林，赵跃，孙晶琼．非物质文化遗产信息资源组织与检索研究路径——基于本体方法的考察与设计［J］．情报杂志，2017，36（08）：166-174.

① 苑利．工艺美术类遗产“原汁原味”三议［J］．民间文化论坛，2011（05）：60-62.

［5］汤书昆．“数字化生存”条件下中华多民族非遗传播的新生态［J］．上海交通大学学报（哲学社会科学版），2024，32（03）：1–17.
［6］黄永林．数字化背景下非物质文化遗产的保护与利用［J］．文化遗产，2015（01）：1–10+157.
［7］黄鸣奋．当下高科技与泛艺术的互动［J］．长江文艺评论，2022（05）：4–9.
［8］罗斯．观看的方法：如何解读视觉材料［M］．重庆：重庆大学出版社，2017：25–39.
［9］刘芳，魏晴．分享、传递、驱动：媒体融合发展社群化动力［J］．中国出版，2023（12）：58–63.
［10］吕燕茹，张利．新媒体技术在非物质文化遗产数字化展示中的创新应用［J］．包装工程，2016，37（10）：26–30+10.
［11］尼葛洛庞帝．数字化生存［M］．胡泳，范海燕，译．海南：海南出版社，1997.
［12］孙发成．从具身实践到智能嵌入：媒介演进中非遗活态传承的新向度［J］．民族艺术，2024（02）：108–115.
［13］王龙．“互联网+”时代非物质文化遗产的数字化［J］．求索，2017（08）：193–197.
［14］于涓．“脱域”的“再嵌入”：短视频平台赋权非遗传播——以抖音为例［J］．电视研究，2022（05）：74–76.
［15］杨红．目的·方式·方向——中国非遗保护的当代传播实践［J］．文化遗产，2019（06）：21–26.
［16］张旭．非物质文化遗产的数字化展示媒介研究［J］．包装工程，2015，36（10）：20–23+48.
［17］联合国教育、科学及文化组织组织法［EB/OL］．（1945–11–16）［2024–06–01］．https://www.unesco.org/zh/legal-affairs/constitution.
［18］中共中央办公厅 国务院办公厅．关于实施中华优秀传统文化传承发展工程的意见［EB/OL］．（2017–01–25）［2024–06–01］．http://www.gov.cn/zhengce/2017–01/25/content_5163472.htm.
［19］中共中央办公厅 国务院办公厅．关于进一步加强非物质文化遗产保护工作的意见［EB/OL］．（2021–08–12）［2023–03–01］．http://www.gov.cn/zhengce/2021–08/12/content_5630974.htm.
［20］中共中央办公厅 国务院办公厅．“十四五”文化发展规划［EB/OL］．（2022–08–16）［2024–03–01］．https://www.gov.cn/zhengce/2022–08/16/content_5705612.htm.
［21］Chen H，Luo Y. The artistic style transfer from Shanghai modern landmark buildings images to Xiao Jiaochang New Year pictures based on deep learning［J］.Journal of Physics：Conference Series，2020，1678（1）：012083.

数字游戏中的中华传统服饰文化符号

——数字化转译与社会符号学解读①

徐雯雯②

（华南师范大学创意设计学院，广州 510631；

北京大学新闻与传播学院，北京 100871）

【内容提要】 在全球化和数字化的背景下，中华传统文化符号的传播已不再局限于物理世界。数字游戏作为一种新的文化载体，能够通过虚拟世界再现、转化和创新传统文化符号，赋予它们新的意义。中华传统服饰作为文化身份、价值观念和历史记忆的重要载体，逐渐成为数字游戏中具有视觉吸引力和文化深度的元素。本文旨在从社会符号学的理论视角，探讨中华传统服饰符号如何通过数字游戏实现跨文化传播，以及这些符号在虚拟空间中的符号意义如何随语境变化而发生重塑与再造。本文不仅揭示了传统服饰文化符号在虚拟空间中的再生过程，还深入探讨了数字游戏作为新兴文化传播载体的独特作用。尤其是在全球化背景下，本文探索了文化符号如何在多元语境中得以动态呈现与适应。通过分析数字游戏这一跨文化平台，本文展示了传统符号如何通过虚拟技术获得新的生命力，并在全球范围内引发广泛共鸣，揭示了数字媒介推动文化传承与创新的巨大潜力。

【关键词】 中华传统服饰；数字游戏；社会符号学；跨文化传播

① 本文系广东省哲学社会科学规划项目（GD23YYS25）；广东省教育科学规划课题高等教育专项（2023GXJK272）；广州市哲学社会科学规划课题（2023GNQN34）。

② 徐雯雯，博士，华南师范大学创意设计学院讲师，硕士生导师，北京大学新闻与传播学院访问学者。主要研究方向：社会符号学、国家传播学与人工智能传媒。

Chinese Traditional Clothing Symbols in Digital Games

—Digital Translation and Sociosemiotics Interpretation

Abstract: In the context of globalization and digitalization, the transmission of Chinese traditional cultural symbols are no longer confined to the physical world. Digital games, as a new cultural medium, can recreate, transform, and innovate traditional cultural symbols within virtual worlds, thereby endowing them with new meanings. Chinese traditional clothing, as a key carrier of cultural identity, values, and historical memory, has increasingly become an element in digital games that combines visual appeal with cultural depth. This paper, from the perspective of social semiotics, aims to explore how Chinese traditional clothing symbols achieve cross-cultural communication through digital games, and how their symbolic meanings are reshaped and recontextualized in the virtual space as contexts change. This paper not only reveals the process of regeneration for traditional clothing symbols in the virtual world but also delves into the unique role of digital games as an emerging medium for cultural dissemination. Particularly within the context of globalization, this research explores how cultural symbols dynamically are presented in diverse cultural contexts. By analyzing digital games as a cross-cultural platform, this paper demonstrates how traditional symbols gain new vitality through virtual technology, resonating with audiences worldwide and highlighting the immense potential of digital media in fostering cultural transmission and innovation.

Keywords: Traditional Chinese Clothing; Digital Games; Social Semiotics; Cross-cultural Communication

一、引 言

在国家政策的大力推动下，中华优秀传统文化的传承与创新正在迈入数字化时代的新篇章。近年来，伴随《关于实施中华优秀传统文化传承发展工程的意见》《“十四五”文化发展规划》《关于推进实施国家文化数字化战略的意见》等重要政策的落实，传统文化与现代科技的深度融合成为文化发展领域的热点议题。随着数字技术的迅猛发展，数字游戏作为新兴文化载体，逐渐成为展现传统文化符号创造性表达的重要媒介。数字游戏不仅拓宽了传统文化的传播渠道，更为传统服饰、工艺、文学、建筑等文化符号注入了新的活力，为其在全球范围内的跨文化传播提供了无限可能。通过虚拟化的技术手段，传统文化符号得以在数字世界中重新构建，并通过游戏场景中的角色、服饰、故事等元素进行多层次的演绎，为年轻一代重新认识并接受传统文化提供了创新途径。在这一过程中，数字游戏不仅推动了传统文化的数字化表达，还助力其与全球文化产业对接，成为国家文化软实力提升的关键载体。中华传统服饰作为文化符号的重要载体，蕴含着丰富的历史与社会内涵。通过对其符号演变与应用的研究，我们能够更深入地理解传统服饰在多元文化语境中的重要角色。在全球化与现代化浪潮的推动下，传统服饰的符号价值并未消减，反而通过数字技术的力量，跨越了时空限制，在虚拟世界中得到了再现与重构。数字游戏的虚拟空间为这些符号提供了新的表现形式，使其成为游戏设计中文化认同、审美趣味和玩家沉浸体验的核心元素之一。基于国家政策的推动和文化产业发展的背景，本文将探讨中华传统服饰文化符号在数字游戏中的创新与转化。通过社会符号学的理论视角，我们分析数字游戏作为符号传播平台的独特功能，阐明其在文化传承、跨文化交流及商业化运营中的重要作用。本文不仅能深化我们对数字空间中符号动态变化的认识，也能为文化产业和传统文化的深度融合提供理论支撑与实践方向。

二、社会符号学理论框架

社会符号学（Social Semiotics）是基于传统符号学的发展而形成的一个跨学科研究领域，重点关注符号在社会语境中的产生、传播及其意义建构过程。其理论基础可以追溯到索绪尔（Saussure）的语言符号学理论[①]，以及皮尔斯（Peirce）的符号三分法[②]。与传统符号学不同，社会符号学强调符号的动态性、社会性和文化性，即符号的意义生成不仅仅限于文本本身，而是与社会背景和文化语境密切相关。在这一理论框架下，符号不仅反映社会现实，也参与建构社会现实。

系统功能语言学（Systemic Functional Linguistics）是韩礼德（Halliday）提出的一

① Saussure F. Course in General Linguistics［M］. London：Duckworth，1983.

② Peirce，C. Logic as semiotic：The theory of signs［M］//Buchler J. Philosophical writings of Peirce. New York：Dover，1955，100–104.

种语言学理论[①②]，他认为语言的功能不仅是传递信息，而且是反映社会文化关系的系统。系统功能语言学为社会符号学提供了重要的理论依据，特别是在分析语言作为符号系统的功能时。此外，系统功能语言学的元功能理论也为社会符号学提供了解释符号在社会语境中的功能与影响的框架。多模态话语分析（Multimodal Discourse Analysis）强调了在符号交际中，语言、图像、声音、动作等多种模式共同构建意义的过程。这一分析范式源自社会符号学，并广泛应用于媒体研究、广告分析、视觉文化等领域。

克雷斯（Kress）和范·勒文（van Leeuwen）在其开创性著作《阅读图像：视觉设计的语法》中提出，图像与语言一样具有语法结构，这一语法结构在不同的社会文化背景中生成意义。[③] 奥图尔（O'Toole）则将系统功能理论应用于艺术领域，探讨其在建筑、绘画及雕塑等非语言符号模式中的发展。[④] 因此，符号的多模态性使得社会符号学研究更加灵活，能够更好地捕捉复杂的社会和文化互动。多模态话语分析为社会符号学提供了一个能够分析各种符号系统之间互动的工具。在全球化和数字化的背景下，多模态话语分析为我们理解如何通过不同的符号系统传递和重构文化符号提供了理论支持。与此同时，多模态话语分析还探讨了符号在不同时空和文化背景下的“再语境化”过程[⑤⑥]，这一过程在跨文化传播和全球化语境中展现得特别突出。近年来，数字技术的迅猛发展也对社会符号学提出了新的挑战和机遇。符号不再局限于传统的物理载体，而是在虚拟空间和数字平台中被广泛重构。这一现象促使学者们从社会符号学角度重新思考符号的生成、传播和解读过程，尤其是思考其在全球化、信息技术和文化变迁背景下的跨文化意义建构与流通。

综上所述，多模态话语分析扩展了符号学的研究对象，使其将语言、视觉符号、音频符号等多种模式的互动纳入研究范畴，而系统功能语言学则为这些符号系统的功能分析提供了强有力的理论框架。这种交叉研究方法不仅丰富了符号学的理论和方法，也为符号系统在现代社会中的实际应用提供了新的视角。在服饰的社会符号

---

① Halliday M A K. Language as Social Semiotic：The Social Interpretation of Language and Meaning［M］. London：Edward Arnold，1978.

② Halliday M A K，Matthiessen C M I M. An Introduction to Functional Grammar［M］. London：Arnold，2014.

③ Kress G，van Leeuwen T. Reading Images：The Grammar of Visual Design［M］. London：Routledge，2021.

④ O'Toole M. The Language of Displayed Art［M］. London：Routledge，2011.

⑤ Iedema R. Resemiotization［J］. Semiotica，2001（137）：23–39.

⑥ Iedema R. Multimodality，Resemiotization：Extending the Analysis of Discourse as Multi-semiotic Practice［J］. Visual Communication，2003，2（1）：29–57.

学研究中，借助多模态话语分析与系统功能语言学，研究者可以探索服饰作为一种符号系统，如何在不同的社会和文化背景下构建身份、表现社会关系，以及如何通过符号的多模态组合产生不同的文化意义。例如，在全球化背景下，传统服饰符号的跨文化传播与再语境化现象，可以通过多模态话语分析与系统功能语言学相结合的方式得到更深入的解读。

三、中华传统服饰的历史演变与符号功能的变化

中国传统服饰作为中华文化的重要组成部分，体现了几千年来中国社会的礼仪制度、文化信仰、审美意识以及技术发展的深厚积淀。中国幅员辽阔，历史悠久，各地区和各民族在不同的历史时期创造了丰富多样的服饰样式和风格，形成了绚丽多彩的服饰文化传统。无论是汉族服饰，还是各少数民族服饰，传统服饰不仅展现了民族的文化传承和艺术表达，还承载着重要的社会功能，即反映等级制度、礼仪规范和人际关系的复杂结构。汉服，作为汉民族的传统服饰，具有深厚的文化象征意义，是中国传统服饰符号体系中的重要代表。汉服不仅是一种穿着形式，更是中华文化、价值观和美学理念的外在表现，体现了“天人合一”的宇宙观，以及追求和谐、简约之美的审美意识。它通过形制、颜色、纹样和搭配方式等元素，构建出一套复杂的符号体系，这些符号在不同的历史阶段承载了不同的社会角色和文化功能。本文以汉服为例，探讨中国传统服饰的符号构成体系，分析其在礼仪制度、身份象征、文化表达等方面的多重意义，阐述汉服作为传统服饰的文化价值及其在现代社会的传承与创新。

汉服是中国古代汉民族的传统服饰，形成于周代，历经秦汉、唐宋等多个朝代的演变和发展。其基本形制以“上衣下裳”为主，强调宽袖、交领和系带的设计。汉服不仅在形式上体现了儒家倡导的礼治精神和和谐之美，还在服饰制度中具备了严格的等级象征，成为身份、地位和权力的符号。在古代，汉服的颜色、纹样、质地等要素严格区分不同阶层和身份，具有强烈的社会规训功能。随着封建王朝的衰落和时代的变迁，汉服在明代达到了最后一个高峰，明代的“深衣”制度进一步细化了服饰的等级划分，其中，朝服和礼服象征了国家权力和个人身份。而在清朝的“剃发易服”政策下，汉服逐渐退出了日常生活的舞台，但其符号功能和文化象征并未消失。在当代，汉服通过“复兴运动”重新回归公众视野，成为一种文化认同和民族自豪的象征。汉服的符号功能也发生了从历史身份象征到年轻一代表达传统文化认同与自我文化价值的方式的转变。随着数字时代的发展，汉服不仅承载着传统

文化符号的意义，还成为一种跨越时间与空间的文化符号，展现出中国文化的活力与创造力。在全球化的背景下，服饰符号不仅服务于本土文化，还参与到跨文化交流中，成为文化传播与再创造的载体。汉服复兴运动以及国际化传播，正是服饰符号在不同时代背景下的功能适应与重塑的体现。

中国服饰的历史演变不仅仅是形制和风格的变化，更是文化符号在社会变迁中的传承与重塑。服饰作为社会符号，随着时代的发展在功能、象征意义和文化价值等方面不断变化。古代的服饰形式不仅见证了中国历史上的社会变革，也体现了符号功能在不同历史时期的适应性调整和文化表达。汉服，历经几千年文化传承与发展，从古代到现代，逐步演变出多种形式和象征意义。其符号功能在不同历史阶段展现出独特的社会、文化和礼仪功能。进入数字时代后，汉服的符号功能又被赋予了新的内涵，在游戏等数字文化中得到传承与创新。汉服在全球化和技术化的背景下，成为表达身份、文化认同和未来想象的多层次符号。这种符号功能的多样化，不仅丰富了汉服的文化内涵，也为中国传统服饰的传承与传播开辟了新的路径。

四、数字游戏中传统服饰的社会符号学解读

数字游戏作为文化传播的重要媒介，凭借其独特的符号意义和视觉表现力，吸引了广泛的关注。借助社会符号学的分析框架，我们可以深入探讨传统服饰在游戏中的符号功能及其对玩家和社会文化的深远影响。通过对这一分析框架的运用，符号学理论得到了进一步丰富，实践应用也得到了有力支持。这一分析框架不仅适用于解释传统服饰符号在现实中的作用，还可以帮助我们更好地理解数字游戏中这些符号的文化传播和创新功能。

（一）数字游戏中服饰符号意义的建构过程

从社会符号学的角度来看，符号的生成过程可以分为物质、生物、社会和符号四个层次。这四个层次共同构成了符号意义生成的复杂路径。基于系统功能语言学理论（Matthiessen & Kashyap，2014①；张德禄，2023②），这些层次的相互关系可以被概括为一个多维系统，为我们提供一个全面理解符号意义的框架（图 1）。物质层次涉及符号的物理载体及其在自然界中的具体存在形式。例如，传统服饰的材质，

---

① Matthiessen C I M M，Kashyap A K. The Construal of Space in Different Registers：An Exploratory Study [J] . Language Sciences，2014（45）：1–17.

② 张德禄 . 多模态话语中符号意义构成研究［J］. 当代修辞学，2023（3）：24–36.

如棉、丝绸、麻等天然纤维，不仅决定了服饰的物理特性，还为服饰的符号化奠定了基础。服饰的物质构成是符号意义生成的第一步，它为后续的生物、社会和文化层次提供了支撑。生物层次涵盖服饰对穿着者生理需求的满足。符号在这个层面上具备适应与进化的特性，随着时间的推移会逐渐发展。例如，服饰的舒适性、保暖性、透气性等都影响着穿着者的生理感受。这些生物层次的属性不仅是物理体的一部分，也通过穿戴过程的感知而进一步成为文化符号的一部分。社会层次涉及符号在社会语境中的作用。在此层次上，符号不仅是一种物理或生理存在，还是社会角色、地位和身份的象征。例如，不同社会群体、职业和文化背景会选择不同的服饰来传达身份和角色，服饰因此成为社会分工和文化表达的重要载体。数字游戏中的传统服饰同样承载着这些社会象征功能，通过虚拟世界中角色的服饰展示，传递出社会身份、文化背景等信息。符号层次是最高级的符号生成阶段，涵盖物质、生物和社会层次，同时超越了它们。符号在此层次上承载着深层次的文化意义，并在社会互动中起到传递和建构意义的作用。传统服饰的符号功能不仅具有实用性和社会象征性，还传达了特定的文化符号。例如，汉服在游戏中的应用不仅仅是装饰，还

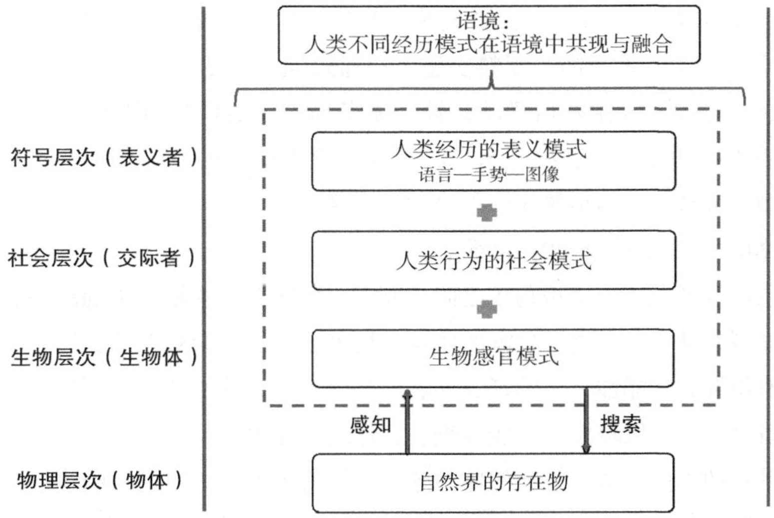

图 1　服装符号化过程（根据 Matthiessen、Kashyap① 和张德禄② 的研究内容改编）

① Matthiessen C I M M，Kashyap A K. The Construal of Space in Different Registers：An Exploratory Study［J］. Language Sciences，2014（45）：1–17.

② 张德禄 . 多模态话语中符号意义构成研究［J］. 当代修辞学，2023（3）：24–36.

通过视觉符号传递了中国传统文化、历史记忆以及民族认同等深层次意义。在这四个层次的分析框架下，我们可以更系统地理解符号的构建过程及其背后的文化潜力。每一个符号在不同层次上都体现了特定的意义潜势，这些层次相互协调，共同构建了完整的话语体系。对这些层次的符号现象进行研究，可以更深入地探索符号生成及其对文化和社会的影响。

在数字游戏中，中国传统服饰不仅作为一种视觉元素存在，更是承载文化与符号意义的载体。通过服装社会符号学的视角，我们可以从多维度解析这些服饰在游戏中的表现与其背后的符号功能。

1. 物理层次：视觉与现实的融合

在物理层次上，数字游戏中的传统服饰通过虚拟设计呈现出来，尤其是借助高精度 3D 建模和纹理技术，服饰的材质、色彩、刺绣细节等得以精细展现。例如，绸缎、丝绸、棉麻等面料在虚拟世界中栩栩如生，再现了传统服饰的视觉质感。通过这些高度还原的视觉细节，玩家得以直观感受中国传统服饰的美学价值。这种视觉上的真实感，不仅增强了游戏的沉浸体验，还使得传统服饰在数字时代获得了新的生命力。在《天涯明月刀》这款中国武侠风格的 MMORPG（大型多人在线角色扮演游戏）中，汉服以其细致入微的 3D 建模和高度还原的纹理效果而闻名。游戏的设计师不仅忠实再现了传统服饰的面料质感，还通过逼真的物理引擎模拟出汉服的飘逸感。当角色走动时，衣裙随风摆动，袖子流畅翻飞，细腻的刺绣和图案在光影的交错中散发着独特的光泽。这种高水平的视觉还原不仅满足了玩家对传统服饰的审美期待，还通过细节传达出传统汉服的文化美学和工艺之精。

2. 生物层次：动态互动中的感知

生物层次涉及玩家与虚拟角色之间的互动。传统服饰在游戏中的动态表现，如衣袂飘动、袖摆摆动等，丰富了玩家的体验。玩家通过操控游戏角色，能够感受到传统服饰的动态特性和功能性，仿佛亲身穿着这些服饰。游戏中的服饰不仅体现了其装饰性，还具备舒适感、保暖性等功能性表现，让玩家在虚拟世界中体验到与现实相近的感知。这种互动不仅丰富了游戏的体验感，也使得玩家在虚拟空间中建立了与传统服饰的情感联系。《剑网 3》作为另一款极具影响力的中国武侠题材网游，赋予玩家在游戏中自由穿戴和体验传统服饰的机会。玩家不仅能够给角色选择不同款式的服饰，还能够在游戏内的日常活动、任务或战斗中感受到服饰的动态表现。玩家可以体验在不同场景中穿戴服饰的不同效果，例如，骑马时长袍随风飘逸，战斗时衣袂随动作翻飞，以及在风雪天气中服饰也有特殊的动态反应。这些生物层面的体验让玩家对传统服饰的物理特性和功能性有了更直观的感知，同时也增强了玩家与虚拟角色之间的情感联系。

3. 社会层次：文化与身份的象征

在社会层次上，游戏中的传统服饰往往承载着特定的文化和社会意义。不同款式和图案的服饰反映了不同时期的社会地位、身份或历史背景。比如，一款具有特定朝代风格的汉服，不仅再现了该朝代的服饰设计，更反映了该朝代的文化审美和社会结构。通过虚拟角色所穿戴的这些符号化的服饰，玩家得以体验中国历史和文化的多样性，从而加深对这些服饰背后文化和社会价值的理解。在热门 MOBA（多人在线战术竞技）游戏《王者荣耀》中，一些中国历史和神话人物的角色设计结合了传统服饰的元素。例如，游戏中甄姬的“游园惊梦”皮肤融入了昆曲《牡丹亭》的元素，完美诠释了昆曲的柔美与优雅气质。上官婉儿的“梁祝”皮肤则取材于越剧，女小生的扮相加上“化蝶”桥段，展现了越剧的经典意境和独特美感。杨玉环的“遇见飞天”皮肤灵感来源于敦煌壁画，金蓝色调的设计营造出敦煌艺术的绚丽瑰宝气息，带来强烈的视觉冲击，让玩家仿佛置身于那历史悠久的文化长河之中。而虞姬的“霸王别姬”皮肤则融入了京剧元素，虞姬的旦角形象和京剧艺术的精髓在服饰上得到了生动的展现，服装的色彩和图案赋予了角色独特的戏曲美感。这些服饰不仅仅是历史与文化的视觉再现，还是人物的社会地位、性格特质及其所处的文化背景的体现。每件服饰的设计都结合了各自的艺术风格与历史文化，通过这些精致的服饰，玩家能够深刻感受到角色所代表的文化和历史氛围。这种多重文化元素的运用，不仅丰富了角色的内涵，还让玩家在视觉享受之外，体会到传统艺术与历史的深厚底蕴。

4. 符号层次：文化意象的表达

在符号层次上，游戏中的传统服饰不仅是视觉美感的呈现，更承载着深刻的文化意象。游戏设计师常将龙凤、祥云、花卉等传统纹样符号融入服饰设计中，使得这些服饰不仅具备装饰性，也成为文化符号的载体。这些图案背后的象征意义，如繁荣、吉祥、好运等，进一步强化了游戏的文化内涵。这种符号化的设计不仅是对传统文化的致敬，也使得玩家在游戏过程中，潜移默化地接受并认同中国传统文化的核心价值观。《原神》是一款在全球范围内极具影响力的开放世界冒险游戏，其中一大亮点是其虚拟世界中的服饰设计融入了丰富的跨文化元素。以中国文化为基础设计的璃月地区，其服饰风格深受中国传统服饰的影响，展现了中国传统文化的审美风范。角色“胡桃”“钟离”“归终”等身着华丽的服饰，其服饰设计中蕴含了古代服饰的元素，如龙凤、祥云、花卉、龟背纹等象征性传统图案。这些符号不仅装饰了角色的外观，还传递出中国传统文化中的吉祥观念和美学思想。通过这种符号化的服饰设计，游戏不仅提升了玩家对角色的认同感，也使得中国传统文化元素得以在未来科技背景下进行再演绎和表达。与此同时，游戏设计师将现代时尚元素与传统服饰相结合，使得服饰既在符号意义上表现了中国传统文化的深度，又通过现代化的表现形式吸引了全球范围内的玩家。

总的来说，数字游戏中的中国传统服饰在物理、生物、社会和符号等层次上实现了多维度的传承与创新。游戏在物理层次上通过逼真的视觉呈现再现了传统服饰的细节与质感；在生物层次上通过角色互动体现了服饰的动态与功能；在社会层次上通过服饰的文化意义和身份象征，帮助玩家理解中国文化的历史脉络；在符号层次上则通过深刻的文化符号，展现了传统服饰的象征意义。这种多维结构不仅增强了游戏的沉浸感和文化体验，更使中国传统服饰在数字时代焕发出新的生命力与传播力。

（二）数字游戏中服饰的多模态话语构成

在数字游戏中，传统服饰的设计与呈现往往通过多模态话语系统构建。不同模态如视觉、听觉、触觉、动态和语言，协同作用，共同传递丰富的文化信息。这种多模态的表达不仅拓宽了游戏的表现维度，也使得玩家能够在游戏中更加深刻地感知和理解传统文化的内涵。本文从视觉、听觉、触觉和语言四个方面，探讨数字游戏中传统服饰的多模态话语构成（图 2）。

图 2 服装的多模态话语构成（Xu，2019，2020[①②]）

① Xu W. Fashion and Clothing as Meaning-making Systems：A Socio-semiotic Approach［D］. Hong Kong：The Hong Kong Polytechnic University，2019.

② Xu W. A Social Semiotic Exploration of Fashion and Clothing Systems［J］. Fashion China，2020（5）：126–131.

1. 视觉模态：传统服饰的精美再现

在游戏中的视觉表现无疑是服饰文化传递的核心之一。传统服饰的设计通过颜色、纹样、材质等元素直观地传达了文化符号。例如，黄色的龙袍象征着古代中国皇帝至高无上的权力，红色的礼服象征着婚礼或节日中的喜庆与幸福。与此同时，龙凤呈祥、祥云瑞鹤等象征吉祥的纹样，不仅在视觉上体现出服饰的审美价值，还承载了文化传统中对美好生活的寄托。服饰的剪裁和款式同样具有重要意义。汉服宽大的袖口、流畅的裙摆等不仅仅是审美上的设计，还体现了传统社会中的礼仪秩序和身份地位。例如，在游戏中，官员穿着的服饰具有严谨的对称性和繁复的纹饰，以此传达出身份的尊贵和地位的权威。而在不同场景中展示这些服饰，如节庆典礼或日常生活的场景，则还原了服饰在实际文化情境中的使用方式，加深了玩家对其文化背景的理解。

2. 听觉模态：传统音乐与文化氛围的塑造

声音的设计为服饰的呈现提供了更具沉浸感的体验。传统乐器如古琴、箫、琵琶、笛子等往往被用于游戏的背景音乐中，以烘托独具特色的古典文化氛围。在《剑网 3》等游戏中，宁静的场景配合着古琴或箫声，营造出悠远雅致的氛围，而在紧张激烈的战斗场景中，鼓声、锣声等大气磅礴的音效则唤起玩家的情感共鸣。除此之外，衣物摩擦声和脚步声也在增强服饰的真实感方面起到了至关重要的作用。例如，玩家在穿着丝绸服饰行走时，摩擦声让人仿佛触摸到丝绸的光滑质感，而脚步声根据地面材质和角色服饰的变化，也会有不同的音效呈现，使玩家感受到环境与服饰的互动。这种细腻的听觉设计强化了玩家对服饰的代入感与文化认同。而同时，游戏中的角色对话与背景故事为这些服饰赋予了更深的文化内涵，不仅说明了其设计和材质的背后寓意，还帮助玩家理解其在历史和社会中的象征意义。这种视听结合的设计，不仅加强了游戏的代入感，还在玩家与传统服饰的互动中传递出丰富的文化内涵，使其对服饰的情感认同进一步深化。

3. 触觉模态：沉浸式的互动体验

虽然触觉在数字游戏中的体现较为有限，但通过手柄震动、触屏反馈等方式，游戏仍能部分模拟出传统服饰的物理感受。例如，当玩家操控角色穿戴宽大的汉服进行战斗或行走时，手柄的震动可以模拟出服饰的摆动和重力感。这种触觉反馈不仅增强了玩家的沉浸感，还通过增强玩家与虚拟服饰的互动，拉近了玩家与传统服饰的情感距离，使其在虚拟空间中获得了穿戴传统服饰的体验。

4. 语言模态：文化故事的叙述与传承

语言是游戏中最具解释性的模态，游戏通过文字叙述、角色对话和界面提示等方式，将服饰背后的文化背景和历史意义传达给玩家。例如，游戏中通过任务文本描述汉服的起源、演变，以及它在特定历史时期的社会意义，能够让玩家更深入地理解服饰所承载的文化传统；角色对话中，角色可能会提到他们对某件传统服饰的情感或文化认同，使玩家能更好地感知服饰所象征的社会身份和文化意义。此外，在角色的选择界面或任务提示中，玩家也可以通过文字介绍，了解不同服饰的历史背景和文化价值。例如，玩家在选择一件具有历史代表性的服饰时，游戏可能会简要介绍该服饰的起源、所属朝代及其文化象征，使玩家不仅关注视觉上的美感，还能体会服饰深层次的文化内涵。

多模态话语系统在数字游戏中的应用，使得传统服饰不仅限于视觉上的再现，而且通过声音、触觉和语言的多维度表现，构成了一个完整的文化符号系统。视觉模态展示了服饰的美学价值和社会意义，听觉模态增强了文化氛围，触觉模态使玩家获得更为真实的互动体验，语言模态则通过叙事加深了玩家对服饰的文化认同。通过这种多模态的融合设计，数字游戏不仅提供了传统服饰的视觉享受，更成为一种文化传播的方式。玩家通过视觉、听觉、触觉和语言的共同作用，不仅体验到传统服饰的美感与功能性，还在游戏情节和角色互动中进一步理解了中国传统文化的丰富内涵。这种多模态符号系统的创新应用，为传统文化在数字时代的传播提供了新的途径，也为游戏中的文化叙事赋予了更深的价值。

（三）数字游戏中服饰的元功能概述

在数字游戏中，服饰不仅是角色的外在装饰，还承载了多层次的文化和功能性意义。基于系统功能语言学的框架，可以从三个元功能的角度对服饰进行分析：概念元功能（描述经验与世界）、人际元功能（构建社会关系与互动）和语篇元功能（组织信息与连贯叙事）。这些元功能共同构建了一个多层次的文化符号系统，赋予游戏中的传统服饰更多的文化和社会意义，为其传承与创新开辟了新的路径。

1. 概念元功能（Ideational Metafunction）

从概念元功能的角度来看，游戏服饰在很大程度上再现了特定的历史和文化场景。例如，设计精美的汉服不仅模仿了传统服装样式，还通过细节的装饰和配色传达了当时的社会礼仪、地位象征和审美情趣。服饰的色彩、纹样与剪裁都在强化玩家对某一历史时期的感知，使其仿佛置身于那个时代的文化语境中。同时，服装还常常体现角色的身份与地位，比如，龙袍象征皇权、文士长袍则传递了儒雅与诗意，这让玩家更直观地识别角色所处的社会阶层和文化背景。此外，游戏不仅将服饰作为视觉符号呈现，还通过任务设计和剧情发展将有关服饰的文化知识传递给玩家。例如，某些任务可能要求玩家完成特定的节庆活动，在这一过程中，玩家能够通过服饰的变化感受到传统节日的文化氛围和仪式感。这种文化体验并不仅仅是“装扮”游戏的一部分，而且是通过游戏情境对传统服饰文化的教育功能的发挥。

2. 人际元功能（Interpersonal Metafunction）

在人际功能上，服饰的设计有助于建立角色与玩家之间的情感联系。通过角色的服饰，玩家能够感知角色的个性与情感。例如，《王者荣耀》游戏中，李白穿着白色长袍，手持折扇，整体形象充满儒雅与诗意。服饰与古典美学的结合，强化了李白作为潇洒侠客的形象，玩家通过操控这一角色，不仅感受到其战斗能力，也能与李白的性格、历史背景产生情感共鸣。通过这种服饰设计，玩家在与李白这一角色互动时能够体会更强的代入感和认同感。此外，游戏中的服饰设计往往成为玩家之间社交互动的重要纽带。许多游戏允许玩家通过定制服饰来表达个性或展示对某一文化的认同，而这种互动超越了单纯的角色扮演，形成了游戏内的文化交流与集体认同。例如，某些玩家可能通过穿着具有民族特色的服装来表达对自己文化的认同，或通过参与游戏内的节庆活动加强社群间的联系与互动。

3. 语篇元功能（Textual Metafunction）

语篇元功能使得服饰成为游戏叙事的有力工具。服饰的变化不仅服务于角色的外表设计，还成为推动故事情节发展的重要符号系统。不同场景中的服饰调整往往与角色的命运和情节紧密相关，战斗场景中的铠甲、节庆场景中的礼服，这些服饰不仅象征角色在不同时刻的处境，还通过符号系统帮助塑造故事的氛围，增强叙事的张力。此外，服饰与游戏中的其他元素——如场景设计、背景音乐、角色动作等——共同构成了连贯的文化叙事系统，使玩家在不同情境中获得更为完整的沉浸式体验。例如，国风游戏中的服饰与特定的乐器音效相辅相成，进一步强化了文化背景的传递。这种符号系统的连贯性确保了游戏的文化一致性，使得服饰不仅是视觉装饰，更是故事情节发展的核心要素。

通过系统功能语言学的视角分析，数字游戏中的服饰不仅在视觉和实用功能上扮演了重要角色，更在文化再现、社交互动和叙事功能中占据核心位置。概念元功能使得服饰成为历史文化的载体，人际元功能促进了角色与玩家之间的互动和情感联结，而语篇元功能则确保了服饰在游戏叙事中的关键作用。这些功能有机结合，使得数字游戏成为传统文化传承和创新的独特平台。

五、结　语

中国传统服饰不仅是一种物质文化的体现，更是中华民族文化传承的重要符号。其悠久的历史和丰富的文化内涵，不仅反映了中国社会的礼仪、阶层和信仰，还在现代社会的复兴中展现出强大的生命力。在全球化和信息化的浪潮中，中国传统服饰作为文化符号的价值越发突出，成为跨文化传播和文化认同的重要载体。数字技术为传统服饰文化的传播提供了前所未有的广阔舞台，使得服饰符号在虚拟世界中的动态演变成为可能。传统服饰符号不再局限于物质层面，而是可以通过数字化形式在虚拟空间中得到重新解构和重组，从而在跨文化交流中扮演更加多样化的角色。在此过程中，数字化转译不仅实现了符号形式上的创新性转变，更在深层次上推动了文化意义的再造，使中国传统服饰在全球范围内获得更广泛的认同与传播。这一现象不仅证明了传统文化符号的强大适应性，还体现了其在数字时代的活力与变革潜力。在数字游戏中对传统服饰进行的社会符号学解读，不仅提供了一种全新的文化研究路径，也揭示了虚拟空间中文化符号的复杂性与多样性。通过游戏场景中角色的服饰、故事线索和互动方式，传统服饰符号超越了其原有的物质形态，成为具有灵活性的文化表达形式。这一现象表明，数字游戏不仅是文化符号的传播媒介，更是文化符号再造与创新的重要平台。在数字化的语境下，传统服饰符号的意义被重新构建和赋予新的内涵，它们不再仅仅局限于历史或传统文化的象征，而是成为当代文化交流与创意表达的重要工具。通过对这些符号的社会符号学分析，我们能够更深刻地理解传统服饰如何在新的数字文化空间中发挥其文化价值和商业潜力。总之，数字游戏为传统服饰文化符号的传承与创新提供了新的可能性和广阔的应用前景。通过数字化的解构和重塑，传统服饰符号得以重新进入当代文化语境，成为全球化时代中跨文化交流的重要符号载体。这一研究不仅为文化产业与符号学理论的结合提供了有力支持，也为未来的文化创意产业发展指明了新的方向。

参考文献

[1] 张德禄 . 多模态话语中符号意义构成研究 [J] . 当代修辞学，2023（3）：24-36.

[2] Halliday M A K. Language as Social Semiotic：the Social Interpretation of Language and Meaning [M] . London：Edward Arnold，1978.

[3] Halliday M A K，Matthiessen C M I M. An Introduction to Functional Grammar [M] . London：Arnold，2014.

［4］Iedema R. Resemiotization［J］. Semiotica：2001（137）：23–39.

［5］Iedema R. Multimodality，Resemiotization：Extending the Analysis of Discourse as Multi-semiotic Practice［J］. Visual Communication，2003，2（1）：29–57.

［6］Kress G. van Leeuwen T. Reading Images：The Grammar of Visual Design［M］. London：Routledge，2021.

［7］Matthiessen C I M M，Kashyap A K. The Construal of Space in Different Registers：An exploratory study［J］. Language Sciences，2014（45）：1–17.

［8］O'Toole M. The Language of Displayed Art［M］. London：Routledge Leicester University Press，2011.

［9］Peirce，C. Logic as semiotic: The theory of signs［M］//Buchler J. Philosophical writings of Peirce. New York：Dover, 1955，100–104.

［10］Saussure F. A Course in General Linguistics［M］. London：Duckworth，1983.

［11］Xu W. Fashion and Clothing as Meaning-making Systems：A Socio-semiotic Approach［D］. Hong Kong：The Hong Kong Polytechnic University，2019.

［12］Xu W. A Social Semiotic Exploration of Fashion and Clothing Systems［J］. Fashion China，2020（5）：126–131.

产业动态·文化消费新论

人文经济学视野下数字文化产业的商业创新策略

巩　强[①]
（四川天府新区未来数字产业研究院，成都 611930）

【内容提要】在新技术迭代、新消费需求、新发展格局的数字经济时代，国内数字文化产业在高速发展中面临严峻挑战和创新困境。本文以“人文经济学”的理论视角为切入点，指出数字文化产业的发展急需回归以人文精神为核心的价值判断体系，以科学理性和人文精神的有机结合来激活经济增长与文化繁荣。最后，结合中国式现代化的人文底色，从价值主张、价值创造、价值传递、价值获取和价值支持等维度探索数字文化产业的商业创新策略。

【关键词】人文经济学；数字文化产业；商业创新

Business Innovation Strategies for Digital Culture Industries from the Perspective of Humanities and Economics

Abstract: In the digital economy era with new technological iterations, new consumer demands, and new development patterns, the domestic digital cultural industries are facing severe challenges and innovation difficulties in its rapid development. This paper introduces the theoretical perspective of "humanistic economics" as the starting point, pointing out that the development of the digital cultural industries urgently needs to return to a value judgment system centered on humanistic spirit, and activate economic growth and cultural

① 巩强，男，四川天府新区未来数字产业研究院院长，四川省文化和旅游创意产业联盟 IP 文创专委会主任。主要研究方向：文化产业、数字文创、创意资产管理。

prosperity through the organic combination of scientific rationality and humanistic spirit. Finally, combined with the humanistic background of Chinese modernization, this paper explores the business innovation strategy of digital culture industries from the dimensions of value proposition, value creation, value transmission, value acquisition and value support.

Keywords: Humanities and Economics; Digital Cultural Industries; Business Innovation

一、引　言

作为一个术语和一场运动，数字文化产业如今已在全球范围内成为焦点和热门话题，但是关于数字文化产业的定义仍处于动态的建构与演变进程之中，持续不断的争议意味着数字文化产业的版图边界还有待商榷。

数字文化产业的概念分别指向“技术”“文化”和“经济”三个核心词汇，来自不同专业视野和教育背景的学者在各自不同的学术传统下进行研究。面对“数字文化产业”这一新的命题，仅仅从单一学科的经验洞察不足以解决新的技术环境下出现的研究问题。随着技术、文化和经济纵深宽广的融合，我们需要重新思考现有的学科边界，深入剖析当前所面临的技术、文化和经济的交叉领域的问题。当前学界对数字文化产业的内容创意与商业创新研究丰富多样，但理论探索总体来说滞后于实践发展。尤其对文化产业在数字经济背景下的价值创造中呈现的新特征和新趋势，仍然存在较大的探讨空间。本文将以人文经济学的视野为切入点，结合当前数字文化产业发展中面临的问题与挑战，探究激活数字文化产业商业创新的策略。

二、创新困境：数字文化产业的发展与挑战

（一）从文化产业到数字文化产业

从早期“文化产业”的概念在经济学意义上奠定学理基础算起，文化产业的发展也不过短短五十余年。回溯其发展脉络，大体经历了从“文化工业”（Cultural Industry）的怀疑批判到“文化产业”（Cultural Industries）的全面接受，再到“文化创意产业”（Cultural and Creative Industries）的观念变迁。随着国际文化、社会、技术和商业之间的紧密交织，文创产业的功能边界与计算机、互联网、信息、通信

等数字技术不断融合，催生出关于“数字文化产业”的衍生概念和研究探索。

追溯数字文化产业观念勃兴的源头，我们把目光首先聚集在英国。作为世界上第一个提出创意产业概念并运用公共政策推动创意产业发展的国家，英国政府敏锐地感知到传统工业转型的压力，着力促进创意产业的崛起与繁荣。在美国，文化产业被称为“版权产业”（Copyright Industries）。为了适应数字化时代对美国版权产业发展的要求，美国早在1998年10月就通过了《新千年数字版权法》（*Digital Millennium Copyright Art*），针对数字技术和网络环境发展的特点，积极实施数字化版权保护。在开放的市场环境和严格的法律保护之下，美国版权产业逐渐发展为形态多元且高度产业化的商业运营模式。在欧盟和日本，通常将文化产业定义为“内容产业”（Content Industries）。2000年，欧盟在其信息规划中对“内容产业”给出了准确定义：制造、开发、包装和销售信息产品及服务的产业。随着数字化和互联网技术的发展，传统的媒体和出版业边界被打破，文化产业和信息产业融合重组。在此后每一次媒体技术升级的过程中，卷入更多的个体参与，迸发新的内容形态，涌现出一代又一代来自草根的内容明星。

回首文化产业风起云涌的历程，世界各国和国家集团基于自身的优势禀赋和产业解读，而衍生出不同的发展模式和产业划分类型。但无论是以英国为代表的“创意模式”，还是以美国为代表的“版权模式”，抑或是以欧盟和日韩为代表的“内容模式”，其本质核心都是一种关于“文化生产和消费的基本机制”（Fundamental Dynamics）的解读。步入21世纪的第二个十年，在互联网持续发展的同时，人工智能、区块链、云计算、大数据和物联网等新一代数字技术纷纷进入商业应用阶段，数字经济发展速度之快、辐射范围之广、影响程度之深前所未有，正推动生产方式、生活方式和治理方式深刻变革。随着世界范围内数字经济的快速崛起，文化产业进入数字化转型升级的新阶段。世界各国政府都逐渐关注到数字技术在文化创意领域的广泛应用和深刻影响，纷纷着手从顶层战略、制度设计等层面积极思考和应对。

（二）中国数字文化产业发展的挑战

与发达国家相比，中国数字文化产业相关研究和实践起步较晚，在发展中逐渐明晰概念，不断提升战略地位。从2016年国务院在《“十三五”国家战略性新兴产业发展规划》首次把“数字创意产业”纳入战略性新兴产业范畴，到2022年5月，中共中央办公厅、国务院办公厅印发《关于推进实施国家文化数字化战略的意见》，提出加快文化产业数字化布局，近年来，“在新的起点上继续推动文化繁荣、建设文化强国、建设中华民族现代文明，是我们在新时代新的文化使命”。在这一新的文化使命的目标指导下，中国数字文化产业高速发展，取得了阶段性突破，但仍面临严峻的挑战。

1. 数字文化产业发展加速与生产机制滞后并存

数字技术的介入，前所未有地扩展了文化产业生产消费的深度和广度，其变化应对的是消费者心理、消费模式、生活方式的变化。技术进步推动产业更新，同时对人们习以为常的行为与心理产生了重大挑战。数字化和智能化发展给经济和生活带来诸多动能与便利，也在某种意义上让大量的人被时代潮流裹挟而失去了自我。此外，由于不同受众群体之间巨大的文化、技术感知差异，诸如“数字鸿沟”“信息茧房”和“算法牢笼”等问题日益凸显，数字文化产业内容生产低俗化、快餐化、浅层娱乐化的现象滋生蔓延。数字技术的迭代尚未推动数字文化内容生产机制形成范式转换，高质量的数字文化内容远远滞后于技术的更新换代。

2. 数字文化产业发展关键技术存在差距

研究表明，数字文化产业的发展水平受到多方面因素的影响，如技术进步、内容生产、国家政策、用户市场等。[①] 其中，影响数字文化产业发展的关键技术环节具有垄断性、高投入性、成果持续性等特点，相较部分发达国家，我国数字文化产业在技术、设备、人才等方面还有一定差距，积极的政策扶持、厚重的文化资源、广阔的市场基数尚未充分转化为数字文化产业的发展优势。当前数字文化产业面临着来自国际市场的激烈竞争，数字化关键技术在文化产业领域的集成应用和创新，将成为影响未来数字文化产业发展水平的决定性因素。

3. 数字文化产业区域发展差异明显

长期以来，由于国内不均衡的区域经济水平和差异化、多层次的市场环境，我国各地在数字文化产业规模、产业结构、供给质量等指标上都存在差异。不同的发展起点和发展基础，造成国内文化产业数字化发展水平呈现出巨大的分化态势。根据我国 31 个省份 2012—2019 年文化产业数字化水平的测度与评价，相关研究者指出，“整体上看，我国数字文化产业竞争力的发展水平呈现着按照东部、中部、西部逐级递减的空间局面”[②]。当前国内数字文化产业主要集聚在一、二线城市，许多

---

① 杨君武，陈少通 . 中国数字文化产业“走进东盟”的发展：现状、挑战与路径［J］. 广西社会科学，2023（5）：69-76.

② 周庆岸 . 中国文化产业数字化发展水平测度、影响因素及经济效应研究［D］. 南昌：江西财经大学，2023.

城市尚未客观地认识数字文化产业的重要作用，在数字化基础设施建设和数字技术创新链条布局方面投入不足，缺乏有核心竞争力的数字文化龙头企业和专业化人才，难以激活文化产业的数字动能。

4. 数字文化产业自主创新质量有待提升

数字文化产业的核心在于内容创意，在于通过对创意、想象力、创造力的再开发而不断实现版权商业价值。[①]而面临运营资金紧张的现实压力，国内数字文化产业普遍存在发展策略雷同、数字文化产品同质化严重、知识产权意识不强等问题，为数字文化产业的可持续发展带来隐患。内容、技术、模式、业态和场景创新方面的不足，将导致数字文化企业市场竞争力弱，缺乏创新和特色，无法满足市场对多元化、个性化数字文化产品的需求，也将很难生产出具有国际竞争力的优质数字文化产品。长此以往，国内数字文化产业创新成长空间将被进一步压缩。

5. 数字文化产业监管治理亟需完善

随着文化和科技融合发展的深度和广度不断拓展，数字文化产业领域新业态、新场景不断涌现，容易出现受旧制度制约或监管真空的情况。当前我国数字文化产业领域知识产权保护、评价、运用等机制还不健全，行业自律水平有待提高。严监管环境的成本是市场活力不足，宽监管环境的代价是劣质文化产品的涌入。[②]如何针对数字文化产业快速发展采取严宽适当的监管是对政府治理能力的考验，这也迫切要求数字文化产业发展监管模式和机制的创新与健全。

三、观念变迁：人文经济学视野下的数字文化产业

（一）作为新经济形态的数字文化产业

数字文化产业是随着新时期文化产业转型升级而来的新业态。数字文化产业概念的提出与发展，正是基于数字技术对文化经济的深刻影响而产生的新兴课题。到目前为止，关于数字文化产业的范围界定、映射和概念建模的研究，专家学者仍然更多地关注其产品或服务。在主流经济学的语境下，数字文化产业可以被定义为以数字技术和文化资源为基础支撑，以创意设计、内容开发和版权利用为核心驱动力，与多元业态融合共生而形成的新经济形态（图 1）。

---

① 李婷．基于文化自觉的中国数字娱乐产业研究［M］．上海：上海交通大学出版社，2020：148.

② 顾江．文化强国视域下数字文化产业发展战略创新［J］．上海交通大学学报（哲学社会科学版），2022，30（4）：12–22.

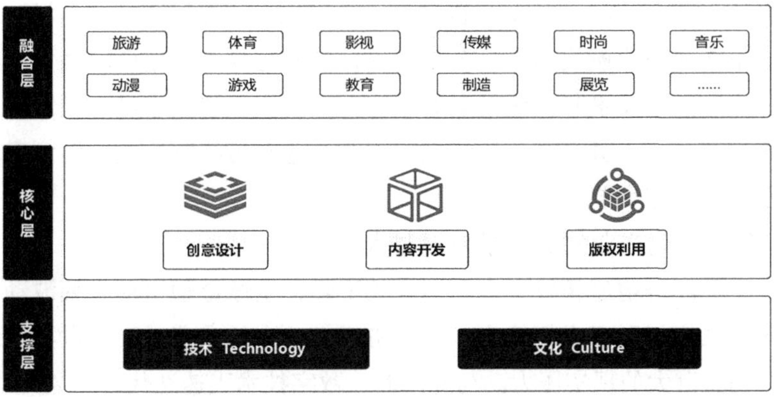

图 1　数字文化产业结构图

数字文化产业以技术和文化为输入，以经济价值和文化影响为输出，通过融合渗透带动多个产业领域发展。具体而言，数字文化产业可以划分为三个层次。

1. 支撑层——技术与文化的双轮驱动

自从人类进入工业社会以来，技术对文化的塑造日益成为一种强势的力量，持续改变着人类的知识环境。根据历史经验总结，这种塑造一般会分为三个阶段。第一个阶段是产生创造性的想法，第二个阶段是形成可实际应用的早期产品，第三个阶段是迭代出具有普及性意义的里程碑产品。在当今社会，每个阶段之间的过渡时间正在加速缩短。时至今日，传统的文化产业尚未建立起清晰成熟的知识体系，就已经被各种时兴的技术裹挟着迈入数字时代。传统文化资源为数字文化产业提供了深厚的数据资产，数字技术贯穿于文化资源生产和消费的全链路之上。不断迭代发展的数字技术和内涵丰富的文化资源相互叠加，两者有机融合、协同发展，成为支撑数字文化产业持续发展的动力源头和价值锚点。

2. 核心层——从创意创新来，向内容版权去

数字文化产业的核心产出是通过数字内容和创新设计生成具有版权属性的创意成果。数字文化产业基于文化资源进行数据化提取和创意性利用，通过对数字技术和文化艺术资源的创新性转化，形成具有清晰知识产权（IP）权属的生产要素，并使其进入市场中流通，以多元创意的内容形态链接传播渠道和消费市场，实现创意性内容创作与工业化规模生产的结合。

3. 融合层——连接一切，成为一切

技术变革推动产业融合，边界消融催生新业态。随着人工智能、VR、AR、5G

和IOT等技术的发展成熟，大众消费将进一步迎来从“在线”到“在场”的感知力重塑。产业结构和商业模式不断变革和创新，产业边界不确定性增强且具有强大的内生动力。借助数字技术和文化创意的赋能，数字文化产业通过跨领域的交叉融合形成新业态和消费点，进而推动传统文化创意产业和传统制造业的转型升级，为社会经济的发展提供新动能。

（二）数字文化产业的高质量发展与人文关怀

当前，世界经济增速相较历史同期大幅下降，全球金融市场大幅波动，伴随而来的是全球金融市场财富大幅缩水。在经济增长乏力的大背景下，世界地缘政治稳定秩序正面临着巨大的现实压力。与此同时，数字技术飞速迭代，以AI技术为代表的“技术奇点”日益临近，给人类的未来带来更多不确定的挑战。面对日益复杂化、动态化、多元化的世界变局，急需回归以人文精神为核心的价值判断体系，以科学理性和人文精神的有机结合来激活经济增长与文化繁荣。

源于西方的主流经济学历经百年发展，已经构建起完整的理论体系和分析框架。然而，主流经济学以效率至上的单维目标并不能解决所有的经济问题，人文经济学思潮的悄然兴起伴随着对经济学中的“数学逻辑形式主义”和“工具理性”趋势的质疑和抵制。① 从历史上看，人文主义作为西方文艺复兴时期的主要思潮，从人性论出发，主张思想自由和个性解放，承认人的复杂需求、呼吁政府政策中要体现人文关怀精神。但这种强调“以人为本”的传统却被后来的正统经济理论埋没。② 国内研究发现，汉语中的“人文”一词，最早出自《周易》。虽然“人文”的概念在古代中国哲学视野里源远流长，但华中师范大学教授李广柏认为“晚明社会和清朝前期以李贽、汤显祖、戴震、曹雪芹等人为代表的启蒙思潮，最适宜称为人文主义”。另有学者指出，把自然、人性和历史视为一个有机的整体，以人文化成天下，强调积极入世的人生态度，这是中国传统文化人文主义的基本特征。③

人文经济学主张人是经济增长的基础和动力，“没有人民大众的健康身体、向上精神、和谐关系，不可能有真实而持续的经济发展、经济创新”。④ 数字文化产业的可持续发展依赖于人的文化繁荣、社会和谐、政治稳定。反思当前数字文化产业发

① 梁碧波，李永杰，周怀峰．人文经济学的理论渊源、演进轨迹和发展趋势［J］．江汉论坛，2008（1）：16-19.

② Browning B. Development：Amartya Sen：The Returu of Humane Economics［N］. News Weekly，2000-08-15.

③ 刘岳兵．王船山与中国人文主义传统［J］．船山学刊，1995（01）：65-71+85.

④ 陈忠．人文经济学与中国式现代化苏州样本［J］．江苏社会科学，2023（5）：29-34.

展中所出现的种种问题，背后折射出的是过度追逐经济增长，缺乏对人性与人心层面的观照。数字文化产业的内容创意与商业创新理应从“人的全面发展”出发，进而驱动数字与文化、人文与经济的互动关系步入上行通道，形成良性的高质量发展循环。

四、商业创新：基于人文经济学的创新策略建议

国内外关于商业创新的研究汗牛充栋，学者们基于不同的学科背景与应用场景对其展开研究，提出诸多数字技术驱动下文化企业商业创新的理论、实践、策略和路径。[①] 与文化产业相同，数字文化产业本质上也是一种意义和价值的生产。但数字文化产业的生产、流通和消费等诸环节因为受到数字技术的改变，而表现出与文化产业不尽相同的特征。传统意义上的商业创新是整合组织、利益相关者，以获取超额利润为目的，从而采取的制度安排与创新意图。[②] 数字文化产业的商业创新则需要充分结合中国式现代化的人文底色，反思传统商业创新策略的利弊，注重创造可持续的高质量发展范式。

（一）商业战略创新：回归价值主张的人本化

价值主张被视为一种战略工具，最早用以阐明企业如何通过消费者认为有价值的属性，去分析消费群体并将所创造的价值传递给消费者。[③] 当前学界普遍将价值主张认为是商业创新的重要组成部分，典型的价值主张类型包括经济、功能、情感和象征等。[④] 无论从何维度进行划分，价值主张最终都是用于描述企业向消费者提供价值的承诺。

价值主张需要不断适配社会的动态发展情境，企业通常会基于对内外部环境的感知、资源的获取，以及自身的能力等多重因素构建有效的价值主张。而在数字化背景下生存，人们表现最迫切的是对信息度、诚信度、差异度和关怀度的需要。[⑤] 针

---

① 李有文，郝挺雷．数字技术驱动下文化产业商业模式创新研究综述［J］．歌海，2020（5）：18–23.

② 陈德球，张雯宇．商业模式创新战略与企业高质量发展［J］．管理学季刊，2022，7（2）：41–52+188.

③ Lanning M J，Michaels E G A Business Is a Value Delivery System［J］. McKinsey Staff Paper，1988（41）：53–57.

④ 张璐，雷婧，张强，等，纲举而目张：基于价值主张演变下商业模式创新路径研究［J］．南开管理评论，2022，25（4）：110–119.

⑤ 刘泰来．试论人文经济学［J］．山西高等学校社会科学学报，2005，17（2）：50–54.

对当前人们普遍存在的焦虑和惶恐情绪，回归“以人为本”的价值主张有助于突破传统运营思维，进而围绕价值主张形成系统的商业模式架构体系，解决人民日益增长的美好生活需要和不平衡不充分的发展之间的矛盾。数字文化产业商业战略创新的起点、动力和目标都需要立足于“人”，使自身价值主张与人的深层次需求产生共鸣，以此为基点不断提高数字文化产品的供给能力，促进数字文化产业健康发展。

（二）商业技术创新：重塑价值创造的主体性

价值创造以价值主张为基础，聚焦需求侧（受众）的消费体验及主观感知，强调对个性化和多元化用户需求的满足。从古至今，文化的生产都在不断地吸纳新生的技术。在数字经济时代，价值创造的过程融入了智能化、数字化和网络化等形式。[①]北京大学的向勇教授指出，数字技术从根本上改变了文化生产的创意、生产、传播、流通和消费等价值链的生成机制与内生结构，大大提高了文化创意的产生速度。[②]

当前，通过识别和利用数字技术机会实现价值创造已成为行业普遍共识。尤其是以生成式人工智能（AIGC）技术为代表的新型数字文化内容生产模式，通过个性化定制内容、塑造人机共情影响人们的感性认识并涉足精神文化领域。[③]相比传统的文化产业领域的价值创造，AIGC技术呈现出自动化、大批量和高效率[④]等特点，并且面向不具备专业技术条件的人，提供低门槛的准入途径，极大地扩充了数字文化从业者的覆盖面，这些从业者在真正意义上形成创意者网络和创意阶层，构建出推动社会创新的创意生态[⑤]。

从长期发展来看，新的技术环境改变了企业链接相关利益者的范围与方式，进而推动数字文化产业建立新的参与主体和参与形式。整体上讲，数字技术对文化产业的深刻影响与共生趋势不可逆，但数字技术中隐含的伦理和治理风险必须得到正视。数字文化产业的长效发展离不开对人类主体性的聚焦，仍需秉持“以人为本”的价值主张。在人机共创中，人类与机器互相衡量，共同推动内容生态发展，创造

---

① 任保平，王子月．基于政治经济学视角的数字经济价值创造与分配［J］．学术研究，2023（8）：76–83.

② 向勇．数字文化产业高质量发展的融合机制：连接、赋能与共生［J］．学术前沿，2022（23）：32–39.

③ 萧萍．具身、想象与共情：人工智能音乐生成与传播的技术现象学研究［J］．现代传播（中国传媒大学学报），2022（9）：155–161.

④ 胡泳，刘纯懿．UGC未竟，AIGC已来：“内容”的重溯、重思与重构［J］．当代传播，2023（5）：4–14.

⑤ 向勇．“创意者经济”引领数字文化产业新时代［J］．人民论坛，2020（19）：130–132.

更好的精神文化体验。[①]

（三）商业营销创新：构建价值传递的连接性

价值主张和价值创造的成果需要经过价值传递的过程方能抵达受众，以实现产品销售和消费者认可。价值传递的过程往往通过营销手段实现，不同的时代有着不同的营销理念、传播方式和品牌策略，进而催生了新型客户关系管理方式。

在当前的数字技术与营销环境下，商业营销创新的重心多集中于社交网络媒体领域。数字技术手段的成熟，推动商业营销呈现出与以往不同的“科学性”和“预见性”，但这也让许多品牌陷入过度追求流量效果和数据转化的陷阱。此外，在竞争激烈的国内市场中，大量品牌针对爆款和热点进行复制和模仿，遍地都是“跨界联名”“IP 授权”。长期同质化的饱和式营销攻势，容易使消费者产生认知疲劳，甚至会起到反向营销的负面作用。随着注意力红利日渐式微，品牌想要从产品本身冲出重围越来越难。传递独特的价值主张、强化自身品牌连接变得越来越重要。

于数字文化产业而言，价值传递的有效性取决于内容的质量与创新。这意味着数字文化产业的商业营销创新要以内容为支点和入口构建系统性的连接。在营销对象上，要激活消费者参与的共创连接，培育跨越代际的认知连接；在内容生产上，要注重身份认同的文化连接，挖掘唤起共鸣的情感连接；在营销手段上，要表达时代审美的美学连接，形塑多元体验的场景连接。

（四）商业管理创新：强化价值获取的共创性

价值获取聚焦供给侧的收益方式及竞争优势，而数字技术与文化资源的结合，将以“共创”的方式，持续改良甚至重构数字文化产业的价值获取逻辑。

就“成本结构”端而言，由于当前数字技术的开放性和供应链的完备性，数字文化产业产品开发的成本大幅降低。基于成熟的商业化数字技术平台，数字文化产业的从业者从自身发展实际出发，理性采用适宜的数字技术，即可规避大量数字基础设施方面的投入，专注于实现文化资源生产的核心价值和基本功能。同时，文化资源的数字化共享能够吸引大量来自社会各界的创新主体以较低成本的投入并参与共创，突破传统文化资源开发的机制瓶颈、资金瓶颈、人才瓶颈等诸多供给端问题，带来整体产出水平的提升。因此，数字文化产业的从业者需要主动树立适应数字经济发展要求的思维意识，培育数字创新导向的组织文化，识别生态环境中潜藏的数

① 解学芳，高嘉琪 .AIGC 模式赋能数字文化创新的逻辑与善治：基于 ChatGPT 热潮的思考［J］. 江海学刊，2023（3）：86–95.

字化机会，积极投身于数字产品创新。

就“收入模式”端而言，新兴数字技术的广泛使用颠覆了传统视野中“生产者—消费者”的观念与模式。新生代、深互动、交互式的受众参与不仅为数字文化产业带来高黏性的消费群体，更有可能使其从文化生产的单向输出模式向动态交互的共创模式转变，形成内容生产的自增长闭环，产生巨大的文化正外部效应和创意扩散效应，在不同产业之间和地域之间形成跨界创新，最终推动收入来源多元化。

（五）社会责任创新：注重价值支持的人文性

随着数字文化产业的深入发展，未来的文化消费产品或将完全不同于早期虚拟世界的数字体验。虽然我们无法知晓下一代数字文化产业的风口在何处，但通过对元宇宙技术发展的观察，可以窥见数字文化产业走向虚实融合、数实共生的趋势。人们未来的生活形态包括现实世界、虚拟世界，以及由现实世界和虚拟世界交互构成的元宇宙世界等复合形态。[①] 现阶段数字文化产业的发展已经暴露出诸多治理层面的问题，因此也对数字文化产业领域的企业社会责任创新提出了新的要求。

回顾文献可以发现，大多数学者支持企业社会责任对创新的正向促进作用。[②] 企业社会责任的实践从早期形式单一的公益捐赠，到倡导“社会企业”“企业公民”“绿色创新”等创新性理论与解决方案，逐渐形成对商业创新可持续发展的价值支持体系。数字文化产业的发展指向满足人们文化消费的极致需求，它不只是一个产业门类的新概念，更是一种数字文明的新形态。从整体上看，数字文化产业发展导向必然从效率效用向人文关怀转变，企业社会责任创新的视野将立足于文明进步、经济发展的人文性，全面观照人们的心理和生理和谐，全力满足人们的公平和共同发展需求。

五、结　语

数字文化产业生态是一个具备组织形态的协作共生、内容导向的多元创新、技术形式的全景参与和盈利模式的多管齐下等特征的新商业生态。[③] 当前，关于数字文化产业的研究领域不断得以拓展，学术视野日渐开阔。本文基于数字文化产业的发

---

① 向勇．元宇宙文化治理的逻辑与路径［J］．人民论坛，2022（7）：48-51.

② 王海花，王莹，李树杰，李烨．企业社会责任与创新：一项 Meta 分析的检验［J］．技术经济，2023，42（8）：89-98.

③ 张铮．数字文化产业：体系与效应［M］．北京：新华出版社，2021：40-71.

展与挑战，结合人文经济学相关视野对数字文化产业进行了多向度的探索。作为新经济形态的数字文化产业在商业创新中呈现出独特的价值逻辑，其高质量发展有赖于人文关怀的全链条植入。回归人本的价值主张、重塑主体的价值创造、多元连接的价值传递、有效的价值获取、人文观照的价值支持是数字文化产业商业创新的内在动力所在。由于研究者的知识素养和研究能力有限，本次研究依然存在很多局限。未来探究数字文化产业合理利用数字技术，明确改变价值创造方式、提高价值创造效率、拓展价值创造载体和增强价值获取能力的作用机制，对于数字文化产业的创新开发和创意转化有着重要的理论和实践意义。

【参考文献】

［1］李婷．基于文化自觉的中国数字娱乐产业研究［M］．上海：上海交通大学出版社，2020.

［2］张铮．数字文化产业：体系与效应［M］．北京：新华出版社，2021.

［3］周庆岸．中国文化产业数字化发展水平测度、影响因素及经济效应研究［D］．南昌：江西财经大学，2023.

［4］杨君武，陈少通．中国数字文化产业“走进东盟”的发展：现状、挑战与路径［J］．广西社会科学，2023（5）：69–76.

［5］顾江．文化强国视域下数字文化产业发展战略创新［J］．上海交通大学学报：哲学社会科学版，2022，30（4）：12–22.

［6］梁碧波，李永杰，周怀峰．人文经济学的理论渊源、演进轨迹和发展趋势［J］．江汉论坛，2008（1）：16–19.

［7］刘岳兵．王船山与中国人文主义传统［J］．船山学刊，1995（01）：65–71+85.

［8］陈忠．人文经济学与中国式现代化苏州样本［J］．江苏社会科学，2023（5）：29–34.

［9］李有文，郝挺雷．数字技术驱动下文化产业商业模式创新研究综述［J］．歌海，2020（5）：18–23.

［10］陈德球，张雯宇．商业模式创新战略与企业高质量发展［J］．管理学季刊，2022，7（2）：41–52+188.

［11］张璐，雷婧，张强，等．纲举而目张：基于价值主张演变下商业模式创新路径研究［J］．南开管理评论，2022，25（4）：110–119.

［12］刘泰来．试论人文经济学［J］．山西高等学校社会科学学报，2005，17（2）：50–54.

［13］任保平，王子月．基于政治经济学视角的数字经济价值创造与分配［J］．学术研究，2023（8）：76–83.

［14］向勇．数字文化产业高质量发展的融合机制：连接、赋能与共生［J］．学术前沿，2022（23）：32–39.

［15］萧萍．具身、想象与共情：人工智能音乐生成与传播的技术现象学研究［J］．现代传播（中国传媒大学学报），2022（9）：155–161.

[16] 胡泳，刘纯懿.UGC未竟，AIGC已来:“内容”的重溯、重思与重构［J］.当代传播，2023（5）：4–14.

[17] 向勇．“创意者经济”引领数字文化产业新时代［J］.人民论坛，2020（19）：130–132.

[18] 解学芳，高嘉琪.AIGC模式赋能数字文化创新的逻辑与善治：基于ChatGPT热潮的思考［J］.江海学刊，2023（3）：86–95.

[19] 向勇.元宇宙文化治理的逻辑与路径［J］.人民论坛，2022（7）：48–51.

[20] 王海花，王莹，李树杰，等.企业社会责任与创新：一项Meta分析的检验［J］.技术经济，2023，42（8）：89–98.

[21] Browning B. Development：Amartya Sen：The Return of Humane Economics［N］. News Weekly，2000–08–15.

[22] Lanning M J，Michaels E G. A Business Is a Value Delivery System［J］. McKinsey Staff Paper，1988，41（41）：53–57.

流动性：元宇宙视角下数字文化产业发展新思路

陈娴颖[①] 林心怡[②]

【内容提要】 数字文化产业整合了数字技术和网络通信技术，在中国文化产业和数字经济的发展中发挥着至关重要的作用。2020年迄今，元宇宙成为全球科技公司、创投资本的活跃场，极大地促进了数字经济的发展并为文化产业绘制未来蓝图。流动性理论，作为一个逐渐通用的学术视角，为元宇宙与数字文化产业的交叉研究提供了理论桥梁。沿袭历史线索，梳理流动性理论的嬗变与当下发展趋势，本文发现数字文化产业中存在实体与虚拟两方面的流动。实体方面，有文化空间中人的流动、文化数据与文化记忆的流动等；虚拟方面，有文化理念与审美的流动、人机道德的流动等。基于此，本文提出如下发展思路：建立数字游民培育新模式；建立文化数据确权流通体系；颁布数字文化社区建设和数字文化价值观培育引导政策。

【关键词】 数字文化产业；流动性；元宇宙；政策启示

Mobility: New Ideas for the Development of the Digital Culture Industry from a Metaverse Perspective

Abstract: The digital cultural industry integrates digital technology and network communication technology, playing a crucial role in the development of Chinese cultural industry and digital economy. Since 2020, the metaverse has become a vibrant arena for

---

① 陈娴颖，北京大学艺术学博士，中国传媒大学文化产业管理学院副研究员，硕士生导师，文化产业管理系副主任。主要研究方向：区域文化产业、公共文化管理、文化科技融合等。
② 林心怡，中国传媒大学硕士研究生。

global technology companies and venture capital, significantly boosting the development of the digital economy and shaping the future of the cultural industry. Mobility theory, as an increasingly common academic perspective, provides a theoretical bridge for interdisciplinary research between the metaverse and the digital cultural industry. Following historical traces and analyzing the evolution and current trends of mobility theory, this paper identifies two aspects of mobility in the digital culture inclustry: physical, such as the movement of people in cultural spaces, and the flow of cultural data and cultural memory; and virtuall, such as the flow of cultural ideas and aesthetics, and the mobility of human-machine ethics. Based on this, this paper proposes the following development ideas: establishing a new model for nurturing digital nomads; creating a system for the rights and circulation of cultural data; and enacting policies to guide the construction of digital cultural communities and the cultivation of digital cultural values.

Keywords: Digital Cultural Industry; Mobility; Metaverse; Policy Implications

数字文化产业是文化产业与数字经济深度融合产生的一种全新产业形态，分为四大类，即数字文化技术设备制造业、数字创意内容业、数字化文化娱乐业和数字化文化服务业（许艳萍，岳强，2024；向勇，2022）。[①②] 作为数字经济的核心组成部分，数字文化产业已成为数字时代我国文化产业发展的重点方向，探索数字文化产业的发展路径是新时代需要探索的重点课题。党的二十大报告强调，“推动战略性新兴产业融合集群发展，构建新一代信息技术、人工智能、生物技术、新能源、新材料、高端装备、绿色环保等一批新的增长引擎”。元宇宙是新一代信息技术的集大成应用，具有巨大的未来发展潜力。在党的二十大报告的指引下，工业和信息化部办公厅、教育部办公厅、文化和旅游部办公厅、国务院国资委办公厅、国家广播电视总局办公厅在2023年联合印发了《元宇宙产业创新发展三年行动计划（2023—2025年）》，强调建设先进的元宇宙技术和产业体系。习近平总书记在中共中央政治局第十一次集体学习时强调：“发展新质生产力是推动高质量发展的内在要求和重要着力点，必须继续做好创新这篇大文章，推动新质生产力加快发展。”可以预见，元宇

① 许艳萍，岳强. 数字经济背景下数字文化产业高质量发展路径研究［J］. 经济问题，2024（03）：92–97.

② 向勇. 中国数字文化和旅游产业发展报告［M］. 北京：中国旅游出版社，2022：278–281.

宙技术在未来将会深度影响我国数字经济与文化产业。面对数字文化产业和元宇宙方兴未艾的局面，本文着重探讨二者的关系，分析元宇宙会如何重塑数字文化产业的基本形态。

当前，关于数字文化产业的文献成果聚焦于探究数字文化产业的发展路径和数字文化产业的区域经济效益。例如，许艳萍和岳强（2024）认为，高质量发展数字文化产业，需要以数字文化建设为核心，通过提升文化生产的数字化水平，加快文化产业技术标准建设，以及建设高水平文化平台促进数字文化产业可持续发展。元宇宙作为2020年后的新生事物，会对数字文化产业带来何种影响尚未引起学者的广泛关注。当前元宇宙相关的文献成果聚焦于探讨元宇宙的概念。以喻国明（2021）为代表的学者认为，元宇宙是“从互联网进化而来的一个实时在线的世界，是由线上、线下很多个平台打通所组成的一种新的经济、社会和文明系统”。向勇（2023）认为，元宇宙是构成人们生活世界的多元世界，是现实世界与虚拟世界交互的超越世界。本文在现有文献研究的基础上，探索在元宇宙的背景下，数字文化产业的可持续发展路径，这一议题有利于为数字文化产业发展路径的研究提供新的视角。文本框架图如下（图1）。

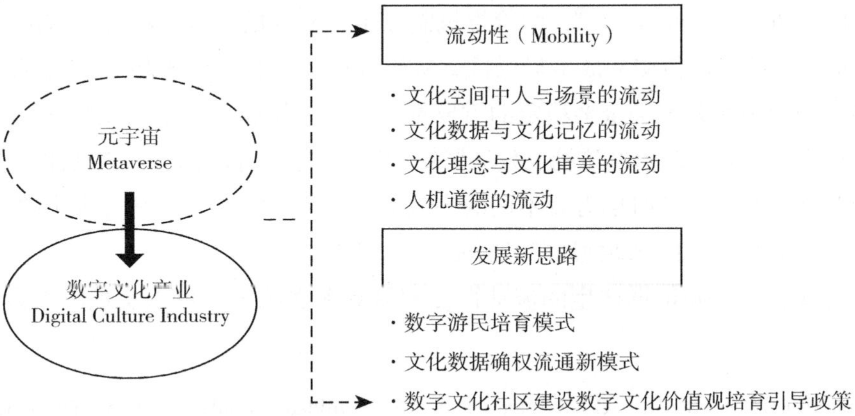

图1 《流动性：元宇宙视角下数字文化产业发展新思路》框架图

一、概念界定与理论基础

（一）数字文化产业中的元宇宙相关概念

数字文化产业中，元宇宙的相关概念主要有四大基础：数字资产（Digital assets)、虚拟社交(Sociabilidad virtual)[①]、用户生成内容(UGC)、人工智能生成内容(AIGC)。数字资产指的是，存储在计算机、智能手机、数字媒体或云中[②]的任意文本或媒体项目(包括使用权)[③]，例如数字货币、非同质化通证(NFT)、虚拟地产、数字艺术品、虚拟商品和服装、数字音乐和电子书、游戏中的道具和货币等[④]以电子形式存在的、有价值的资产，它可以被创建、交易、分发和归属于元宇宙的用户。虚拟社交用户在一个共享的虚拟空间中进行社区建设，在数字环境中探索新形式的社会性。用户生成内容指的是，用户创建的内容，如视频、图片和其他形式的媒体，区块链技术的配合可以确保数据安全性和客观性。[⑤]人工智能生成内容指的是，人类向计算机输入文字、图像、视频等，计算机通过网络数据库给出回应后，人类通过提示词(Prompt)调试以获得最终媒体内容。现阶段较为显著的行业应用分为文生文(ChatGPT、通义)、文生图(Midjourney)、文生视频(Pika)等。

(二)流动性理论的嬗变

“流动性”是一个在各个学科中具有不同含义的术语。从英文释义来看，流动性被分为针对经济和金融的“Liquidity”与针对社会经济学、地理移动与人口迁徙、信息技术领域的“Mobility”。前者依托Coase(1937)提出的交易成本理论中的流动性假说(Liquidity Hypothesis)[⑥]，即价格机制在组织交易的过程中存在某些成本，交易指令的迅速执行能使交易成本降低且交易行为不会对市场价格造成影响。换言之，流动性是衡量市场效率和金融稳定的重要指标，与交易成本呈负相关关系。后者的含义范畴更广，并与政治经济社会发展紧密相连。在这一视角下，“流动性”在奴隶社会便存在，在不同的时期有着不同的表现形式，成为推动人类社会进步的重要力量之一。本文所涉及的流动性属于“Mobility”的范畴。

在古代，开放新市场产生的流动性使贸易商和熟练工人可以实现收入最大化，

---

① Zapatero C D M, Señán B G, Román S R A J. Sociabilidad Virtual: la Interacción Social en el Ecosistema Digital [J]. Historia y Comunicación Social, 2017, 22(1): 233–247.

② Cecconi F R. Dejaco M C, Moretti Nicola et al. Digital Asset Management [J] //Daniotti B, Gianinetto M, Torre S T. Digital Trans formation of the Design, Constuction and Management Processes of the Built Environment. Berlin: Springer Nature, 2020, 243–253.

③ Toygar A, Taipe Rohm Jr. C E, Zhu J. A New Asset Type: Digital Assets [J]. Journal of International Technology and Information Management, 2013, 22(4): 113–119.

④ Mirkovi P. Digital Assets: A Legal Approach to the Regulation of the New Property Law Institute [J]. Pravo, 2023, 40(suppl): 17–31.

⑤ 江兴才.基于区块链的UGC元素设置方法、装置及设备：CN110585714 A [P]. 2019-12-20.

⑥ Coase R H. The Nature of the Firm [J]. New Series, 1937, 4(16): 386–405.

但会受到季节与极端天气影响，文化流动也并不显著。20 世纪 50 至 80 年代，流动性并不来源于人自身的目的，而是被视为发展经济和政治建设的工具，例如连接东欧与远东和非洲的流动性体系中，以新近脱离殖民统治国家的大学生以及劳工移民（主要来自古巴、越南和莫桑比克）为代表的群体流动（Alena K et al.，2023）。[①]20 世纪 90 年代，在全球化背景下，下层人口更倾向于迁移至其他地区，而非采取暴力革命的手段，“流动”慢慢取代了“革命”，成为历史的驱动力之一，但同时也变为一个针对下层人口的标签（Weng Z，2022）。[②] 可以说，从欧洲近代早期到当代，有关“流动性”概念的语义概述，逐步走向开放、包容，并在当代被认为是一种超越当地视野的历史和社会现象，起到塑造社会的作用。法兰克福学派和伯明翰学派都在各自领域应用了“流动性”概念。法兰克福学派虽未将流动性纳入作品的主要叙述，但研究者依然可以在他们对社会结构和文化再生产的批评和隐喻中发现流动的存在，例如，霍克海默将个人在社会阶层间流动或挑战主流意识形态的潜力归述为“一种智力或意识形态流动的形式”。伯明翰学派则更直接地揭示大众文化中的流动状态，注重传播研究物质的发展。斯图亚特・霍尔也在社会结构、身份认同以及文化传播方面认证了流动的广泛性。利奥・博萨尼（Leo Bersani，性、艺术和文化研究领域的杰出人物）在 1985 年出版的关于古亚述叙事雕塑的作品集《暴力的形式》中，正式提出了“Mobility”的概念，并从视觉分析领域对“Mobility”进行了具体的阐述和运用。[③] 这表明了“流动性”可以为艺术与物理搭建桥梁（Davis W.，2022）。[④]

从流动的向度来看，“第二现代性”（Beck U.，2008）[⑤]、“反思的现代性”（Gidden A.，1998）[⑥]、“液态现代性社会”（Bauman Z.，2000）[⑦] 等理论皆认同时间、空间

① Alena A，Mobility：Education and Labour［J］//Mark J，Betts P eds. Socialism Goes Global：The Soviet Union and Eastern Europe in the Age of Decolonisation，New York：Oxford University Press，2022：290–317.

② Miskolczi M，Földes D，Munkácsy A，et al. Urban mobitity scenarios until the 2030s［J］. Sustainable Cities and Society，2021（72）：103029.

③ Bersani L，Dutoit U. The Forms of Violence：Narrative in Assyrian Art and Modern Culture［M］. New York：Schocken Books，1985.

④ Davis W. Sculpture in Herder's Naturalist Aesthetics［J］. The Journal of Aesthetics and Art Criticism, 2022，80（2）：239–243.

⑤ Beck U. Risk Society：Towards a New Modernity（Vol.17）［M］. Los Angeles：SAGE Publication Ltd，1992.

⑥ Giddens A. Modernity and Self-identity：Self and Society in the Late Modern Age［J］//Seidman S. Alexander J C eds. The new social theory reader［M］. London：Routledge，2020：354–361.

⑦ Bauman Z. Liquid Modernity［M］. Cambridge：Polity Press，2000.

是流动性的关键维度。“流动空间”理论认为，空间流动在全球化时代已成为切身体验，新的空间逻辑形成并非意味着空间变得“无地方性”，而是地方与空间相连接（Castells M，1997）。[①]有学者进一步解构了流动中的人、物和思想及其社会意义，并指明人的实体旅行、物体的流通、想象旅行、虚拟旅行和交流旅行五种相互依赖的流动系统和流动体验（Urry et al.，2006）。[②]

伴随理论范畴和实践空间的拓展、嬗变，流动性成为地理学、人类学等领域的重要研究视角之一。[③]具体到传播学领域，学者们关注传播媒介与要素流动间的互动关系。例如，英国媒介和文化研究代表人物 David Morley 在 *Communications and Mobility: The Migrant, the Mobile Phone, and the Container Box*[④]一书阐述了一种超越“媒体中心主义”的流动范式[⑤]，说明了新媒介驱动下的各要素产生了流动属性。此外，也有学者将流动纳入文化的定义范畴，认为文化是基于全球文化流动所构成的跨国“想象景观”（Appadurai A，2010）[⑥]。

可以说，学者们大多从交通位移[⑦⑧]、人口[⑨⑩]、移民[⑪⑫]、数据[⑬]、信息[⑭]、技

① Castells M. The Rise of the Network Society（2nd Edition）［M］. Oxford：Wiley-Blackwell，2010.

② Sheller M，Urry J. The New Mobilities Paradigm［J］.Environment and Planning A：Economy and Space，2006，38（2）：207–226.

③ 覃云云，梁慧娴．一日双城：深港流动中的跨境母职［J］．妇女研究论丛，2022（03）：36–57.

④ Morley D. Communications and Mobility：The Migrant，the Mobile Phone，and the Container Box［M］. New Jersey：Wiley-Blackwell，2017.

⑤ 王鑫．物质性与流动性：对戴维·莫利传播研究议程扩展与范式转换的考察［J］．国际新闻界，2020，42（09）：159–176.

⑥ Appadurai A. Modernity at Large：Cultural Dimensions of Globalization［M］. Minneapolis：University of Minnesota Press，1996.

⑦ Belyakov V V，Mazunova L N，Markovnina A. I. Mobility of ground transport and technological vehicles［J］. IOP Conference Series：Materials Science and Engineering，2021，1086（1）.

⑧ Miskolczi M，Földes D，Munkácsy A，et al. Urban mobility scenarios until the 2030s［J］. Sustainable Cities and Society，2021（72）：103029.

⑨ 宫攀，张槊．产业集聚模式对城市人口规模的时空效应研究——来自 275 个地级及以上城市的经验证据［J］．人口与发展，2022，28（04）：59–74.

⑩ 周大鸣，肖明远．改革开放后珠江三角洲外来人口政策迭代研究［J］．社会科学战线，2022（08）：210–220.

⑪ 夏志，刘云刚．流动性视角下三亚俄语区移民的空间实践与身份建构［J］．地理科学进展，2023，42（03）：505–517.

⑫ 芮旸，金淘，林静怡，等．中国传统村落人口外流场的空间识别与形成机制——基于第四、五批国家级传统村落的初探［J］．地理研究，2023，42（05）：1248–1266.

⑬ 肖晓雷，赵雪莲．我国跨境数据流动治理的研究综述［J］．信息网络安全，2022，22（10）：45–51.

⑭ 高修娟．远程养育：信息技术与人口流动对子女养育的叠加影响［J］．中国青年研究，2023（07）：104–109.

术[①]、岗位职业[②③]、居住[④⑤]、老年旅居[⑥]等方面表达了对“流动”的理解，更多关注“实体要素”的流动，却忽视了“虚拟要素”的流动，如集体记忆[⑦]、知识[⑧]、教育[⑨]的流动等。本文认为，文化社会的发展除人口、知识、信息、技术等现实要素在空间中的流动外，还存在虚拟要素的流动，比如文化交互、人机道德的流动等。

本文基于对流动性范式的历史梳理，探讨了当下数字文化产业呈现的流动模式，包括文化空间中人与场景的流动、文化数据与文化记忆的流动，此外从文化理念与文化审美的流动、人机道德的流动等（虚拟要素的流动）方面，完善了流动性理论，探析元宇宙中文化流动的存在方式。

二、元宇宙视角下的数字文化流动模式

（一）文化空间中人与场景的流动

人的流动，指文化生产者的跨区域流动和文化产业集群从现实到虚拟的转向。人的流动，是文化流动的关键要素。通过产业集聚形成文化园区，文化主体聚集起来进行文化生产。近年来，伴随文化内容、信息资源和数据资本的可转移性大幅提升，文化工作者将文化生产与服务扩散至社区、乡村（而非固定办公场所），开始跨区域流动。这种由于技术革新带来的人口迁移趋势，在社会学中被称为数字游民现象（也被称为数字游民运动）。数字游民的主要身份为远程工作者、自由职业者、无

① 赵强，沈悦，朱雅玲．要素流动视角下的地方政府竞争与制造业升级［J］．现代财经（天津财经大学学报），2023，43（08）：82–97.

② 乔雪峰．新发展格局下县域教师交流轮岗的政策驱动机制及其优化［J］．南京师大学报（社会科学版），2022（05）：54–64.

③ 赵晔琴，古茳欢．职业稳定性与代际差异：基于上海居民职业经历的追溯调查［J］．人口与发展，2023，29（06）：111–121.

④ 柳武妹，肖海谊，王雪枫．居住流动性与消费：基于调节定向理论的阐释［J］．心理科学进展，2022，30（11）：2595–2606.

⑤ 冯智明．流动的时空与恒久的家屋——桂西北高山汉人木构营造技艺变迁［J］．青海民族研究，2022，33（03）：110–115.

⑥ 刘斌，杨钊，刘永婷，等．身体、情感与空间：老年人休闲旅居的具身体验［J］．人文地理，2023，38（01）：169–180.

⑦ 刘玄宇，刘云刚．流动中的地方记忆：南海渔民的流动性与集体记忆建构［J］．热带地理，2022，42（07）：1128–1137.

⑧ 储节旺，李佳轩，唐亮亮．元宇宙视域下的知识生态系统探析——要素、机理与展望［J］．情报科学，2023，41（04）：10–16+25.

⑨ 金紫薇，邓友超．中国教育的流动逻辑［J］．清华大学教育研究，2023，44（02）：30–42.

固定地点工作者和在线创业者[①]，他们（基于数字技术、数据资本的驱动）借助人工智能等新质生产力进行文化内容的搬运、携带、储存、生产、售卖、流通的过程，被视为数字游民在元宇宙“第三空间”中的数字文化生产。

场景的流动，分为文化生产场景和文化消费场景的流动（图 2）。文化生产场景的流动，表现为文化产业园区建设转向文化园区虚拟集群建设。过往研究中，向勇（2016）将中国的文化产业园区集聚形成的动因分为社会模式、经济模式、政府模式、多元模式。[②]可以说，产业集聚是经济学与地理学针对朝阳产业共同认可的发展模式。[③]这种思路同样被投射进数字城市的建设中，因此文化产业园区开始对虚拟集群进行管理。园区企业通过网络服务器、云软件便可实现远程剪辑和协作。文化消费场景的流动，表现为全沉浸式展呈、交互的消费空间，其可分为现实消费空间与虚拟消费空间，现实消费空间多指结合了数字技术的沉浸式演绎、景区、夜游、互动游戏等的文化场景和活动，虚拟消费空间则指数字城市、数字园区、云展厅、虚拟博物馆等。可以说，当下的元宇宙发展，正让文化消费变为一种“流动性体验”，现实与虚拟正在弥合，其形成的数字文化“第三空间”更贴合“以人为本”理念，注重真实生活与虚拟世界的守望。

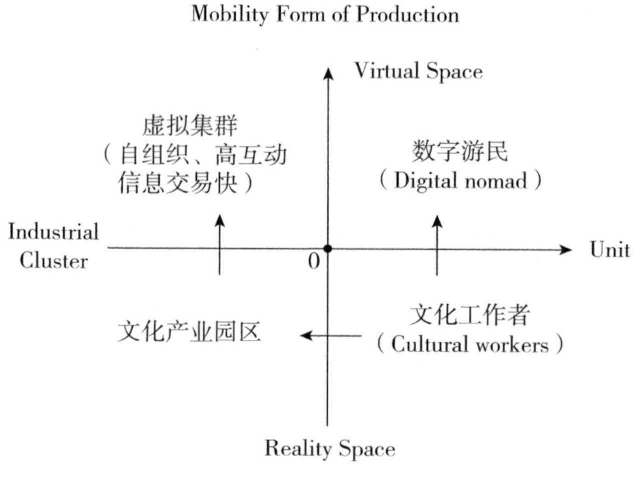

① 纳什，贾拉希，萨瑟兰，等 . 超越“数字游民”：数字游牧工作及其技术应用［J］. 青年探索，2023（06）：102–110.

② 向勇 . 文化的流向 发展文化产业学论稿［M］. 北京：中国文联出版社，2016.

③ 苗长虹，崔立华 . 产业集聚：地理学与经济学主流观点的对比［J］. 人文地理，2003，18（03）：42–46.

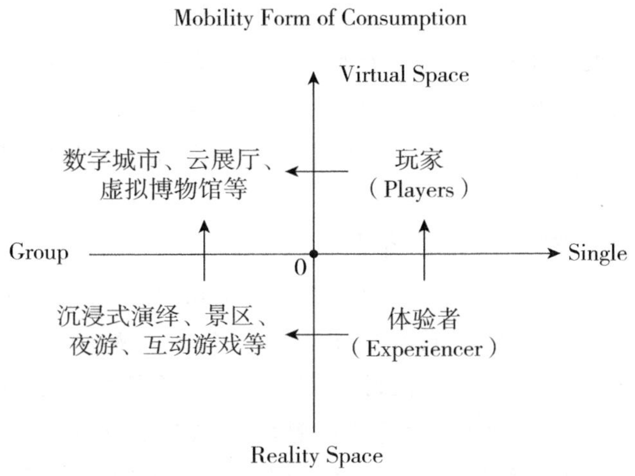

图 2　元宇宙视角下数字文化产业的生产——消费中人与场景的流动形式（2024 年）

（二）文化数据与文化记忆的流动

文化数据的流动，表现在文化大数据的再生产领域。当下数字时代文化产业发展，出现了技术、创意和数据等文化生产要素渗透文化生产全程，产业联动的边际成本降低，产权主体趋于多元等特征（祁述裕，2023）。[①]在国家文化大数据的指引与新质生产力的背景下，我国已对过往文化资源（包括文字、语音、图书、音乐、字画、动画和动作等）的数字化储存与保护进行铺陈。[②]虚实空间中的文化要素（知识、信息、图像、影像等）相互“转换—生产”，成为一种新的文化数据再生方式。虚拟空间孕育的文化元素借助 VR、AR、MR 等前沿科技手段无缝对接现实世界，反之亦然。这种虚实交互的生产流动模式，对中华优秀传统文化在新时代的创造性转化和创新性发展具有重要意义。

文化记忆的流动，主要指文化记忆存储在虚拟数字人之中，产生的主客体流动。记忆，是文化链接人的重要环节，也是传承历史与当下、维系社群认同的关键纽带。亨利·詹金斯的“参与文化”理论指出，网民的“共同记忆”成为大众文化的一部分并参与到社会建构的过程中。2021 年香港中文大学（深圳）蔡玮教授团队，为虚

① 祁述裕，闫烁．数字时代文化产业治理新特点与繁荣文化产业新思路［J］．山东大学学报（哲学社会科学版），2024（01）：21-29.

② 陈娴颖．“互联网 +”背景下的公共文化服务模式研究［J］．人文天下，2016（21）：7-11.

拟数字人建立数字记忆概念模型和信息框架，并称其为“记忆数字人”[①]。“记忆数字人”的数字记忆包括个体、家族、场域、文化、交往等五个存在相互交叉互动关系的组成部分。这为文化记忆机构在元宇宙中参与构建和长期保存数字记忆提供了人文社科研究支撑。[②]虚拟数字人作为元宇宙的主体性角色，承担着携带记忆的重要职责，并具备构建未来大众文化的能力。

（三）文化理念与文化审美的流动

文化理念的流动，体现在赛博文化与元宇宙文化的结合上。赛博文化始于加拿大科幻小说*Neuromancer*中的“赛博空间”概念（Gibson W，1984）[③]，该小说描绘了一个由计算机定义的兼容物质和代码的世界[④]。在媒介技术不发达的年代，赛博文化无法形成一个“圈子”，因此其体系下的黑客、NASA、计算机公司和军队机构等文化符号[⑤]也多出现于艺术作品[⑥]，属边缘亚文化。也囿于此，其包含的边缘亚文化属性（技术主义、拜物教、身体改造、反权威主义等）并未引起广泛讨论。伴随网络技术（Network Technique）的发展，尤其是元宇宙概念的提出，虚拟化、沉浸式、空间性变为文化议程中心。英文释义中，“网络空间（Cyberspace）”和“虚拟旅游（Cybertourism）”等概念同属“Cyber”。可以说，从文化根植层面，赛博文化、网络空间、虚拟现实、数字化已然形成互为绑定、镶嵌的文化整体，此语境中的文学艺术、发展理念、思维意识都不自觉地“Cyber化”。比如，元宇宙中部分用户注重IP属性，倾向于选择带有趣缘性的文化属人认同，在协作中（通过区块链、智能合约等技术）强调去中心化原则，确保合作过程的公正性、透明度。这种元宇宙文化，虽带有赛博文化的基因，但剥离了个人反抗和抗争的反集权暴力革命方式，更注重总体协作和理性决策。

文化审美的流动是文化理念流动的可视化展呈。元宇宙审美价值是元宇宙精神

---

① 程金华. 元宇宙治理的法治原则［J］. 东方法学，2022（02）：20-30.

② 夏翠娟，铁钟，黄薇. 元宇宙中的数字记忆：“虚拟数字人”的数字记忆概念模型及其应用场景［J］. 图书馆论坛，2023，43（5）：152-161.

③ Gibson W. Neuromancer［M］//Greer C，ed. Crime and Media：A Reader. London：Routledge，2019：86-94.

④ 参见 Dionisio J D N，Burns III W G，Gilbert R. 3D Virtual Worlds and the Metaverse［J］. ACM Computing Surveys（CSUR）. 2013，45（3）：1-38.

⑤ Chesher C. Colonizing Virtual Reality：Construction of the Discource of Virtual Reality 1984—1992［J］.Cultronix，1994，1（1）：1-24.

⑥ 赵培言. 社交媒体语境下赛博朋克文化“圈层”传播研究［D］. 长春：吉林大学，2022.

价值的重要组成部分[①]，具体表现在元宇宙作品、平台、应用、空间中的风格和视效中。从宏观角度审视，其美术风格的发展历程可被划分为初级阶段、中级阶段以及高级阶段等不同层次。[②]可以说，当前其发展尚处初级阶段，表现为一种初步构建的状态，展现出三种美术风格，一是带有都市感、科技景观、霓虹灯、阴暗色调、金属质感、工业风格的“赛博美学”[③]，被喻为元宇宙的最初想象；二是在图像细节丰富性、色彩还原度及明暗对比，以及整体画面的锐利与立体感方面表现出色的“超写实美学”[④]，以 2024 年 2 月 15 日 OpenAI 发布的 Sora 文生视频为代表；三是非正常形态的、抽象的、类似故障艺术（Glitch Art）的“后数字美学”[⑤]，常见于数字艺术家作品。在 AIGC 主导的文化生产逻辑下，新的艺术风格得以生产、传播、流变，大众文化处于“流动”与“稳定”的“褶皱”状态，大众审美维度发生转变[⑥]。

视觉文化思想的探讨呈现出视觉文化建构背后的话语隐喻深渊[⑦]，基于西方数据库基础的 AIGC 影像为大众娱乐、传播的同时，也将大众审美带入西方美学桎梏，减少了对“中国意象美学”和谐、意境、气韵的感知。美在意象的命题，实质是恢复创造性的“心”在审美活动中的主导地位，以仿真、拟真和创真驱动美的升级。元宇宙对数字文化产业提出了更高级别的要求，即美的传递。CGTN 在“CGTN 艺术推广计划”推出《千年调・宋代山水花鸟》数字特展，通过 6 个主题垂类网页、制作了 22 集海内外专家访谈视频和 156 幅宋画高清大图，深入剖析《溪山行旅图》《早春图》《烟江叠嶂图》《潇湘卧游图》等中国画的写实技法、精神内涵和人文价值，坚守文化立场和价值立场，注重以美为核心的文化价值传递。

（四）人机道德的流动

人机道德的流动，表现为人类与人工智能的内在流动，如表象、思想、情感、

---

① 向勇．元宇宙文化创新的主体性、奇观性与建设性［J］．群言，2023（08）：33-36.

② 向勇．元宇宙文化创新的主体性、奇观性与建设性［J］．群言，2023（08）：33-36.

③ Holtzman S. Digital Mosaics：The Aesthetics of Cyberspace［M］. New York：Simon & Schuster，1998.

④ 韩栩．“镜子说”衍化论：数字超写实动画的新型美学塑性［J］．电影评介，2019（18）：101-105.

⑤ Betancourt M. Glitch Art in Theory and Practice：Critical Failures and Post-Digital Aesthetics［M］. London：Routledge，2016.

⑥ 杨光影，刘娜．文化生产与审美生成：论网络社会的“流动空间”运作逻辑［J］．现代传播（中国传媒大学学报），2018，40（04）：103-108.

⑦ 杨向荣．图像的话语深渊——从古希腊和中世纪的视觉文化观谈起［J］．学术月刊，2018，50（06）：113-120.

道德等。这种“流动性”在人机交互的进程中，会以“网络拓扑式”结构投射进虚拟空间，进一步地参与文化发展进程，对文化流动产生更为深刻的影响。从物种相对主义的角度来看，人与动物间存在“道德连续性”，即非人类物种同样具有其内在的行为规范和道德可能性（包含利他、互惠、信任、惩罚、报复、同情、怜悯、关心、帮助、悲伤、安慰、竞争、分享和渴望公平等多种行为表现）。[①]这种个体道德与行为习惯，会被复制进人与机器的道德连续性之中。元宇宙的发展也会基于现有社会结构和分工状态，在波浪式的前进与螺旋式的上升中进一步探索未来社会结构与治理的可能性，进一步影响数字文化产业的发展。

三、流动性视角下数字文化产业发展新思路

数字经济时代，依托新质生产力赋能文化创新，是推动数字文化产业转型升级和高质量发展的必要途径。元宇宙基础技术（BIGANT，即区块链、交互、电子游戏、人工智能、网络及运算、物联网）具有高科技、高效能、高质量的特征，符合新发展理念的先进生产力质态，其有利于给文化生产资源配置带来效率提升并创造新一代的文化需求。从具体实践来看，元宇宙技术在沉浸式、体验式文旅融合的建设中，依然面临技术成熟度、设备成本、用户体验及内容创新的问题，存在对当下技术迭代、产业发展、用户习惯的路径依赖（向勇，2024）。目前，文化元宇宙尚处于基础阶段，但是已经可以应用于虚拟的大型集会、艺术创作、文物保护等领域[②]。数字文化产业高质量发展是我国文化产业的发展目标，重视文化元宇宙建设并不断提升发展质量是发展数字文化产业的应有选择。应当以文化劳动者、文化劳动资料、文化劳动对象及其优化组合的跃升为基本内涵，以全要素生产率大幅提升为核心标志，创新发展文化元宇宙的优质生产。可以从以下方面重点发力：

第一，建立数字游民培育新模式，培养数字文化产业虚拟集群。提升数字游民的数字素养，使其对“元宇宙＋数字文化”有清晰认识，并具备高度生产力、创作力。完善数字文化产业人才培养、评价激励和流动配置机制，突出导向管理、思维创新和实务培养，加速培育数字“文产特派员”覆盖乡村、城市、航天、深海等领

① 马克·贝科夫，杰茜卡·皮尔斯：野兽正义：动物的道德生活［M］，刘小涛，译，上海：上海科技教育出版社，2022.

② 于京东.元宇宙：变化世界中的政治秩序重构与挑战［J］.探索与争鸣，2021（2）：42-53+181+177-178.

域。同时，借助“上云用数赋智”的契机，达成培育跨区域合作集群的目标①，并规范运营、管理、检测机制。

第二，建立文化数据确权流通体系，研制元宇宙数字文化法案及行业标准。对于元宇宙复杂的系统性问题，我国尚面临数据安全、文化安全、版权安全等问题。重视数据资本驱动的核心地位，完成数据确权、数据标准化与脱敏处理、数据入表与评估、数据流通平台建设。建立身份标识，完成数据所有权登记，保证授权机制通畅；交易前进行标准化清洗、规范格式要求；数据资产化，价值评估后建立数据资产库（包含目录和服务接口）以便查找使用；发挥“数据要素 ×”乘数效应，构建安全、可信的数据交易平台，通过智能合约自动执行数据交易协议，满足预设条件时，平台自动完成数据交付和价值转移。同时，对元宇宙术语、分类、标识等基础通用标准，对元宇宙身份体系、内容生成、跨域互操作、技术集成等关键技术标准，虚拟数字人、数字资产流转、内容确权、资产保护等服务标准，以及隐私保护、内容监管、数据安全等标准进行预研②，尤为重要。

第三，制定数字文化社区建设和数字文化价值观培育的引导政策。系统性地高效地组织协调政府、高校、企业、社会等力量以及标准化机构等多元主体，开展数字文化社区与数字文化价值观的政策编写工作。推广智慧社区建设，完善社区内的网络设施，利用数字技术定期在社区举办各类数字文化艺术主题活动。开展线下数字文化教育活动，提升社区居民的数字技能和数字伦理意识。

四、结 语

全球化背景下，中国数字文化产业正与国际数字文化产业接轨中。可以预见，中国数字文化产业将在元宇宙技术的赋能下，在内容策划、生产、制作、营销等各个流程中实现降本增效。本文基于对中外文献“流动性”概念和理论的梳理，以元宇宙视角下的数字文化产业为思路，在文化空间中人与场景的流动、文化数据与文化记忆的流动、文化理念与文化审美的流动、人机道德的流动四方面，完善了理论建构。文化空间中人与场景的流动可归纳为人与场域从现实向虚拟的转向，比如文

---

① 秦志爽. 数字文化产业虚拟集群的形成机理及其系统动力学分析［J］. 经济问题，2024（01）：92–98.

② 编辑部. 增材制造明确纳入《新产业标准化领航工程实施方案（2023—2035 年）》［J］. 粉末冶金工业，2023，33（05）：163.

化工作者向数字游民的身份转变、文化产业园区向虚拟集群的转变。文化数据与文化记忆的流动，体现在文化元素借助VR、AR、MR等科技手段实现虚拟与现实的数据流动，依托“记忆数字人”进行文化记忆携带与传承。文化理念的流动，体现在“赛博文化+元宇宙文化”的结合。文化审美的流动，既是文化理念流动的可视化展呈，又是对数字文化产业更高级别的要求，数字文化产业需要重视中国意象美的传递，以仿真、拟真和创真驱动美的升级。最后，本文提出了数字文化产业发展的三项新思路：建立数字游民培育新模式，培养数字文化产业虚拟集群；建立对文化数据的确权流通体系，研制元宇宙数字文化法案及行业标准；制定数字文化社区建设和数字文化价值观培育引导政策。只有多维度建立文化数据、文化安全发展路径，才有可能实现数字文化产业与文化元宇宙的协调共生。

在元宇宙中，社交已不再局限于娱乐消遣，而是依托一种新型组织形式，朝着身份、理念与价值共同体方向发展（于京东，2021）。[①]元宇宙相关政策颁布后，产业主体呈现井喷式发展。如要实现持续的、高质量的、稳定的元宇宙发展，数字文化企业需要强化自身技术研发能力，系统性地组织关键技术的研发攻关项目，积极参与并主导国际技术标准的创制与更新过程，地方政府需要从全局层面积极推动文化元宇宙布局，针对产业发展的核心技术瓶颈进行集中突破，高效协调多元主体，使之形成合力，以“企业+政府”模式推动我国在元宇宙领域的国际技术标准制定与领跑研发。

流动性范式展现出的包容与开放打破了文化生产的现有桎梏，使得不同背景、技术水平的个体能够自由表达，为文化产业带来了更为丰富和多元化的创意，也为虚拟艺术家、人工智能创意者、数字人主播为代表的数字文化生产者实现生产与消费的互动。[②]未来的研究更需要深入探讨元宇宙与中国动画、游戏、美学、生成艺术等文化产业层面的新质性与质优性，思考如何孕育产业活力并促进公正与可持续性，提升我国数字文化产业在全球竞争格局中的战略优势。

---

① 于京东.元宇宙：变化世界中的政治秩序重构与挑战[J].探索与争鸣，2021(12)：42-53+181+177-178.

② 编辑部.增材制造明确纳入《新产业标准化领航工程实施方案（2023—2035年）》[J].粉末冶金工业，2023，33(05)：163.

【参考文献】

［1］程金华．元宇宙治理的法治原则［J］．东方法学，2022，(2)：20–30.

［2］陈娴颖．“互联网 +”背景下的公共文化服务模式研究［J］．人文天下，2016（21）：7–11.

［3］金紫薇，邓友超．中国教育的流动逻辑［J］．清华大学教育研究，2023，44（2)：30–42.

［4］纳什，贾拉希，萨瑟兰，等．超越“数字游民”：数字游牧工作及其技术应用［J］．青年探索，2023（6)：102–110.

［5］苗长虹，崔立华．产业集聚：地理学与经济学主流观点的对比［J］．人文地理，2003（3)：42–46.

［6］祁述裕，闫烁．数字时代文化产业治理新特点与繁荣文化产业新思路［J］．山东大学学报（哲学社会科学版)，2024（1)：21–29.

［7］秦志爽．数字文化产业虚拟集群的形成机理及其系统动力学分析［J］．经济问题，2024（1)：92–98.

［8］夏翠娟，铁钟，黄薇．元宇宙中的数字记忆：“虚拟数字人”的数字记忆概念模型及其应用场景［J］．图书馆论坛，2023，43（5)：152–161.

［9］向勇．文化的流向 发展文化产业学论稿［M］．北京：中国文联出版社，2016.

［10］向勇．元宇宙文化创新的主体性、奇观性与建设性［J］．群言，2023（8)：33-36.

［11］许艳萍，岳强．数字经济背景下数字文化产业高质量发展路径研究［J］．经济问题，2024（3)：92–97.

［12］杨光影，刘娜．文化生产与审美生成：论网络社会的“流动空间”运作逻辑［J］．现代传播（中国传媒大学学报)，2018，40（4)：103–108.

［13］于京东．元宇宙：变化世界中的政治秩序重构与挑战［J］．探索与争鸣，2021（12)：42–53+181+177–178.

［14］杨向荣．图像的话语深渊——从古希腊和中世纪的视觉文化观谈起［J］．学术月刊，2018，50（6)：113–120.

［15］Lesley A. S. Animal Research Unbound：The Messiness of the Moral and the Ethnographer’s Dilemma［J］.History and Philosophy of the Life Sciences，2021，43（2)：1–19.

传统、历史与新生：沉浸式戏剧的中国范式与公共价值 ①

张棋焱 ② 柳赛珂 ③
（成都理工大学，成都 610059；成都理工大学，成都 610059）

【内容提要】 沉浸式戏剧，一种兴起于21世纪的戏剧表演形态，以其独特的沉浸感、互动性和科技性，在全球范围内迅速崛起，并在中国展现出独特的文化魅力和社会价值。本文旨在探讨沉浸式戏剧在中国的发展范式，分析其如何融合传统与历史元素，以及这种艺术形式如何为社会带来深远的公共价值。

【关键词】 沉浸式戏剧；中国范式；公共价值；产业路径

Tradition, History and Renewal: The Chinese Paradigm and Public Value of Immersive Theatre

Abstract: Immersive theatre, a form of theatrical performance that emerged in the 21st century, has rapidly risen globally with its unique immersion, interactivity, and technological capabilities, and has demonstrated unique cultural charm and social value in China. This article aims to explore the development paradigm of immersive theatre in China, analyze how it integrates traditional and historical elements, and how this art form brings pro-

---

① 本文系四川省哲学社会科学重点研究基地四川网络文学发展研究中心 WLWX-2021007 项目、成都理工大学 YJ2021-QN026 项目成果。

② 张棋焱，女，汉族，北京大学艺术学院访问学者、成都理工大学传播科学与艺术学院副教授。主要研究方向：戏剧理论与批评、传统文化与数字传媒。

③ 柳赛珂，女，汉族，成都理工大学传播科学与艺术学院硕士研究生。主要研究方向：传统文化与数字传媒。

found public value in society.

Keywords：Immersive Theatre; Chinese Paradigm; Public Value; Industrial Path

沉浸式戏剧最早来自英国 Punchdrunk 剧团 *Sleep No More* 的艺术实践，英国文化委员会以“Immersive Theatre”界定了其戏剧类型，并沿用至今。沉浸式戏剧的学理概念则由美国戏剧理论家理查·谢克纳（Richard Schechner）所提出的“环境戏剧”衍生而来。沉浸式戏剧将舞台延伸至整个场馆，将观众浸入舞台，观众在观演中，与演员在整个剧场空间进行面对面、去中心化的互动。正如列斐伏尔（Henri Lefebvre）在三元空间理论中所阐释的那样，沉浸式戏剧在可感知的空间中搭建，再通过艺术家的剧本创作、舞台设计，在构想的空间中进行互动演绎，最终指向观众真实生活的空间。因此，沉浸式戏剧是复合的空间名词，它具有互动性、历史性和复杂性。从戏剧舞台的延伸来看，沉浸式戏剧在中国发端于 1931 年陈鲤庭创作的街头剧《放下你的鞭子》；从观演关系革新的角度来看，肇始于 20 世纪 30 年代熊佛西的“戏剧大众化”实验；从源于英国的沉浸式戏剧范式来看，则滥觞于 2015 年孟京辉执导的《死水边的美人鱼》。

当前，沉浸式产业在中国的发展处在上升期，2023 年中国沉浸产业总产值达到 1933.4 亿元①，相比 2019 年 48.2 亿元②的总产值，增长了 40 倍。而在 2023 年文化和旅游部发布的 20 个沉浸式文旅新业态示范案例中，沉浸式演艺作品占比接近三分之一，这表明沉浸式戏剧在沉浸式产业中具有重要地位。中国沉浸式戏剧根植在传统文化的深厚土壤中，紧贴文化强国和文化产业数字化的时代需求，形成了红色主题、传统文化改编、戏剧幻城三种中国范式，凸显了审美介入、区域共生、普及教育等公共价值，沉浸式戏剧在未来依然具有广阔的市场和业态创新空间③，其布局与路径将会深刻影响中国沉浸式产业的发展。

---

① 上海幻境文化传播有限公司 . 2024 中国沉浸产业发展白皮书［R/OL］.（2024-05-22）. http://illuthion.com/industry-institute/ciid2024whitepaper/2024 年 .

② 上海幻境文化传播有限公司 . 2020 中国沉浸产业发展白皮书［R/OL］.（2024-05-22）. http://illuthion.com/industry-institute/2020-illuthion-immersive-industry-whitepaper/2020 年 .

③ 据《2024 中国沉浸产业发展白皮书》预测，中国沉浸式产业预计 2024 年将突破 2400 亿元大关。

一、沉浸式戏剧的中国范式

沉浸式戏剧在伦敦的发端更多是作为一种戏剧技巧，而不是戏剧类型出现的。*Sleep No More* 改编自戏剧冲突强烈的《麦克白》，全剧没有台词，由三条主线和若干条副线组成，观众选择跟随某个角色走入剧情，就必须舍弃其他剧情，戏剧被设置成小径分岔的花园，观众可以从任何一条路径进入和离开，是一场先锋戏剧实验。此后在纽约上演的经典作品 *Then She Fell* 和 *Speakeasy Dollhouse* 充分发扬了沉浸式戏剧的推理悬疑的表达特长，注重戏剧内部冲突。中国的沉浸式戏剧发展已有近十年历史，其发展方向始终与顶层文化方针同频共振，更注重戏剧的社会介入功能，或依托自然人文景观，或进行文化传承普及，逐渐形成了沉浸式戏剧类型产业和中国范式。

（一）红色主题范式

党的二十大报告指出，“全党要把青年工作作为战略性工作来抓，用党的科学理论武装青年，用党的初心使命感召青年”。2024 年 2 月，中共中央印发了《党史学习教育工作条例》，《光明日报》时评文章《用好红色资源　传承红色基因》指出，革命博物馆、纪念馆、党史馆、烈士陵园等是党和国家红色基因库，其承载着红色文化精髓；用好红色资源，打造“红色基因库”，能够让我们党的红色历史鲜活起来，将红色基因根植于中华民族文化血脉，对持续推动文化繁荣、建设文化强国、建设中华民族现代文明具有重要意义。[①]沉浸式戏剧作为青年人争相体验的新兴文化样态，在弘扬革命主题上，有着在场的优势。用沉浸式戏剧弘扬红色主题，其戏剧特色主要表现在 IP 定制、科技赋能场景、微观共情三方面。

以 IP 定制的戏剧生产方式打造红色文化符号，其文化产业特征在于区域性强、剧场下沉、题材稳定。当前，IP 定制的红色沉浸式戏剧通常是受各级政府宣传部门委托，依托当地革命历史名人故居、纪念馆，围绕当地代表性历史事件，深挖能引起现代青年共鸣的文艺创作要素，呈现区域共享的红色文化基因。从米歇尔（William John Thomas Mitchell）“图像转向”的角度来看，视觉文化的总体特征是以形象为中心的感性主义文化形态取代以语言为中心的理性主义文化形态。观众对红色主题沉浸式戏剧的接受，则从传统剧场坐定式的“间离”到释放自我成为戏剧角色的“浸入”。比较有代表性的是由成都剧作家潘乃奇领衔创作的光系列作品。《微

① 育心 . 用好红色资源　传承红色基因［EB/OL］.（2024-03-13）.https://news.gmw.cn/2024-03/13/contont_37200321.htm.

光》（2022）在街道党群服务中心演出，由成都市京剧研究院、成都市金牛区西安路街道办事处共同策划，以革命烈士张露萍为原型创作。街道办和院团共同搭建了数百平方米的实景，融入了成都茶馆、戏台等标志性市井元素，并将京剧研学设置为沉浸式互动游戏；观众在进场前随机解锁戏剧角色，穿上戏剧服装，进行参与式观演。《曙光》（2023）在洛阳市政府会议中心五楼洛阳红色沉浸式剧场出演，剧场由廉政博物馆改建而来，占地1500平方米左右，是为《曙光》打造的专有剧场。观众换上戏剧服装，随剧情推进与演员一起学习马克思主义思想，参与组织陇海铁路工人大罢工，共同组建中共洛阳组，在党旗前握拳宣誓。《星光·1953》（2023）落地在成都金堂县金龙镇，这里是抗美援朝一级战斗英雄胡修道的家乡，剧场空间被设定为上甘岭主峰597.9高地，观众进场后穿上志愿军服装、背上行囊，拿上任务卡，以战士、记者、卫生员等身份进入戏剧空间。光系列作品一定程度上改变了沉浸式戏剧的奇观属性，把沉浸式戏剧中的“看点”——诸如悬疑、科技转向历史事件和英雄事迹，拓展了沉浸式戏剧的审美空间，朝着沉浸式戏剧精品化迈进。而从党史学习教育的角度来看，红色沉浸式戏剧令观众以亲历者身份走进历史空间，让英雄更亲切、让事件更恢宏、让党史更鲜活，保有了沉浸式戏剧的戏剧性，推进了中国应用戏剧的实践领地，且在艺术生产模式上具有可复制性。光系列也充分挖掘当地民间文艺元素，将民俗传统与历史融合，打造当地的红色文化符号。此外，还有以西柏坡镇大型实景剧《梦回西柏坡》（2021）为代表的各革命根据地红色主题沉浸式戏剧，其总体特征是依托革命圣地，让观众用朝圣的心态进行参与式观演。

科技赋能场景，营造历史空间感。正如约翰·伯格（John Berger）所强调的那样，视觉影像不仅仅是表面的视觉形式，观看方式的不同会影响影像的意义。剧作家与舞台美术设计者通过高度还原的历史场景，将现代科技如人工智能、增强现实、3D打印等赋能舞台美术设计，展现战场的恢宏与壮烈、地下联络点的隐秘与伟大、革命会议的思辨与理性等，将观众浸入充满革命激情与牺牲精神的年代。科技赋能下的沉浸式戏剧在追求真实再现的基础上，还会利用光影、音效等戏剧手法，营造出强烈的沉浸感，让观众产生“进入历史”的感受，以润物细无声的方式让观众感受革命精神。然而，场景与科技的双向赋能，往往需要相对较大的物理空间来实现，当前通常在大剧场应用，观众多采用坐定观看的方式。以《重庆·1949》（2021）为代表的大型红色革命题材沉浸式戏剧，主要运用可旋转的观众席，以及演员的空中演艺来营造沉浸体验。但受大剧场的空间限制，宏大的单一物质空间使数以百计的观众很难真正浸入舞台，全剧也没有互动设置让观众共同参与叙事。当前，在大剧场建立沉浸感主要依赖舞台的旋转或延伸，舞台旋转可以发挥转场的作用，但演出中的舞台旋转反而影响观众的情感体验。吊诡的是，在大剧场空间“浸入”的科技感更强，“入戏”却变得困难。国内大部分剧场很难做到为某个固定的剧目服务，考虑到运营成本、受众基础等因素，大剧场需要在具有深厚红色文化根基的旅游热门城市扎根；而身处内陆的中小城市，则以小剧场为主，受经费和市场限制，沉浸式的方式也多以互动设置和服化道来呈现。

内容呈现注重在细微处营造共情点。近年来，在不断地接受扶持与自我创新下，一批引起青年人共鸣的主旋律戏剧、影视剧、电影作品已经出现。红色主题沉浸式戏剧，受限于地域、空间、时长等因素，往往需要更微小的切入点，来引发青年人的共情。而沉浸式戏剧为了让观众更入戏，往往会选择互动的方式，这就使得它不会像镜框式舞台一样，具有单一或者复调的叙事结构，它需要观众的参与才能“完整”，观众可以在多条叙事线中“自由”探索，但最终依然会体验戏剧创作者细腻与深刻的设计。在内容上，红色主题沉浸式戏剧不仅注重情节的紧凑和跌宕起伏，还注重人物形象的塑造和内心世界的挖掘。通过细腻的情感描写和深刻的思想探讨，剧作家能够引导观众深入思考革命精神的意义和价值，激发他们的爱国情怀和民族自豪感。

（二）传统文化改编范式

沉浸式戏剧通过高度互动和沉浸式体验来传递文化，中国沉浸式戏剧的发展在经历了求新的初始阶段后，开始用文化沉淀科技，借助中国传统文化的惯性进行创作。扬·阿斯曼（Jan Assmann）认为，文化记忆需要人们一代一代在特定互动框架内，反复了解和熟练掌握才能获得。传统文化是全民族共享的文化记忆，改编传统文化，唤醒文化记忆，成为中国沉浸式戏剧的重要创作路径，如将传统文化元素融入戏剧叙事，通过场景重现、角色演绎等方式，构建充满传统文化氛围的虚拟世界，再现不可复原的古代场景、充满哲思的文学世界。传统文化历经数百年乃至数千年的积淀，布满了历史的印记。在有限的空间和时间内，剧作完整呈现传统文化难度较大。从召唤结构的观点来看，经典作品也不适合在“完整性”上被阐释。因此，沉浸式戏剧往往采用开放叙事的结构，将传统文化解构为元素符号，再重新建构为符合现代观众审美和接受习惯的文化符号，重构文化记忆。沉浸式戏剧通过观众的参与和互动，将重构的传统文化元素传递给观众，并激发他们对传统文化的兴趣和热爱。这种创造性转化、创新性传承不仅有助于保护和弘扬传统文化，也能丰富中国传统文化的现代传播形态。

《牡丹亭》是中国古典戏剧的经典之作，在江西抚州文昌里出演的《寻梦牡丹亭》（2018），以汤显祖《牡丹亭》为蓝本，结合全息数字影像技术，还原了《牡丹亭》中的亭台楼阁，剧本分为《游园惊梦》《魂游寻梦》《三生圆梦》三折，通过游园的移动观演方式，让观众在游览过程中感受《牡丹亭》的至美风格。沉浸式昆剧《梦回武陵源》（2021）同样以《牡丹亭》为蓝本，由上海昆剧团演绎，采用双重梦境的叙事结构，以现代人的视角回溯杜丽娘与柳梦梅的故事，一生一旦交叉，实现了古今时空的巧妙融合，让观众在上海豫园海上梨园"园中园"的沉浸式环境中体验至真爱情。《蛇形挽歌》（2024）将《牡丹亭》中的"至情"理论提炼出来，以"破幻见真"为创作理念，以三维技术、虚拟现实技术为全新介质，精准复原了中国古典建筑的榫卯结构，构建了带有古典意蕴的沉浸式虚拟现实世界，该剧入围第81届威尼斯电影节制作桥，由青年导演吴嘉辉执导。观众可以在VR空间中自由探索杜丽娘与柳梦梅的爱情故事，感受超越生死的至真之情。项目还融合了现代舞表演、装置艺术等多种艺术形式，营造出中西交融、亦真亦幻的氛围。

《红楼梦》作为中国古典文学的瑰宝，其深厚的文化底蕴和丰富的故事情节为沉浸式戏剧的创作提供了广阔的空间。沉浸式越剧《红楼梦》（2019）由宁波小百花越剧团出品，由越剧名角赵志刚、陈湜领衔，在上海豫园海上梨园演出。观演结束后，观众可步行至九曲桥，感受"太虚幻境"。同样改编自《红楼梦》的，还有位于河北廊坊戏剧公园的"只有红楼梦·戏剧幻城"（2023），幻城由读者、有还无、真亦假三个主剧场及21个小剧场组成。剧场照顾到老中青幼等多个受众群体，观众可以采用行进式与坐定式观演方式，沿着不同观演路线进入不同的观演空间。戏剧幻城既内含《红楼梦》无常、轮转、书不尽的哲思，又融合了四合院、筒子楼、第三十五中学、二商店等当代青年成长空间，让观众在中国传统建筑之美、文化之美、哲学之美中读出自己的青春，并通过声、光、电、水幕等科技创新元素，将诗、舞、音、画等艺术形式相融合，从观众视角提供了传统文化创新与自我阐释的观剧路径。

此外，还有一些旅游热门城市通过沉浸式戏剧展现都市人文风情，如《成都故事》（2022）在成都工业遗存文化区东郊记忆演出，通过虚拟现实技术等科技手段打造民国成都市井景观，讲述老成都的市井故事。剧目既融入川剧变脸、喷火、滚灯等经典绝活，也加入了被单戏、木偶戏、皮影戏等四川民间小戏，设置了多个互动环节，观众可参与表演并与演员交流。值得注意的是，近年沉浸式戏剧开始更进一步的业态创新，融合餐秀，拓展戏剧边界，如成都《蜀宴赋》(2023)、开心麻花《偷心晚宴》（2023）等。

（三）戏剧幻城形态

戏剧与自然城市及人文景观的结合，在当代中国有较长时间的尝试。中国沉浸式戏剧的戏剧幻城形态，历经从自然之城到人文之城的流变，主要表征在将自然景观幻化为中国古典山水画，将人文景观幻化为古典形态与现代科技交融的折子戏。其核心要义在于“幻”，即想象，戏剧通过实景或科技手段，打开观众的想象空间和感受力，令其进入由自然人文生态共同构建的艺术空间。文化景观表征着人地关系，早期中国的沉浸式戏剧幻城形态主要依托自然人文生态区，以乐舞表演为主，穿插当地的神话传说、历史故事等，在戏剧形态上属于“前戏剧”形态，主要展现自然风情，呈现古生态遗韵；此后，在科技赋能文化旅游的背景下，戏剧性逐渐加强，不再局限于为自然景观背书，而是与文化融合共生，重在传承，题材丰富且多样化。

第一阶段的戏剧幻城主要体现为对自然山水的想象。千古情系列（1997— ）是中国文化景观的代表作品，演出中设计了依托实景的环绕式舞台、与观众互动的空中演艺形态等沉浸式元素，向观众延伸了舞台，但还没有邀请观众参与叙事的戏剧设置，属于“前沉浸式”演艺作品。印象系列（2004— ）侧重将自然景观与人文艺术完美融合，创造出中国古典山水印象。《印象刘三姐》《印象丽江》均选址在风景如画的自然景区，通过现代舞台技术，融合自然风光、民俗风情，让观众仿佛置身于流动的山水画卷之中，与自然进行对话。

第二阶段的戏剧幻城主要体现为对人文景观想象的重构。又见系列（2009— ）转变了注重自然景观的方式，平遥、五台山和敦煌皆位于具有丰富历史文化的古城遗址，受限于史料，今人对古文化的阐释始终是有限的，而“一切历史都是当代史”，因此“又见”即重构对文化的想象。又见系列将观众置于剧场的中心，通过剧场空间的独特设计和切割，让观众移动观看。随着移动方向的改变，观众进入不同的情境，回到历史空间，该系列引领观众将厚重的历史具象化，拉近观众与中国古典文化之间的时空距离。

第三阶段戏剧幻城主要体现为自然、人文、科技的三维融合，注重深挖观众的共情点，制造消费点，发展戏剧群落文化产业。只有系列（2019— ）情境体验剧通过多剧场、多维度、互动式、浸入式的呈现手法，将观众带入全新的戏剧世界中，在与自然景区的融合形态上也展现了高度的创新性和深度，《只有峨眉山》（2019）、《只有爱》（盐城，2020）、《只有河南》（郑州，2021）、《只有红楼梦》（廊坊，2023）在剧场及周边区域构建了剧场群落，拓展了沉浸式戏剧的产业边界和可能。

此外，还有一些依托自然人文景区的沉浸式戏剧形态，如散落在各地的梦回系列（2014—　）也重在呈现自然。该系列的代表之作《梦回大唐（黄金版）》（2019）增加了互动平台，引入了室内互动演出船，利用LED矩阵屏营造奇幻氛围，用声光电等科技融入增加沉浸感。此外，《梦回潭柘》（2024）以北京建筑专业大学生柘生的梦为视角，再现了潭柘寺1700余年的历史脉络与家国情怀。观众既是观演者，也是亲历者，在NPC的引导下体验剧情。

二、沉浸式戏剧的社会介入与公共价值

彼得·布鲁克[①]强调观演关系的无意识性，认为用感知的方式，最终也会形成布莱希特式的理性思考。凯斯·乔斯通[②]则认为如果戏剧演变成一种自命不凡、矫揉造作的艺术，民众根本不会考虑踏进剧场半步。戏剧在勾栏瓦肆中生长，与书斋的曲高和寡不同，它一直走在离大众最近的地方，关注内心、关心受众、关联社会问题。正如萨特所提示的那样，戏剧具有揭示真理和介入社会的功能。作为具有强烈教化功能的艺术形态，无论是西方的先锋戏剧，还是中国的古典戏曲，都有着社会介入的倾向。中国沉浸式戏剧的社会介入主要包括审美介入、区域共生、教育普及三个方面。

（一）审美介入

沉浸式戏剧对审美的介入主要体现在戏剧主题、表演形式、观众参与、社会文化互动等方面。当前，沉浸式戏剧的现实题材创作主要呈现出轻喜剧、轻悬疑的趋向，以年轻人为主要受众；而真正凸显审美介入功能的沉浸式戏剧，往往是历史题材，与当代政治、经济、文化审美距离较远，戏剧人物与民众的人生境遇亦有较大差异。

福柯[③]强调历史的多元性、相对性和建构性，文艺创作关注在宏大历史叙事中被忽略或被边缘化的个人史和群体记忆，用微观的方式建构鲜活的多维历史。因此，沉浸式戏剧的创作往往触及社会热点、人性光辉、道德困境等主题，而表演、舞台设计等形式，则让观众通过戏剧场景，身临其境，理解人物所处的人文环境，包括社会制度、经济状况、伦理道德等，如在古代宫廷、战争现场、市井生活等场景中

---

① 彼得·布鲁克.空的空间［M］.邢历，译.北京：中国戏剧出版社，2006：3-23.

② Johnstone K. Impro［M］. London：Bloomsbury Academic，2018：81-113.

③ 福柯.词与物：人文科学的考古学［M］.莫伟民，译.上海：上海三联书店，2001：165-193.

感受日常感受不到的历史和现实氛围。苏轼作为戏剧创作的经典人物，在戏剧创作中被常写常新，然而，若不了解北宋的政治经济背景、干谒之艰辛、新旧变法的党派之争、乌台诗案的惊涛骇浪、“老来事业转荒唐”的彷徨无着，就难以理解苏轼宁静淡泊的特质。对历史人物的创作，沉浸式戏剧有天然的优势，通过时代风物浸染观众，再以小戏呈现出历史人物的重大抉择，使观众从身临其境的抉择中，感受历史人物的性格特质对其人生经历的影响，进而反思自身。一些以抗战时期为背景的沉浸式戏剧，通过再现那个时代的风貌和人物，让观众深刻体会到历史的厚重与艰辛。一方面，历史场景暗含了古今文化差异，也搭建了增强文化自信的具体路径，观众能感受到文明进程，珍视文化遗产；另一方面，戏剧的物质性增强了理解历史人物的审美氛围。

观众了解历史的途径是多元的，沉浸式戏剧的本质特征在于互动体验和角色参与，沉浸式戏剧通过历史的横断面管窥整个时代，相比书本和语言讲解更为直观和立体，相较于影视则更具有参与性和亲历感。历史事件是客观存在的，然而有关历史的内涵在每个观众心中都有不同的理解和建构方式。当前，沉浸式戏剧所呈现的历史是直接和热烈的，尤其是以党史学习教育、党建工作的方式介入社会，无论是重庆 1949 剧场，还是下沉至社区的艺术空间，很大一部分观众是各学校和单位以集体组织的形式来体验的，受众遍及党政机关工作人员、中小学生等各年龄群体，沉浸式戏剧构建了区域社会文化的互动话题。对历史真实性和复杂性的体验有助于培养观众的历史意识，观众在与历史、英雄的对话中，传承和弘扬中国革命文化，也能将历史与现实联系起来，以史为鉴。

（二）区域共生

沉浸式戏剧中融合的文化多为特色民俗、地方戏曲等，沉浸式的形态有利于促进文化的动态和活态传承。非物质文化遗产主要是以人为载体进行活态传承，因此，非遗技艺往往可以用来“表演”和“观看”。在西南少数民族地区，一些在传统文化中具有宗教色彩的民俗活动，例如，藏羌民族共享的节日活动“转山会”，也在文旅融合的趋势下，在村落民宿演变为供游客沉浸式体验的项目，带有强烈的表演性质。在科技赋能的沉浸式戏剧中，文化的传承通过具身体验的方式呈现，可观看、可触摸、可体验。沉浸式戏剧所扮演的更多是一个“导读”和普及的角色，将观众带入某个地域文化空间，使其深度介入和参与当地文化的发展历程。传统文化需要创造性转化和创新性发展，沉浸式戏剧用故事化的方式给传统以新生，给过去以未来。

沉浸式戏剧活化传统文化的重要路径是采用视觉的刺激、声音的环绕去营造在场感，让观众在设计场景中直击传统文化内核。然而，正如卡尔维诺所说的那样，经典总是需要我们一再重读的，在喧嚣热闹、被营造的场景中，传统文化容易被“缩水”为文化符号，传达创作者所认同和理解的部分。在沉浸式的场景中，科技感所带来的过度刺激、极强的互动性也会导致戏剧性的部分丢失。

（三）教育普及

斐欧拉·史堡林（Viola Spolin）认为，人类的“游戏性”是与生俱来的，而戏剧艺术的表演性是从游戏中演变而成的，将即兴的游戏融入剧场教育，可以开拓不同年龄民众对戏剧的兴趣。沉浸式戏剧作为一种新兴的艺术形式，作为社区或村落的公共空间出现时，更容易调动民众的参与兴趣。社区或村落经济围绕这一新兴业态发展，有利于提升社区凝聚力，引导民众关注社区文化。而戏剧本身对社会议题的反思、对人类永恒议题的探讨则引导居民关注历史及社会问题、思考解决方案，从而增强居民的社会责任感和使命感。因此，下沉至社区或村落公共空间的沉浸式戏剧是朝观众走过去的，是戏剧教育、文化普及、社区经济的综合载体。

沉浸式戏剧有助于增强社区凝聚力与居民参与度。沉浸式戏剧引入社区文化活动，为社区注入新的活力和动力。将沉浸式戏剧作为社区文化品牌进行打造和推广，可以提升社区的文化软实力和影响力。这种软实力和影响力有助于吸引更多的居民和外部资源关注社区发展。可以吸引大量的观众和游客前来观赏和参与，从而带动社区经济的发展，通过举办沉浸式戏剧节、文化节等活动，社区可以吸引更多的投资和商业机会，为居民创造更多的就业机会和收入来源。对乡村而言，则可激活乡村文化艺术生态。艺术乡建是当前乡村文化振兴的重要议题，沉浸式戏剧的引入促进了乡村艺术家与外来艺术家的交流与合作，为乡村艺术创新提供了更广阔的空间。艺术家们可以将外地的艺术理念和表现形式引入乡村，链接当地文化特色，发展文化产业，带动经济发展。

三、中国沉浸式戏剧产业的发展路径

近年来，中国政府出台了一系列政策文件，为沉浸式戏剧产业的发展提供了有力支持。文旅部发布的《“十四五”文化产业发展规划》中明确提出鼓励沉浸式体验与城市综合体、公共空间、旅游景区等相结合，为沉浸式戏剧的发展指明了方向。此外，中共中央办公厅、国务院办公厅印发的《关于推进实施国家文化数字化战略的意见》也强调了发展数字化文化消费新场景，大力发展线上线下一体化、在线在场相结合的数字化文化新体验，为沉浸式戏剧的数字化转型提供了政策保障。

尽管当前中国沉浸式戏剧的发展有政策和市场双轮驱动，但依然存在明显的隐患和局限。与布莱希特所主张的反亚里士多德式、反心理主义的戏剧叙事，以及斯坦尼斯拉夫斯基所主张的“生活的真实”不同，理查德·谢克纳（Richard Schechner）所主张的扩大化戏剧理论，指出戏剧不必再局限于叙事，而应涵盖剧场空间的所有要素，这种空间是车库、仓库、街头、旷野等任何具有戏剧发生的可能空间，戏剧文本可有可无，戏剧在观众参与的即兴创作中获得的是演出的完整性，而非戏剧文本要素的完整性。然而，戏剧边界的无限扩张可能导致艺术与真实界限的模糊，戏剧文本的消失让戏剧失去了审美的稳定性，容易沦为形式的躯壳。当前，中国沉浸式戏剧的主要局限，与戏剧边界的扩大化趋同，即对场景的重视和对戏剧性的弱化。

呈现红色主题的小剧场一般依赖实景搭建，较少使用科技手段，观众穿上特定服装、拿上道具、带着任务，戏剧目标较为明确，能发挥观众的主动性，让观众展开戏剧动作，最终导向有仪式感的结尾，进行情感的升华，引起共鸣；呈现悬疑等猎奇主题的小剧场则大量使用技术支持，以营造戏剧氛围。在大剧场，往往更多运用声光电等综合技术，而又采用坐定观看的方式，在技术的刺激下观众的注意力容易被分散，虽然戏剧的奇观感受更强烈，但入戏变得困难。戏剧幻城虽然分为若干个主剧场和分剧场，却依然较多运用技术手段，主剧场的演出也难以在较短时间囊括厚重的主题，只得利用分剧场的留白，让观众去自行体验和填补。总体而言，沉浸式戏剧当前呈现出科技感大于戏剧性的现状，科技赋能文化的手段，往往容易走向科技主导文化的误区，叙事情节碎片化、结构多线，也容易导致观众一知半解，引发戏剧生命周期衰弱的问题。这就使反思中国沉浸式戏剧产业的发展路径，成为必要的议题。

（一）联动路径：政策引导、文化传承与业态融合

联动路径是沉浸式戏剧产业发展的外部路径。联动路径从国家政策的顶层设计出发，如《“十四五”文化产业发展规划》等明确了沉浸式戏剧在中国的产业定位和发展目标。从内部结构来看，沉浸式戏剧产业逐步从单一景点的小剧场演出发展为戏剧幻城集群；从关联效应来看，沉浸式剧场联动了餐饮、摄影、商店等，发生了从依赖剧场票房到与多业态融合共生的转变；在数字化转型的全面形塑下，沉浸式戏剧产业将科技嵌入戏剧，使传统文化实现创意传承，用数字科技融合新业态驱动自身发展。

在政策与市场的双重指引下，各地充分发挥区位优势，将当地文化空间包括城市综合体、公共空间、旅游景区等不同文化群落进行合理布局与建设，挖掘历史文化、地理文化、少数民族特色，形成多元化市场支撑，让沉浸式戏剧在当地核心文化圈层中进行生产，逐步完善产业链。布局应考虑到沉浸式戏剧的剧场所在地是否具备特色历史文化、自然生态景观，是否具有举办沉浸式戏剧节和相关理论会议的现实基础，是否有学校可以共同开展戏剧教育，推动产业的升级与多元发展等。

联动的核心是当地文化的挖掘与传承。为新兴文化产业注入传统文化因子，既是对传统文化的活化，也是为新兴产业提供可持续的内容支撑。在国家图书馆上演的沉浸式戏剧《永乐长思》，以《永乐大典》的编纂与守护为主线，讲述明朝永乐年间大典初成、遭遇火灾、辗转重建、坚定守护的历史。观众通过沉浸式体验，切身体验编撰者在《永乐大典》成书过程中对待中国文化的态度，理解《永乐大典》在中国文化史中的位置，以及先辈重建与守护大典的决心。更进一步，国家图书馆可依据戏剧中的元素，开发《永乐大典》IP 文创产品，拉动相关普及与理论图书销售，与中小学、高校联合开展相关讲座等。而其他非公益性机构，则可在沉浸式戏剧所衍生的 IP 中，发展更为多元的市场化产品。

联动发展是沉浸式戏剧产业发展的协同、合作和跨界的基础。拓展演出场所和形式，将沉浸式戏剧进行多业态融合，引入商场、社区、学校等场所，拓展沉浸式戏剧的边界，形成产业联动效应。如在街道大力发展红色主题沉浸式微戏剧，结合社区党群建设工作，吸引街道群众参与微戏剧的编排工作，增强社群凝聚力，构建群众工作发展新路径。例如，在大型商场开展餐秀形态的沉浸式戏剧将传统文化融入餐厅菜系，让观众了解美食的来源故事、传承流变，并结合各时期历史风格，普及中华美食文化，也可以在国际文旅中，产生跨文化交际的传播效果。

（二）运营路径：城市更新、乡村振兴与创意传播

运营路径是沉浸式戏剧发展的内部路径。沉浸式戏剧的运营以剧目创作为内容核心，关注剧目与当地文化发展的链接，以及契合剧目的受众挖掘与数字传播方式。通过产业化运营，沉浸式戏剧实现规模化、品牌化发展。建立完善的产业链体系，包括创作、制作、演出、营销等环节，形成闭环发展。同时，加强品牌建设和市场推广，提升沉浸式戏剧的知名度和影响力。

打造剧目在地特色，注重差异化、追求精品化。剧目是沉浸式戏剧产业发展的核心，政府和企业应加大对精品剧目的创作投入，鼓励原创和改编经典作品，提升剧目的艺术性和观赏性。在受众拓展上，开发更多适合家庭观看的亲子剧目、主题

明亮的青春剧目、引发观众思考的社会问题剧目、关注人类永恒议题的经典剧目等。在与传统镜框式舞台的区别上，开发适合与科技融合的主题作品，尝试把时长增加到两小时左右，既让感官刺激的部分充分调动观众的参与度，也能有时间让观众安静下来进行反思，铺陈观众与戏剧的思考空间。

城市场景更新。通过改造旧厂房、老旧居民楼等城市空间，打造具有独特魅力的沉浸式戏剧演出场地。这些场地不仅为戏剧提供了合适的舞台，也将成为城市更新的亮点和新的文化地标。目前，沉浸式戏剧在乡土空间的发展还依赖自然人文风光较为著名的区域，应注重挖掘乡村的历史、民俗、传说等乡土文化资源，将其融入剧本创作和表演中，展现乡村的独特魅力和文化底蕴。而在民族区域，则可融合民族历史、民俗、乐舞、民族体育、餐饮文化等进行多民族文化交融体验，加强民族文化的沟通与融合。

从创意传播角度来看，沉浸式戏剧的产业传播需要在多媒介融合、互动体验、品牌建设与市场推广，以及持续创新与产业升级等多个方面的综合发展，主要包括线上传播、线下体验、跨界合作三个方向。沉浸式戏剧的线上传播应注重与短视频平台合作，形成融合媒体传播矩阵，全方位预热大型活动，深度阐释戏剧内容；远离市区的沉浸式剧场可在市区设立线下体验区，或举办主创见面会，拉近与观众的距离；此外，与面向不同受众群体的成熟品牌开展合作，为其定制沉浸式小戏，也可扩展沉浸式戏剧的产业路径。

四、结　论

当前，沉浸式戏剧的发展呈现出的中国范式，主要包括红色主题、传统文化改编、戏剧幻城三种形态。它们具有介入社会的功能属性及公共价值，通过审美介入重现历史事件、英雄人物，与历史展开对话，引导观众以史为鉴，反思当下；通过具象化中国传统文化，指引观众进入区域文化空间，具身感受文化魅力，珍视中国文化遗产，对文化进行多样性保护；通过教育普及下沉至社区和乡村，走近观众，提升社区的文化凝聚力与治理能力，拓展乡村的现代文化产业发展空间。在发展路径上，沉浸式戏剧在深挖传统文化的基础上，注重业态融合、联动发展，并用新兴产业的姿态介入中国的城市更新与艺术乡建，讲好中国故事，传播好中国声音。

参考文献

［1］布莱希特．布莱希特论戏剧［M］．丁扬忠，李健鸣，译．北京：中国戏剧出版社，1990.

［2］德波．景观社会［M］．王昭风，译．南京：南京大学出版社，2006.

［3］雷曼．后戏剧剧场［M］．李亦男，译．北京：北京大学出版社，2010.

［4］波瓦．被压迫者剧场［M］．赖淑雅，译．台北：扬智文化，2000.

［5］周泉．浸入式剧场：以《不再入眠》为例［J］．戏剧，2013（6）：107–116.

［6］朱雪峰．虚拟现实与未来剧场生态［J］．戏剧艺术，2021（5）：54–71.

［7］贡其力．从“在场”到“虚拟场”：虚拟影像合成与戏剧的未来［J］．戏剧艺术，2023（2）：160–169.

［8］Phelan P. Unmarked：The Politics of Performance［M］. London：Routledge，1993.

区域热点 · 城乡文化发展

品牌共建视角下的哈尔滨文旅产业策略分析①

范 红② 闫 楚③

【内容提要】 本文从品牌共建的视角分析了哈尔滨文旅产业的策略，探讨了其在国际传播中取得显著效果的原因。哈尔滨通过多元主体的参与，包括政府、商家、居民和国际媒体，成功塑造了独特的文旅品牌形象。政府的顶层设计、媒体的共振效应、市民和商家的积极参与，都共同推动了哈尔滨文旅品牌的国际化。哈尔滨的案例表明，明确的品牌定位、全面的资源整合、多元的主体联动是提升城市品牌知名度和影响力的关键，本文以期能为其他城市的文旅品牌建设提供启示。

【关键词】 文旅产业；国际传播；品牌共建

Strategy Analysis of Harbin Cultural Tourism Industries from the Perspective of Brand Co-construction

Abstract: This paper analyses the strategy of Harbin's cultural tourism industries from the perspective of brand co-construction and the reasons for its significant influence on international communication. Through the participation of multiple suljects including the government, businesses, local residents, and international media, Harbin has successfully established an impressive cultural tourism brand image. The designed strategies of the government at the highest level, the effect of the media, and the active participation of citizens and businesses have together promoted the globalization of Harbin's cultural tourism brand.

---

① 本文受2023年度湖北文化创意产业化设计研究中心基金一般项目“基于新技术的荆楚文物活化与传播研究”（项目编号：HBCY2310）资助。

② 范红，清华大学国家形象传播研究中心主任，教授、博士生导师。
③ 闫楚，深圳大学文化产业研究院助理教授，广东省哲学社会科学重点实验室（深圳大学）研究员。

The case of Harbin proves that clear brand positioning, comprehensive resource integration as well as diversified crowd participation are quite significant to enhance the visibility and influence of the city brand, and this paper hopes to inspire the cultural tourism branding of other cities.

Keywords: Cultural Tourism Industries; International Communication; Brand Co-construction

一、引　言

品牌共建已应用于包括文旅产业在内的多个领域，但相较于其他领域的品牌实践，文旅产业的品牌共建具有特殊性。文旅产业的构成内涵复杂，由政府、商家、居民、自然环境等多个维度共同构成，人们对一座旅游城市的品牌印象也是对这些主体的综合认知。也正是因为多元主体的存在，各目的地的文旅产业不具有传统意义上的品牌所拥有的稳定性[①]，政府的政策、商家的策略、居民的行为，甚至自然环境等都会在时间的流逝中不断变动。另外，由于各地文旅产业呈现同质化的特征，城镇发展呈现出千篇一律，历史文化景点项目相似，空间开展的业态同质化，导致不少地方难以提升自身识别度，很难实现自身文旅品牌的“破圈”。

应对文旅产业缺乏差异性的现状，不少研究聚焦到“区域旅游品牌共建”。此类研究认为，当处于竞争关系中时，拥有相似特征的旅游目的地在品牌设计及品牌宣传上难免同质，继续各自为营则会导致城市吸引力下降；然而，在区域品牌共建所形成的竞合关系下，共同协作反倒使得这些相似特征的效果不断叠加，从而形成更大的声浪，带来更大的品牌收益。

目前，区域旅游品牌共建可以分为中心点辐射模式和多点结合模式。中心点辐射模式指以一个知名地域为中心进行旅游品牌建设，由内向外辐射中心地域的影响力。如马勇、董观志提出的武汉大旅游圈，就是要发挥武汉市的极化作用，联合岳阳、宜昌、九江等次中心城市，同时连接各地的交通要道，共同构成“区域旅游网络化群体”[②]。多点结合模式则指采用城市所长，让区域间的相同优势相互叠加，不

---

① Almeyda-Ibáñez M，Babu G. The Evolution of Destination Branding：A Review of Branding Literature in Tourism［J］. Journal of Tourism，Heritage & Services Marketing（JTHSM），2017，3（1）：9–17.

② 马勇，董观志. 武汉大旅游圈的构建与发展模式研究［J］. 经济地理，1996（02）：99–104.

同优势相互补充，使地域发展呈现出成片聚集或沿线伸展的态势。此外，还有不少研究分析了区域联动开发的模式。例如，邱继勤、朱竑探讨了川黔渝三地交界处的联动开发模式[①]，成竹、陈伟沿湄公河分析了如何将云南和越南跨域联系起来[②]，韩慧林、邹统钎则在“一带一路”背景下从共建基础、共建主题、共建治理、共建内容四个方面，对丝绸之路沿途各地的共建机制进行了研究[③]。

除了不同地域之间的联动，面对区域人员流动的复杂性、不稳定性等特征，淄博给出了全民参与的品牌解决方式。淄博在复杂的、不稳定的、多样性的城市要素中选取了具有特色也相对稳定的城市特色切片“淄博烧烤”，接着又发动多个主体参与，如让当地市民、商家分别通过志愿服务或研发各类烧烤吃法等方式主动地参与品牌共建的过程中。范红、何佳雨在国内社交媒体视野下详细分析了这一多元主体共建的文旅品牌经典案例[④]，但目前国内此类研究还较少。

继淄博文旅出圈后，哈尔滨在2024年春节期间累计接待游客1009.3万人次，日均同比增长81.7%[⑤]，凭借其冰雪旅游成为一个“顶流”网红城市。哈尔滨采用多元共建的文旅品牌战略，其中的参与主体更是从国内延伸至国际。本研究将分析哈尔滨的国际传播效果及其多元主体的参与方式，进而分析哈尔滨文旅中品牌共建思路对我国城市发展的启示。

二、哈尔滨国际传播的热度阶段梳理

2024年冬季，得益于持续有效的传播推广以及活跃的社交媒体内容发布，并且不断推进自身与国际城市的互动合作，哈尔滨线上活跃度增强，旅游业热度大增。哈尔滨的国际传播历程可以分为三个阶段，首先，通过在国际社交平台上发布特色内容，不断地吸引全球目光；其次，以国际冰雪节的成功举办为高潮，将哈尔滨推

---

① 邱继勤，朱竑．川黔渝三角旅游区联动开发研究［J］．地理与地理信息科学，2004，20（2）：78-82.

② 成竹，陈伟．大湄公河次区域国际旅游品牌共建机制研究——以滇越为例［J］．西南边疆民族研究，2016（02）：113-119.

③ 韩慧林，邹统钎．“一带一路”背景下西北丝绸之路旅游品牌共建机制构建研究［J］．青海民族研究，2022，33（03）：124-129.

④ 范红，何佳雨．社交媒体视域下的城市品牌共建模式——以淄博烧烤网红事件为例［J］．新闻爱好者，2023（10）：38-41.

⑤ 春节期间哈尔滨接待游客1009.3万人次［EB/OL］．（2024-02-22）［2024-09-16］.https:/wlt.hlj.gov-cn/wlt/c114212/202402/c00_31711465.shtml.

向国际讨论的顶峰；最后，再通过持续的文化互动和国际交流，巩固并扩大哈尔滨的国际影响力。在这一递进的国际传播过程中，哈尔滨不仅展示了自身文化魅力，也体现了在全球舞台上日益增长的吸引力和传播力。

（一）国际传播的预热阶段

自2021年年底起，哈尔滨在Instagram、YouTube、Facebook等海外社交平台上开通了官方账号，并在账号上更新了“教老外说东北话”“嗨，我是哈尔滨”等系列视频。2022年11月，哈尔滨市委宣传部在新华网发布的《我在哈尔滨等你》不但在半天之内浏览量超过200万，还受到了来自俄、美、日、韩等多个国家和地区的四百五十多家主流媒体的关注。[①] 在这一阶段，哈尔滨在国际上的热量得到了持续性地累积。

（二）国际节事的热烈反响

2024年1月5日，第三十九届中国哈尔滨国际冰雪节盛大开幕。当日，国内文旅局同志、在华大使馆及领事馆代表、世界旅游联盟成员等纷纷到场，法国官员还在开幕式上为冰雕版巴黎圣母院揭幕。这一盛事让哈尔滨在国际上的讨论热度值（讨论热度值综合衡量了Facebook、X、YouTube、Instagram几大海外社交平台上的浏览量、点赞量、转发量及评论数等数据）迅速升温，在启幕当天到达顶峰。

（三）跨界互动的持续影响

2024年1月，瑞士旅游局局长在世界经济论坛上接受媒体采访时隔空喊话“我姓瑞，欢迎哈尔滨来与我相会”，哈尔滨文旅局局长也隔空回应“我姓哈，欢迎来到我的家”。1月28日于挪威奥斯陆青年广场，“你好！中国”冰雕彩灯艺术节（展览包含了由哈尔滨冰雪大世界的雕刻家们精心准备的冰雕作品）开幕，挪威创新局副局长、中国驻挪威大使等纷纷到场。

除了官方上的互动，来自挪威、马来西亚、法国、新加坡、美国等各国家和地区的网友也纷纷加入了这场讨论，哈尔滨于冰雪节期间在海外社交媒体的讨论热度值同比上涨408.2%，且评论多为正向评论。同时，除了冰雪大世界，中央大街、太阳岛雪博会、极地公园、音乐长廊、圣索菲亚大教堂等景点的讨论热度值也都远超去年，网红大雪人、淘学企鹅、冻梨摆盘、冰马俑、驯鹿表演、人造月亮等活动或项目都吸引了不少国际网友的目光。

---

① 超过450家国际主流媒体联手推介 “冰城”哈尔滨凭何海外再“出圈”？［EB/OL］.（2022-12-16）［2024-09-16］.https://www.news.cn/world/2022-12/16/C_1211710136.htm.

三、哈尔滨文旅产业的多元主体参与

多元主体参与是品牌建设的关键，两个及以上的利益相关者联合营销传播并创造新价值的过程即为品牌共建①。哈尔滨的国际传播得益于政府的积极推广、国际媒体的广泛报道、国内外网民的热情反馈、市民的积极参与以及商家的暖心服务。多元主体的参与显著提高了哈尔滨的国际知名度，全面推动了其文旅产业的发展，使其成为全球关注的旅游热点。

（一）政府推动顶层设计与国际交流

政府运用顶层设计思维来规划和推动地方旅游业发展。哈尔滨作为中国东北的重要城市，近年来在国际传播舞台上的影响力显著提升，这得益于国家层面的战略布局与广泛推广。通过运用数字化营销工具，不断提升服务质量，创造独特的产品体验以及积极参加国际合作，哈尔滨成功地将自身打造成一个具有国际影响力的旅游目的地。当地政府高度重视国际传播能力建设，将其视为国家战略的重要组成部分，以提升国家的国际影响力和文化软实力。

首先，哈尔滨市政府加强城市文旅顶层设计，使哈尔滨的冰雪文旅产业在产品和服务上都得到了提升。政府部门为哈尔滨“出圈”与“出海”蓄力已久，自 2021 年在 Instagram、Youtube、Facebook 等平台上开通官方账号后，哈尔滨就一直通过“嗨，我是哈尔滨”等系列视频吸引世界的眼光。在 2024 年冰雪节后，哈尔滨进一步加大了对网络舆情的监测，持续关注各大平台对哈尔滨的实时评价，并迅速且积极地回应出现的问题。此外，哈尔滨举办了提升酒店服务质量的相关座谈会，开发多个研学项目，凭借其优质的交通服务、舒适的住宿环境和可爱的“小砂糖橘”小游客们在网络上引发关注。与此同时，哈尔滨还不断完善冬季运动和娱乐项目，并推出了一系列文旅产品，其中网红大雪人、冰雕、冰马俑、索菲亚教堂的人造月亮等在海外社交媒体上都引起了热烈讨论。

其次，在国际推广方面，哈尔滨市政府积极联动瑞士国家文旅单位，开展跨国旅游的推介与合作。在 2023 年 1 月世界经济论坛举办期间，瑞士国家旅游局局长尼德格尔局长向哈尔滨发出友好的邀请，表示两地有趣的冰雪资源可以共享，并推出宽松的瑞士签证政策欢迎中国游客来瑞士旅游。与此同时，哈尔滨市文化广电和旅游局局长王洪新以冰雪大世界为背景，用“我姓哈，欢迎来到我的家”和“welcome

---

① 苏奕婷，王兴元．品牌共建视角下参与品牌社群的影响因素研究［J］．华东经济管理，2015，29（4）：130–135.

to 东北，welcome to Harbin”来热情回应，感谢国际友人对哈尔滨的喜爱，展现出中国东北热情好客的形象。以上，可见政府积极推动并扩大哈尔滨在国际市场上的影响力，通过旅游合作、放宽签证等手段为国内外游客提供便利。以上举措既提升了哈尔滨的城市形象，也有助于促进文化交流和相互理解。

（二）媒体共振激发全球受众互动传播

哈尔滨在2024年冬天成为全网关注的焦点，除得益于政府部门的顶层设计之外，也得益于国际官方媒体和自媒体人的传播。哈尔滨在全球媒体中知名度的提高，使得哈尔滨的冰雪文化得以跨越国界，成为全球共享的文化现象，也为其他城市提供了国际传播的借鉴模式。

首先，自哈尔滨冰雪大世界开幕后，白俄罗斯、英国、新加坡、美国等国家的官方媒体纷纷对此事件进行了正面报道。这些报道不仅关注哈尔滨的烟花表演、音乐演出等特色活动，还关注哈尔滨快速增长的旅游数据。《每日邮报》称这座不可思议的“冰城”拉高了旅游业的准入门槛；瑞士国家旅游局局长马丁·尼德格尔则对哈尔滨在短时间内吸引超过300万名游客表示赞叹，并希望瑞士向哈尔滨学习如何举办盛大壮观的冰雕节。通过各国媒体的正面报道，哈尔滨冰雪节庆活动得到了国际社会的广泛关注。无论是瑞士国家旅游局局长的肯定，还是《每日邮报》的报道，都是从国际媒体视角扩大了哈尔滨在国际传播上的影响。这些国际渠道发声不仅提升了哈尔滨的知名度，也为哈尔滨文化旅游产业的未来发展，带来了积极影响。

其次，国际社交媒体平台上的创作者，如国际博主、留学生、游客等，也纷纷通过视频发布向世界全方位地展示哈尔滨，推动了哈尔滨冰雪魅力之城的全网传播。此类视频内容不仅获得了较高的观看量和点赞数，而且通过视频评论促进了哈尔滨冰雪文化的全球传播。在国际社交平台上热度最高的相关词条当数“冰雪大世界”，英国博主Barrett在冰雪节期间来到了哈尔滨，亲身体验后将用无人机录制的冰雪大世界全貌上传至YouTube平台。截至2024年5月20日，该博主的视频《中国的冰城让我震惊！》[①]获得20万次观看、8249个点赞以及856条评论。印度博主yatri doctor也上传了冰雪大世界的视频《China’s ICE & SNOW City-HARBIN》[②]，该视频获得73万次观看，2.3万次点赞，1280条评论。在以上视频评论中，不少网友都对

---

① 中国的冰城让我震惊！［Z/OL］.（2023-12-31）［2024-05-20］. https://www.youtube.com/watch？ v=YjBKo54FJvQ&t=264s.

② China’s ICE & SNOW City—HARBIN［Z/OL］.（2024-01-29）［2024-05-26］. https://www.youtube.com/watch？ v=8ejrZybPqJQ.

冰雪世界的美丽及“中国制造”的规模表达了赞叹，如：“向中国人致敬，这是什么天堂，多么美丽啊！哈尔滨雪城看起来像是在一个不同的星球上”，“无论中国做什么，其规模都令人难以置信且令人震惊。多么有才华的艺术家啊！！”此外，有些视频还引发了观众对哈尔滨衣食住行的新话题讨论。如马来西亚博主“KJ 小破站”在其视频《马来西亚小土豆勇闯哈尔滨！在负 19 度的天吃最热的红肠！》[①] 中展示了哈尔滨的优质酒店、特色美食等多个城市旅游体验维度，视频中不少评论表示热烈欢迎马来西亚人前往哈尔滨旅游，网友在其视频中感受到冬天里的春天气息，并获得哈尔滨除冰雪旅游之外的全新体验。

哈尔滨冰雪城市依托国际化的媒体报道与自媒体传播，构建出一个多维度、互动性强的传播网络，这个网络不仅作为信息传播的渠道，更是文化交流和国际形象塑造的重要平台，能有效地将哈尔滨的文旅品牌推广至全球。

（三）市民与商家助力构建“暖心”城市

哈尔滨市民和商家也自发地参与到哈尔滨旅游的线上传播与线下志愿工作当中。不少哈尔滨人在国内社交平台发起“哈尔滨”“哈尔滨探店”“冰雪大世界”等话题接龙，还有不少在国际社交平台发布的哈尔滨视频评论区留下足迹，表达对家乡的骄傲以及对外国友人的热烈欢迎，此类评论都为哈尔滨在国际平台上增加了不少热度。此类民间自发的互动交流，为哈尔滨城市的国际传播提供了鲜活的、生动的内容，也增强了国际传播的真实性和亲和力。

除在网络上助力哈尔滨之外，许多市民还继续在城市中贡献着力量。哈尔滨有不少市民主动作为司机义务接送各处来的游客，他们车上的红色条幅上印着几个热情的大字“好客冰城，哈尔滨欢迎您”。在冰雪大世界的现场，有一群身着“红马甲”的志愿者忙碌着，他们不仅要负责维持现场秩序、解答游客的疑问，而且会为排队等候的游客送上温暖的热姜茶等保暖物品。在游客排队感到疲惫时，他们还会陪伴游客在冰天雪地中起舞，并协助游客拍摄留念照片。这些志愿者热情好客，即使每天工作时长超过 12 小时，依然保持着积极的状态。他们的努力不仅提升了游客的体验，也成了哈尔滨国际传播的人文名片。哈尔滨人积极自发的行动，展现出了哈尔滨作为一个具有深厚文化底蕴、充满人文关怀城市的风采。

哈尔滨国际化的旅游品质传播也得到了本地商家的全面支持。为了更符合国际

---

① 马来西亚小土豆勇闯哈尔滨！在负 19 度的天吃最热的红肠！［Z/OL］.（2024-01-15）［2024-05-26］. https://www.youtube.com/watch？ v=2-E7Ovp2Xyk&t=792s.

游客的口味和需求，本地商家将东北的传统特产冻梨进行精细化加工，通过摆盘、榨汁等方式，创新了冻梨的造型和品味方式，让游客能够直接品尝到其甘甜的汁水。对传统食品的创新不仅提升了产品的吸引力，也考虑了国际游客的需求，丰富了他们的餐饮体验。创新精神对商家非常重要，虽然只是小改变，却能满足国际游客的需求，增强他们对哈尔滨城市的喜欢。此外，为了构建更加舒适便捷的服务，商家纷纷提供多语种菜单，并在各大景点周边设置了温暖的休息区域，为游客们提供热水和暖宝宝等物品，用来缓解游客们在寒冷天气中的不适。此类暖心服务，不仅展现出商家的责任感，也彰显出哈尔滨人的热情好客，助力冰雪城市的“暖心”城市形象构建。

四、哈尔滨文旅产业的品牌共建启示

城市品牌构建是一个复杂且持续的过程，需要依托地方文化、历史和自然资源的独特性，并进行系统性的规划和投资。哈尔滨凭借其丰富的冰雪资源，通过连续多年的冰雪节庆活动，逐步建立了具有国际影响力的城市品牌，这也表明了明确的品牌定位、全面的资源整合、多元的主体联动是提升城市品牌影响力的关键。

（一）明确品牌定位，打造专属品牌

要在激烈的全球旅游市场中脱颖而出，旅游目的地必须具备自己的特色，并以此吸引来自世界各地的游客。[①] 城市品牌建设是一个复杂且长期的任务，它需要结合当地的文化、历史和自然资源的独特性，进行系统的规划和持续的投入。哈尔滨正是利用其丰富的冰雪资源，通过持续举办的冰雪节庆活动，逐步构建起具有国际影响力的城市品牌。这一成就依赖于对冰雪文化的持续推广与创新，以及对冰雪旅游体验的不断优化。

首先，品牌共建的起点是明确品牌定位，打造具有城市特色的专属品牌。考虑文旅产业构成因素较多，提取出特色的文化定位是品牌建设的关键。选择“冰雪”特征并打造“冰雪大世界”的品牌活动，是哈尔滨品牌打造的方式之一。哈尔滨冰雪大世界成立于 1999 年，已成功举办了 25 届，目前已发展成与加拿大魁北克冬季狂欢节、日本札幌冰雪节、挪威奥斯陆滑雪节齐名的世界级冰雪节。可见，哈尔滨的冰雪品牌的塑造绝非一日之功，是经过多年积累之后才得以厚积薄发赢得空前盛

---

① Giannopoulos A，Piha L，Skourtis G. Destination Branding and Co-creation：A Service Ecosystem Perspective［J］. Journal of Product & Brand Management，2021，30（1）：148–166.

况的。

其次，保持品牌竞争力的另一个关键是持续创新。哈尔滨在品牌建设过程中引入新设计理念、先进技术和各种活动，从而确保为游客们提供不一样的冰雪体验。创新思维不仅增强了品牌的吸引力，也使品牌能够适应市场变化和实现持续升级。

要在全球市场中脱颖而出，创新是取胜的最关键因素。通过开发冰雪旅游服务和选择差异化竞争策略，哈尔滨努力在冰雪产品、旅游服务、环境建设以及景点营销等方面实现了全方位的差异化。

深度挖掘本地资源与文化内涵，并结合现代技术和创意，对推动城市品牌的发展与国际化至关重要。通过整合策略，哈尔滨成功地将自己定位为一个独特的冰雪旅游目的地，并吸引了全球游客。随着持续的品牌投入与创新，哈尔滨不仅提升了品牌价值，也在国际旅游市场上建立了良好的品牌形象。

（二）全面整合资源，扩大品牌影响

哈尔滨因其冰雪文化而声名远扬，但旅游业的持续发展需要超越单一的文化维度，提供一种完整的时空体验。为维持品牌吸引力并留住游客，哈尔滨在提炼出独具特色的冰雪文化要素后，还在品牌共建基础上进行资源整合和迭代创新。通过引入不同的利益相关者参与品牌建设，一个内外联动的品牌生态系统形成了，它不仅促进了合作，还增强了整体的协同效应。

在区域旅游品牌共建过程中，哈尔滨采用了中心点辐射模式，利用冰雪大世界的国际影响力来带动其他旅游景点的知名度。其中，圣索菲亚大教堂、雪博会、极地公园等景点都因此受益，共同构成了哈尔滨独特的冰雪旅游生态，形成了一个完整的冰雪文化旅游矩阵。

此外，哈尔滨还与瑞士等具有相似冰雪资源的地区进行了资源联合，以强化品牌影响力。这种跨地区的合作不仅拉近了两地居民的心理距离，还因为各自的四季风光和人文景观的差异性而互相增加了吸引力。瑞士和哈尔滨的联合推广，深化了两者在世界人民心中的“冰雪之城”形象，这种方式不仅推广了哈尔滨城市，也扩大了冰雪旅游品牌的全球影响力。哈尔滨与瑞士之间的远程共建不仅吸引了更多国际游客，还促进了两地人民之间的文化交流与互动。在媒体平台的互动中，双方政府部门都积极邀请对方的居民来访，在对话过程中加深了彼此的文化印象。

总的来看，通过内部以冰雪大世界为核心带动冰雪旅游生态，以及外部与瑞士等地区共同推广冰雪资源，哈尔滨成功地提升了其品牌影响力，成为旅游品牌共建中的一个成功的案例。

（三）多元主体联动，推动品牌共建

在哈尔滨的品牌建设征途中，多元主体的联动发挥了重要的作用，共同塑造了这座城市的国际化品牌形象。这一过程展现了一种立体多维的品牌共建模式，其中政府、商家、媒体、国际受众以及本地居民都扮演了不可或缺的角色。

哈尔滨市政府在这一过程中扮演了引领者和联动者的角色，为不同利益群体搭建了合作共赢的平台，推动了城市品牌的发展。通过举办国际冰雪节等大型活动，政府成功联动了国内外媒体、旅游运营商、文化机构等多方资源，为品牌共建创造了更多的合作机会。这些活动不仅提升了哈尔滨的国际知名度，也为本地商家带来了更多的商业机会，为居民提供了展示和体验文化的舞台。

媒体在塑造品牌形象方面也发挥了重要作用。媒体不仅是品牌声音的放大器，更是连接哈尔滨与国际受众的重要桥梁，为品牌构建了全球传播的广阔平台。通过国际媒体的合作，哈尔滨的故事得以跨越国界并吸引全球目光。通过精心策划的专题报道和互动访谈，哈尔滨富有文化魅力和热情好客的城市形象得以传播。同时，媒体的监督和及时反馈也为品牌的持续改进提供了宝贵的建议。积极的城市品牌形象传播和开放的媒体沟通机制，都有助于城市品牌的不断升级完善。

尽管各类参与者可能是出于各自的利益考虑，例如，媒体追求报道热点以提高曝光率，商家期望借助品牌效应增加收益，但是真正使品牌共建系统具有持久吸引力的核心动力在于合作。商家通过提供高质量服务和创新营销策略，增强了品牌的市场竞争力；媒体则通过报道和宣传，扩大了品牌的影响力和认知度；而居民作为城市的直接受益者，他们的积极参与和正面反馈，不仅表达了对家乡的自豪感，也为品牌注入了活力和情感价值。

哈尔滨的成功经验说明，找到并突出自身的品牌特色，通过与国际文旅品牌的合作，扩大品牌的国际影响力，是提升城市在全球旅游市场中的地位的关键。政府、商家、媒体、国际受众和本地居民的多元参与，也是哈尔滨品牌建设取得成功的关键因素。借鉴这一品牌共建路径，结合城市自身资源情况，可以为城市制定出更为有效的品牌推广策略，从而在全球化的竞争环境中脱颖而出。

五、结　论

哈尔滨作为中国的冰雪资源大省，其在 2024 年冬季旅游业的爆火表现是多种因素综合作用的成果。哈尔滨文旅相关的部门积极规划布局，致力于满足游客的消费

需求，提升旅游体验并丰富东北地区的旅游活动。这些努力显著提升了哈尔滨的知名度和受欢迎程度，赢得了国内外的广泛好评。同时，全球受众纷纷在社交媒体上分享哈尔滨的旅游体验、美食和热情服务的视频，进一步增强了哈尔滨的国际影响力，并推动了以“冰雪”为主题的中国城市形象在全球的传播。

分析哈尔滨冰雪文旅形象的国际传播历程，以及城市品牌形象多元共建的品牌发展路径，我们可以看到多方协作和资源整合的重要性。这些经验不仅展示了哈尔滨在文旅领域的成功原因，也为其他城市的品牌形象建设和国际推广提供了宝贵的参考。哈尔滨的经验告诉我们，充分利用独特资源、加强国际合作、进行多元共建是提升城市品牌知名度和影响力的有效策略。希望未来更多的中国城市能够借鉴哈尔滨的模式，共同推动文旅产业的繁荣发展。

【参考文献】

［1］范红，何佳雨 . 社交媒体视域下的城市品牌共建模式——以淄博烧烤网红事件为例［J］. 新闻爱好者，2023（10）：38-41.

［2］马勇，董观志 . 武汉大旅游圈的构建与发展模式研究［J］. 经济地理，1996（02）：99-104.

［3］苏奕婷，王兴元 . 品牌共建视角下参与品牌社群的影响因素研究［J］. 华东经济管理，2015，29（4）：130-135.

［4］成竹，陈伟 . 大湄公河次区域国际旅游品牌共建机制研究——以滇越为例［J］. 西南边疆民族研究，2016（02）：113-119.

［5］韩慧林，邹统钎 .“一带一路”背景下西北丝绸之路旅游品牌共建机制构建研究［J］. 青海民族研究，2022，33（03）：124-129.

［6］邱继勤，朱竑 . 川黔渝三角旅游区联动开发研究［J］. 地理与地理信息科学，2004，20（2）：78-82.

［7］春节期间哈尔滨接待游客 1009.3 万人次［EB/OL］.（2024-02-22）［2024-09-16］. https:/wlt.hlj.gov.cn/wlt/c114212/202402/coo_31711465.shtml.

［8］超过 450 家国际主流媒体联手推介 “冰城”哈尔滨凭何海外再“出圈”？［EB/OL］.（2022-11-16）［2024-09-16］.https://www.news.cn/world/2022-12/16/C_1211710136.htm.

［9］中国的冰城让我震惊！［Z/OL］.（2023-12-31）［2024-05-20］.https://www.youtube.com/watch？ v=YjBKo54FJvQ&t=264s.

［10］China’s ICE & SNOW City—HARBIN［Z/OL］.（2024-01-29）［2024-05-26］. https://www.youtube.com/watch？ v=8ejrZybPqJQ.

［11］马来西亚小土豆勇闯哈尔滨！在负 19 度的天吃最热的红肠！［Z/OL］.（2024-01-15）［2024-05-26］.https://www.youtube.com/watch？ v=2-E7Ovp2Xyk&t=792s.

［12］Almeyda-Ibáñez M，Babu G. The Evolution of Destination Branding：A Review of Branding Literature in Tourism［J］. Journal of Tourism，Heritage & Services Marketing（JTHSM）. 2017，3（1）：9–17.

［13］Giannopoulos A，Piha L，Skourtis G. Destination Branding and Co-creation：A Service Ecosystem Perspective［J］. Journal of Product & Brand Management. 2021，30（1）：148–166.

中韩“东亚文化之都”交流机制研究

裴慧恩[①]
（北京大学艺术学院，北京 100871）

【内容提要】 在全球化时代，“文化之都”评选机制逐渐兴起，城市正从“功能城市”向“文化城市”转型。超国家合作不仅提升了城市的竞争力，还促进了其可持续发展。东亚地区以中国、日本和韩国为中心，形成了“东亚文化之都”网络，致力于推动文化合作。在这一背景下，开发和利用文化资源是一种创造性实践，需赋予文化独特意义，加强宣传力度和文化辐射力，赋予城市特色。本文总结了东亚文化城市网络的发展情况，并通过中国温州和韩国全州的案例分析，提出了相应的建议。

【关键词】 东亚文化之都；城市文化交流；文化城市；节庆

A Study on the Cultural Exchange Mechanism of “Culture City of East Asia” between China and Korea

Abstract: In the era of globalization, the “Cultural City” selection mechanism has emerged, and cities have transformed from “functional cities” to “cultural cities”. Supranational cooperation enhances competitiveness and promotes sustainable development. East Asia has formed a network of “Culture Cities of East Asia” with China, Japan and Korea as the center, and is committed to cultural cooperation. In this context, the development and utilization of cultural resources are creative practices that require imbuing culture with unique significance, enhancing promotional efforts and cultural influence, and giving cities distinctive characteristics. This paper summarizes the development of the East Asian Cul-

① 裴慧恩，女，北京大学艺术学院博士研究生。主要研究方向：跨文化传播和文化交流。

tural City Network and makes suggestions based on case analysis of Wenzhou of China and Jeonju of South Korea.

Keywords: Culture Cities of East Asia; Cultural Exchange of Cities; Cultural City; festival

一、引言：文化城市的崛起

联合国教科文组织（UNESCO）强调，城市的发展应该以人为本，与当地文化相协调。随着2015年联合国可持续发展目标（SDG）的通过，国际社会在可持续发展战略上达成了共识，强调了其综合性特征。[①]社会学家本杰明·巴伯（Benjamin R. Barber）在他的著作《如果市长统治世界》（*If Mayors Ruled the World*）中强调了文化在保障城市的公共性方面的作用，同时为解决各种社会问题提供线索，具有实践性的功能。受到全球化的影响，跨国交流增加[②]，国际关系的运作机制变得更加复杂，导致可持续发展和文化讨论在城市层面更为凸显。过去，国际关系主要以国家或国际组织单位为中心，但如今国际主体通过网络相互连接，形成了国际关系的网络。与全球化同步出现的地方化现象，通过“共鸣”建立了地方主义和普遍主义之间相互共存和共同发展的新型共鸣社会。以促进不同文化之间的交流为目标，跨国文化城市网络应运而生。

在全球化时代，随着“文化之都”评选机制在国际上兴起，以及诸多城市从“功能城市”向“文化城市”转型发展，城市之间的跨国合作变得至关重要。这种合作有助于提升城市的竞争力和实现可持续的城市发展，也使得跨国文化城市网络的作用变得尤为重要。在这种大环境下，东亚地区以中日韩为中心形成了城市网络——“东亚文化之都”（Culture Cities of East Asia），它是中日韩人文领域的文化合作品牌。受“欧洲文化之都”的启发，“东亚文化之都”项目于2012年启动，旨在推动中日韩三国的交流与合作。尽管该项目在实际交流中发挥了重要作用，但目前关于其详细研究仍然相对较少。

本文将梳理当前东亚文化城市的文化网络的发展情况，并探讨城市之间合作与

---

① Hosagrahar J. Culture and Creativity for Sustainable Urban Development［J］. Proceedings of Valuing and Evaluating Creativity for Sustainable Regional Development，2017：20–22.

② Duxbury N，Gillette E. Culture as a Key Dimension of Sustainability：Exploring Concepts，Themes，and Models［J］. Centre of Expertise on Culture and Communities，2007.

共生的方案。在创建工作方面，选取中国温州、韩国全州作为案例，从文化城市品牌角度对其进行重点研究分析，总结梳理“东亚文化之都”创建工作的经验与不足。由此对“东亚文化之都”品牌发展建设提出建议。

二、“文化之都”发展现状

（一）欧洲文化之都

城市之间共同推动的项目构建了社会、经济、旅游等各领域的网络，不仅拓展了城市国际交流合作的路径，还提升了城市的国际形象、知名度和影响力。根据奥地利裔英国人类学家纳德尔（Siegfried Frederick Nadel）的观点，社会结构被定义为在相互关联的角色之间发生的行为模式和网络。[①] 管理学专家杰西卡·利普耐克（Jessica Lipnack）和杰弗里·斯坦普斯（Jeffrey Stamps）将网络（network）视为一种系统，认为它是由节点（node）和链接（link）构成的整体管理模式，由共享兴趣等的成员相互形成的自主连接。网络化将成员连接在一起，实现想法和资源等的相互关联，它意味着成员通过互动的连接网络共享资源，而不失去主体的特质。[②] 进入20世纪后，文化领域的国际网络的形成成为一种趋势，旨在促进不同国家之间的文化合作和交流。欧洲理事会（Council of Europe）、国际音乐学会（International Musicological Society）、国际博物馆理事会（International Council of Museums）、欧洲节庆协会（European Festivals Association）等各种国际组织应运而生，这些组织为艺术家、文化机构、研究人员、艺术团体等提供了相互交流和合作的平台。这种超越国界的文化网络已经正式制度化，全球各地开始利用文化网络分享各种文化活动。

“文化之都”建设与城市公共文化服务之间存在着良好的互动关系。这种互动可以促进公众群众的文化素养和能力的发展，推动文化基础设施的建设，促进地区间和国际文化交流与融合。[③] 作为“东亚文化之都”的前例，“欧洲文化之都”是由欧洲联盟设立的一个文化项目，旨在通过推动文化和艺术活动来提升城市的文化形象，并促进城市之间的文化交流。该项目于1985年首次启动，每年评选并指定一到两个

---

① Nadel S F. The Theory of Social Structure［M］. London：Routledge，2013.

② Jessica L，Stamps J. Networking：People Connecting with People［M］. New York：Doubleday Books，1982.

③ 陈慰，巫志南. 从功能城市到文化城市：“欧洲文化之都”公共文化建设研究［J］. 山东大学学报（哲学社会科学版），2017（05）：73.

城市作为欧洲文化之都。[①]获选城市可以通过举办展览、音乐会、戏剧表演、文学活动、电影节等多种文化活动，展示其独特的文化风貌，从而吸引游客和国际关注。自2009年起，该项目每年在西欧和东欧各选定一个城市，以强调平等和多样性的重要性，并为每个获选城市提供展示其独特文化遗产和现代创意的机会。在欧洲联盟主办城市项目的设计中，强调了“欧洲维度”，这体现在规划和运营阶段都注重主办城市之间的网络合作。这种设计从欧洲市民的角度出发，每年在不同地方举办文化活动，使他们能够接触到主办城市独特的文化特色。这种文化多样性为欧洲市民提供了在欧洲联盟框架内互相尊重和共存的经验，成为构筑欧洲认同的基础。

值得注意的是，文化社会学家莫妮卡·萨萨泰利（Monica Sassatelli）在研究欧洲联盟成员国之间的文化交流时，强调了避免泛化误差（generalization error）的重要性。他强调不应将各国与欧洲联盟的关系概括为单一模式，而应通过每个具体案例自然形成整体轮廓，特别注重每个案例的特殊性。由于欧洲联盟被理解为一个多层次的治理体系，个别案例不仅具有独特性，还作为整个网络的组成部分具有其存在的意义。[②]换言之，欧洲联盟所倡导的“统一性以多样性为基础”正是通过个别案例的独特性体现出来。这种理念强调了在欧洲联盟文化项目中保留和尊重各成员国的独特文化，而非将其过于概括为相同的模式。同样，韩国学者金正浩和文哲洙对欧洲文化之都的推进成果和局限进行了SWOT分析，特别关注知识传承和城市间的交流网络。通过促进文化之都之间的知识和经验传承，建立交流网络，城市可以实现相互学习和发展。[③]他们的研究结果表明，欧洲文化之都项目存在以下弱点（weakness）：缺乏统计监测系统、目标不一致（侧重于地区经济发展和形象提升，而非整个欧洲）、欧盟内部责任组织的缺失等；潜在威胁（threats）包括：与文化发展计划无关活动的举办、相关项目推进结果分析的困难，以及在文化之都的推荐和选择过程中未解决的问题。“东亚文化之都”项目是借鉴欧洲的案例而发展的，因此很可能会面临类似的问题。为了避免这些问题，应参考先前的案例，特别是要从欧洲的教训中汲取宝贵的经验，这对跨文化、跨国家项目的执行至关重要。

---

① 当时活动的名称是“欧洲文化之城”，到1999年更名为“欧洲文化之都”。

② Sassatelli M. The Logic of Europeanizing Cultural Policy［J］//Meinhof U，Triandafyllidonw A. Transcultural Europe：Cultural policy in a Changing Europe. London：Palgrave Macmillan UK，2006：24–42.

③ Kim J，Moon C. The European Capital of Culture Program from a International City Brand Establishment Perspective—Case Study of the 2009 ECOC Program［J］. Journal of Outdoor Advertising Research，2010，7（3）：121–146.

（二）东亚文化之都

2012 年 5 月，中韩日文化部长会议上，三国就“东亚文化之都”项目相关事项达成一致，该项目 2014 年开始实施，每年都会在中日韩三国各选择城市，旨在通过“东亚意识、文化交融、相互欣赏”的原则，共同打造“东亚文化之都”。这是亚洲第一个国际性文化城市命名活动。2014—2024 年当选“东亚文化之都”的城市如表 1 所示。

表 1 中日韩三国“东亚文化之都”当选城市

年度	中国	日本	韩国
2014	泉州	横滨	光州
2015	青岛	新潟	清州
2016	宁波	奈良	济州
2017	长沙	京都	大邱
2018	哈尔滨	金泽	釜山
2019	西安	东京都丰岛区	仁川
2020	扬州	北九州	顺天
2021	绍兴、敦煌	北九州	顺天
2022	温州、济南	大分县	庆州
2023	成都、梅州	静冈县	全州
2024	潍坊、大连	石川县	金海

数据来源：作者根据公开资料进行整理。

自 2014 年启动以来，“东亚文化之都”项目中所选定的各个城市展现了不同的历史文化背景。这表明，选择这些城市并非基于共同标准，其当选反映了每个国家对文化城市的态度或意义。[①]“东亚文化之都”的首批城市包括作为海上丝绸之路起点的中国泉州；以拥有亚洲文化中心而备感自豪的韩国光州；以及日本最早创造城市的横滨。虽然选择的原因和背景各不相同，但各国都着重于推广和宣传各自的

① Kwon L，Ju Y. The Meaning of Far-Eastern Capital of Culture & their Cultural Strategies［J］. Humanities Research，2017（52）：427-453.

文化品牌和魅力。韩国学术界在分析“东亚文化之都”建设中存在的问题和对策时，主要关注组织机构和活动内容等方面，缺乏对“东亚文化之都”当选城市类型特点和活动参与主体的研究。[①] 禹敏（2020）从体制机制建设、政策供给、文化设施建设等方面，对中韩两国“东亚文化之都”的评选机制进行了分析。[②]

迄今为止，已经有十一批城市获得了“东亚文化之都”的称号。然而，这些城市展示的相关项目和计划更加强调推广各自城市，而不是寻找东亚的身份认同。因此，一些研究者建议，各个城市应该从寻找亚洲文化原型开始，逐渐展开共同研究，而不仅仅局限于各自的城市推广。[③] 譬如，杨婷婷（2022）的研究能够弥补以往研究中的某些缺陷，她认为，中日韩应在“文化认同”的基础上，建立东亚共有的精神和文化系统，为东亚文化名城的共同文化交流提供一个平台。[④] 目前，东亚各国的文化交流主要集中在政府机构和社会组织之间，尚未深入到民间群众中，这是当前主要的问题所在。因此，需要整合当前中日韩文化交流的平台和方法，建立基于“文化认同”的东亚城市政府机构、社会组织和民众之间的公共文化交流途径，以探索全方位的交流途径。中韩学界对“东亚文化城市”的选择和建设相关研究集中在问题和对策方面，但对被选定城市的特征和活动参与主体的研究相对不足。王燕（2020）指出，韩国的文化城市选择过于偏向大城市，文化活动未能反映各城市之间的差异。[⑤] 因此，有必要更全面地研究东亚文化城市的各个方面，包括不同城市的特征以及参与其中的各方。这有助于制订更全面、更有效的计划和策略，提高“东亚文化之都”项目的成功概率。中国学界对韩国文化城市的研究主要集中在大邱、光州和济州岛等案例上。同时，他们对中国文化城市的研究也倾向于特定地区，例如一些学者以泉州为例进行文化形象研究。他们主要指出了一些问题，如大城市文化形象缺乏集中呈现，以及城市品牌发展战略协同的不足等（杨灿荣，2015；邱坚娜，2016）。

在对策和建议方面，李双幼（2014）提出了建立全域文化资源整合优化平台的

---

① 王燕 . 韩国“东亚文化之都”建设述评［J］. 东北亚学刊，2020（04）：39–51.

② 禹敏 . 中韩“东亚文化之都”评选机制及当选城市创建工作比较研究［D］. 北京：对外经济贸易大学，2022.

③ Seung-kwon，L，Hee-ju Y，The Meaning of Far-Eastern Capital of Culture & Their Cultural Strategies［J］. Humanities Research，2017（52）：427–453.

④ 杨婷婷 .“文化认同”理念下江苏省东亚文化之都发展机制研究——以扬州为例［J］. 科学咨询（教育科研），2022（08）：4–6.

⑤ 王燕 . 韩国“东亚文化之都”建设述评［J］. 东北亚学刊，2020（04）：50.

建议，以及通过新兴文化产业的跨越式发展来优化和提升全域文化资源等措施。[①]周建标（2016）在其研究中探讨了东亚文化之都泉州在发展路径和旅游热点等方面面临的问题，并针对这些问题提出了构建移动互联网旅游服务体系和旅游管理信息平台的设想。近年来，关于文化之都“潍坊”的研究论文也开始出现。其中关于文化之都建设（崔会敏，2024）和城市品牌影响力（宋天一等，2023）的分析，探讨潍坊是否充分利用了“东亚文化之都”的品牌效应。

在“东亚文化之都”品牌研究方面，对这一品牌在国家之间的合作机制和相关文化互动的研究相对较为缺乏。一个主要问题是，“东亚文化之都”城市之间的互动较为有限，尚未形成相互交流的“品牌群”。例如，第一届东亚文化之都的泉州和光州与其他“东亚文化之都”城市的交流主要集中在同年当选的城市。除大型会议和重要活动之外，泉州和光州与后续几届中日韩“东亚文化之都”城市的交流相对较少，与国内其他当选城市之间也未能建立起常态化、多渠道的交流机制。由此可见，“东亚文化之都”城市之间的交流仍然存在较大的拓展空间。这些城市之间的合作力不足，资源互补和人员互通机制不健全，导致“东亚文化之都”品牌的体系化程度不高。[②]

三、案例分析

（一）中国温州：以文化认同推动现代艺术交流

在 2021 年 8 月召开的第 12 届中日韩文化部长会议上，中国温州市与济南市，韩国庆州市和日本大分县被选为“2022 年东亚文化之都”。2022 年 10 月，作为“东亚文化之都”活动的一部分，各国书法艺术家作品邀请展在温州成功举办。这批书法作品被陆续送到东亚文化之都成员城市——宁波、扬州、泉州、成都等巡回展出。书法是中日韩三国十五座城市之间的一座桥梁，把三国许多城市连接在一起，使其增进了相互间的理解。在东亚文化之都的共同文化筛选机制建设过程当中，各国可以根据“文化认同”理念，推动东亚文化名城社区成员在精神和文化上进行溯

① 李双幼．“欧洲文化之都”对泉州“东亚文化之都”建设的启示［J］．中共郑州市委党校学报，2014（06）：73–77.

② 禹敏．中韩“东亚文化之都”评选机制及当选城市创建工作比较研究［D］．北京：对外经济贸易大学，2022：22.

源。这批书法作品于 2023 年还到敦煌展出过，在巡展城市均取得了不错的反响。[①]与中国的其他旅游城市相比，温州在打造对外文旅品牌上实力相对较弱。然而，被选为东亚文化之都后，温州积极利用这一机遇，开展各种跨国文化交流活动。譬如，2022 年，“× ×”——2022 东亚文化之都实验艺术交流展暨温州实验艺术促进会成立首展在温州开展，这是温州首次展出一定规模的本土艺术家创作的综合性、实验性作品，包括置装和新媒体等。展览参与者包括温州本土艺术家 46 人，日本艺术家 5 人和韩国艺术家 6 人，展出实验艺术作品 20 余件，绘画作品 50 余件。[②]该交流展在展现传统美学的基础上，还蕴含了丰富的社会性和文化共同性，呈现艺术家之间的跨国交流的可能性，体现艺术的多元性和包容性。从书法等共同文化原型为中心的展览等活动出发，三个国家意识到需要构建交流平台，为青年一代创造积极交流的机会。

此外，“2022 东亚文化之都 · 中国温州活动年”的项目之一，“楠溪清音——温州当代艺术名家交流邀请展”在温州市永嘉书院东瓯美术馆举行。该活动邀请了来自中日韩的音乐家，通过“音乐会 + 展会 + 论坛”的形式，搭建了一个展示才华、交流思想的舞台，推动了中日韩现代艺术的发展与交流。[③]在长期的发展过程中，受地域和民族等因素的影响，东亚国家逐步形成了自己独特的文化特征。如今，通过共同的文化线索，各国的艺术家得以在彼此的交流中相互学习对方的艺术精髓，这正是文化交流的意义所在。[④]虽然如此，在知网上关于东亚文化之都的研究中，针对温州的论文相对较少。

东亚艺术源远流长，有着丰富的文化传统。中日韩三国文化的交融并非简单的相互融合，而是在各自不同的文化背景下相互启发、相互补充的辩证发展过程。文化的发展与融合需要将现代观念与传统文化的成就有机地结合起来，以适应当代的思维。现代性的产生源于不同文化的交流与融合。任何一种文化，如果没有与其他文化进行交流，就可能在封闭的体系中失去生机。在共同的审美理念和艺术追求的

---

① 中国 · 温州“2022 东亚文化之都”书法艺术家作品邀请展数字版正式上线［EB/OL］.（2023-03-15）［2024-04-02］. https://www.sohu.com/a/654590385_121106832.

② 温州首次开展实验艺术交流展“东亚文化之都”来一次前卫艺术表达［EB/OL］.（2022-09-04）［2024-04-03］. https://news.66wz.com/system/2022/09/04/105499624.shtml.

③ 东亚文化之都 /“楠溪清音——温州当代艺术交流邀请展”在永嘉举行［EB/OL］.（2022-11-01）［2024-04-02］. https://www.sohu.com/a/601809035_121123887.

④ 刘祎 . 以青瓷艺术为纽带的中韩文化交流与艺术创新研究［J］. 艺术研究，2023（04）：75-77.

推动下，吸收与同化的过程实际上是一种互相交流、比较和学习的过程。[①] 这个过程涉及对异质文化的吸收与借鉴，同时也包括对民族文化的反思、评价和建构。这种活动类型给下一届带来了启发，受温州活动年案例的影响，2023 东亚文化之都·中日韩雕塑邀请展首展在青岛举行，展览以“文明互鉴、交流融合”为核心理念，由“东方之光”“文明纽带”“展望未来”“时代之声”四个主题板块构成。此次展出的 109 件作品中，中国艺术家作品 43 件（动态作品 12 件）、韩国艺术家作品和日本艺术家作品分别为 34 件和 32 件。雕塑是一种极具观赏价值和纪念价值的艺术形式，常被视为文化交流的象征。中日韩在雕塑艺术上都拥有悠久的传统，彼此之间在题材、风格和技巧上进行了长期的交流，互有影响。因此，以上两种案例充分展示了中日韩三国文化在共性和个性上的表现。

然而，文化之都可能面临的问题包括持续性以及国家间身份认同的缺乏。由于缺乏与其他领域和部门的交叉融合，文化之都项目通常被局限在文化和旅游主管部门的范畴内，这导致公众对其了解甚少，同时也难以引起地方政府的高度重视。为了解决这一问题，可以借鉴城市网络的经验，建立创意和创新枢纽，以增加文化领域创意人员和专业人士的发展机会。通过这种网络，各成员城市可以分享最佳实践经验，促进公共部门、私营企业，以及公民社会之间各种合作伙伴关系的发展。

（二）韩国全州：借助多元文化资源实现有效整合

2023 年东亚文化之都之一的韩国全州是一座以传统韩屋闻名的城市，它将韩国文化的精髓与传统城市形象相结合，展现出独特的魅力。[②]2023 年 7 月，在韩国全州的八福艺术工厂（Palbok Art Factory）举办了以“和 /Harmony”为主题的“中日韩现代艺术交流展”。此次展览共有来自中日韩三国的 11 位艺术家参展，活动确保了参展艺术家人数在各国之间的比例相对均衡，以展现多元的文化和艺术视角。尽管在中国的搜索网站如百度上可以找到关于该展览的信息性文章，但这些文章通常只是简单介绍展览的消息，缺乏后续报道或更多详细信息。由此可见，即使各文化城市举办交流活动，各国的关注点依然更多地集中在本国举办的活动，这表明在信息宣传和交流方面仍有改进的空间。同年 9 月，在韩国文化财厅所属的国立无形遗产院（National Intangible Heritage Center）、中国成都市和日本静冈县的支持下，由联合国教科文组织亚太地区非物质文化遗产国际信息和网络中心（ICHCAP）和全州市共

---

① 林自栋 . 跨文化语境中的美术现代性［J］. 社会科学战线，2019（11）：259—263.

② 全州市位于韩国西南部，面积达 198.22 平方千米，距黄海岸 34 千米，人口 76 万，是韩国第七大城市。

同召开了 2023 东亚文化之都非物质文化遗产邀请表演活动“欢待”。这三国的传统表演包括中国四川省川剧院的传统演出、日本艺伎舞蹈以及韩国教坊舞蹈，它们都展现了各自地方悠久的文化历史和艺术精神。除了提供观众观赏表演的机会，全州还举办了与各国家和城市的文化艺术专家进行交流的讲座和论坛，从知识层面扩大了对其他城市的理解深度。

作为全州的代表节庆之一，“全州 FESTA2023”[①]于 2023 年 10 月举办，让游客尽情感受全州的历史、文化和城市形象等无穷魅力。作为全州 FESTA 的一部分，全州艺术狂欢节（Jeonju Art Nanjang Festival）涵盖了从大型表演到小型表演的多种类型的街头文化艺术。节庆活动既是文化现象的载体，又是经济现象的载体，这两种功能是同时实现和不可分割的。这种联合举办的文化节庆活动具有传统的地方民俗文化节庆活动以及地方特色文化节庆活动的特征。[②]尤其是，这种艺术节应当成为满足市民公共文化服务需求的有效模式，覆盖更广泛的范围。除充分利用和发挥街头艺人的资源和力量外，还需要政府、市场和社会等其他主体的协同合作。传统上，公众作为消费者参与共同生产的消费者生产活动是公共服务的必要组成部分。[③]然而，随着公共服务需求的异质化发展，公众可以自然而然地获得文娱体验。[④]各国的文化之都实施这一计划，让公众参加公共文化服务的生产中。这就是要文化之都履行自己的职责，并取得公共文化服务的成效。市场和社会同时承担常规生产者与辅助生产者的角色，可以引导城市文化与精神认同；整合城市文化资源，推动文化产业加快发展；建设城市文化品牌，打造有特色的城市名片等艺术节庆活动在城市文化建设中的价值。[⑤]东亚文化之都活动一般都是以市政府为主体，而文化品牌的价值能否真正体现，则要看是否被市场所认可，是否被大众所接受。对政府的过分依赖，可能会制约文化品牌的长远发展。通过有效整合该城市已有的节庆和东亚文化之都活动，不仅可以增加节庆活动的规模和影响力，还能够吸引更多的国内外游客和观众。

---

① 2023 年首次举办的全州综合节“全州 FESTA 2023”在一个月内吸引了超过 65 万人参加。据全州市透露，通过 14 个节庆的联动和协同效应，一个月内节庆氛围持续蔓延，同时在住宿、餐饮等相关旅游产业领域也产生了经济影响。

② 石玉凤，单博诚．对节庆活动文化与经济内涵的思考［J］．科技进步与对策，2001（02）：64–65.

③ 陈朝兵，刘翰林．公共服务供给的公众自我服务模式：多元主体角色探讨——以成都市街头艺术表演项目为例［J］．长白学刊，2023（02）：75–83.

④ 唐任伍，赵国钦．公共服务跨界合作：碎片化服务的整合［J］．中国行政管理，2012（08）：17–21.

⑤ 李文鑫．论艺术节庆活动在城市文化建设中的价值［J］．中国报业，2021（04）：10–11.

这种整合可以促进文化交流，提升城市的国际知名度和地位，同时也有助于促进当地经济的发展和文化产业的繁荣。

以上建议对东亚文化之都的发展确实具有指导意义。通过对文化活动进行分类排序和项目优先级划分，城市可以更好地安排资源和时间，提高活动的效率和质量。集中开展重点活动或连续开展相关活动，有助于吸引更多的参与者和观众，增强活动的影响力和知名度。此外，结合东亚文化共性，设计具有地方特色和吸引力的文化旅游项目，打造东亚文化之都旅游路线和有关产品，可以吸引更多游客，促进地区间的合作与发展。

四、结　语

对文化资源的开发利用是一种文化实践，这是一个文化生产和复制的创造性过程。为了有效挖掘和利用这些资源，必须赋予其文化意义和形式。在此过程当中，需要注重文化资源的内在提升，并从中提取合适的主题，发掘人文地理信息。然而，经常被提及的问题是，“东亚文化之都”在宣传力度和公众知晓度方面尚未充分发挥其潜力。针对这个问题，除了传统的做法，加强文化辐射力并赋予地域文化城市独特的特色显得至关重要。艺术资本推动城市文化资源整合，城市文化促进城市历史文化遗产为全民所共享。[①]“十四五”时期，文化和旅游部组织实施公共文化云建设项目，文化和旅游部全国公共文化发展中心印发了《公共文化云建设项目“十四五”建设指南》对公共文化云建设项目明确了各项建设任务的基本要求、支持范围、建设标准、成果提交方式等内容，提出了公共文化云建设各类型资源格式规范。鉴于此，将“东亚文化之都”的相关理念、技术与方法融入公众文化云服务的供给中，有助于适应时代发展的内在需求。[②]

基于东亚城市之间的文化共性、认同功能和文化亲和力，建立一个共享文化信息的平台，作为区域共同文化的基石，有助于促进东亚地区的和平、稳定与繁荣。通过这种方式，被选为文化之都的城市能在任职期间持续参与项目，并推动其顶层设计，与中日韩三国政府进行定期沟通。

① 李文鑫．论艺术节庆活动在城市文化建设中的价值［J］．中国报业，2021（04）：10-11.

② 李英杰．潍坊“东亚文化之都”视角下公共文化云建设意义［J］．走向世界，2023（22）：80-81.

【参考文献】

［1］陈朝兵，刘翰林．公共服务供给的公众自我服务模式：多元主体角色探讨——以成都市街头艺术表演项目为例［J］．长白学刊，2023（02）：75-83.

［2］陈慰，巫志南．从功能城市到文化城市："欧洲文化之都"公共文化建设研究［J］．山东大学学报（哲学社会科学版），2017（05）：72-83.

［3］崔会敏．潍坊"东亚文化之都"建设有效路径研究［J］．文化创新比较研究，2024，8（02）：134-138.

［4］李双幼．"欧洲文化之都"对泉州"东亚文化之都"建设的启示［J］．中共郑州市委党校学报，2014（06）：73-77.

［5］李文鑫．论艺术节庆活动在城市文化建设中的价值［J］．中国报业，2021（04）：10-11.

［6］李英杰．潍坊"东亚文化之都"视角下公共文化云建设意义［J］．走向世界，2023（22）：80-81.

［7］林自栋．跨文化语境中的美术现代性［J］．社会科学战线，2019（11）：259-263.

［8］刘祎．以青瓷艺术为纽带的中韩文化交流与艺术创新研究［J］．艺术研究，2023（04）：75-77.

［9］邱坚娜．泉州城市文化形象研究：历史之维与现实之策——从"光明之城"到"东亚文化之都"［J］．泉州师范学院学报，2016，34（05）：40-44.

［10］石玉凤，单博诚．对节庆活动文化与经济内涵的思考［J］．科技进步与对策，2001（02）：64-65.

［11］宋天一，杨燚锋．擦亮"东亚文化之都"品牌提升城市国际影响力［J］．宁波通讯，2023（12）：64-65.

［12］唐任伍，赵国钦．公共服务跨界合作：碎片化服务的整合［J］．中国行政管理，2012（08）：17-21.

［13］王燕．韩国"东亚文化之都"建设述评［J］．东北亚学刊，2020（04）：39-51.

［14］杨灿荣．"东亚文化之都"建设与泉州文化资源整合［J］．福建论坛（人文社会科学版），2015（03）：162-165.

［15］杨婷婷．"文化认同"理念下江苏省东亚文化之都发展机制研究——以扬州为例［J］．科学咨询（教育科研），2022（08）：4-6.

［16］禹敏．中韩"东亚文化之都"评选机制及当选城市创建工作比较研究［D］．北京：对外经济贸易大学，2022.

［17］周建标．泉州文化产业与旅游业融合发展的路径及策略［J］．厦门特区党校学报，2016（06）：25-30.

［18］Duxbury N, Gillette E. Culture as a Key Dimension of Sustainability：Exploring Concepts，Themes，and Models［J］. Centre of Expertise on Culture and Communities，2007.

［19］Hosagrahar J. Culture and Creativity for Sustainable Urban Development［J］. Proceedings of Valuing and Evaluating Creativity for Sustainable Regional Development，2017：20-22.

［20］Kim J, Moon C. The European Capital of Culture Program from an International City

Brand Establishment Perspective—Case Study of the 2009 ECOC Program [J] . Journal of Outdoor Advertising Research，2010，7（3）：121–146.

[21] Jessica L, Stamps J. Networking：People Connecting with People [M] . New York：Doubleday Books，1982.

[22] Nadel S F. The Theory of Social Structure [M] . London：Routledge，2013.

[23] Sassatelli M.，The Logic of Europeanizing Cultural Policy [J] //Meinh of U, Triandafyllidou A. Transcultural Europe：Cultural Policy in a Changing Europe. London：Palgrave Macmillan UK，2006：24–42.

[24] Kwon L, Ju Y. The Meaning of Far-Eastern Capital of Culture & their Cultural Strategies [J] . Humanities Research，2017（52）：427–453.

数字经济语境下文化空间再造的困惑及其破解之道

——以广东省佛山市禅城区为例[①]

张 军[②] 王晓晓[③]
（华南师范大学，广州 510303）

【内容提要】 文化空间承载着岭南文脉的要素集合，蕴含着独特的历史价值、文化价值和经济价值，数字技术是推动文化传承与创新的重要载体。在城市发展过程中，文化要素保护与可持续发展、多元需求和空间活动单一等矛盾制约了文化空间的发展。本文基于数字经济下的空间生产理论，从物质、制度、行为和心态四个文化层面对文化空间生产价值进行再认识、再实践，围绕空间规划、空间建设和空间感知三个维度对佛山古城文化空间再生产的路径优化展开分析。研究结果有助于佛山禅城文化资源的重组、加工和传播，为岭南文脉之城建设注入更多活力和动力。

【关键词】 文化空间；数字技术；岭南文脉之城

---

① 本文系作者主持 2024 年国家社科基金艺术学项目“构建我国文化艺术作品的知识产权保障体系研究”（课题批准号 24BH182）的阶段性成果，主持 2023 年南方科技大学全球城市文明典范研究院 2023 年开放性课题“全球城市文明典范视域下深圳文化保育与创意城市路径研究”（课题批准号 IGUC23B008）的阶段性成果。

② 张军，男，汉族，湖北武汉人，华南师范大学国际商学院教授，南方科技大学全球城市文明典范研究院特约研究员。主要研究方向：数字经济、文化产业管理、知识产权。

③ 王晓晓，女，汉族，山东潍坊人，华南师范大学国际商学院职业教育硕士。

The Confusion and Solution of Cultural Space Reconstruction in the Context of Digital Economy

—A Case Study of Chancheng District, Foshan City, Guangdong Province

Abstract: Cultural space carries the cultural elements of Lingnan's culture context and contains unique cultural values, which is an important carrier to promote cultural inheritance and innovation. In the process of urban development, the contradiction between the protection of cultural elements and sustainable development, multiple needs and single spatial activities restrict the development of cultural space. Based on the theory of spatial production, this paper reunderstands the production value of Chancheng cultural space from the four cultural layers of material, system, behavior and mentality, analyzes the practice and optimization path of Foshan Chancheng cultural space reproduction from the three dimensions of spatial planning, spatial construction and spatial perception. The research results are helpful to the reorganization, processing and dissemination of Foshan Chancheng cultural resources, and inject more vitality and impetus into the construction of the city of Lingnan culture heritage.

Keywords: Cultural Space; Digital Technology; The City of Lingnan Cultural Heritage

一、引 言

佛山市作为岭南文化的发源地之一，在我国文化传承及岭南文脉之城建设中有着重要的历史地位。近年来，禅城区在岭南特色文化空间结构规划、历史文化遗产保护与传承、文化氛围和城市精神营造等方面开展了积极实践，力争打造一个具有岭南特色的文化空间，成为传承岭南广府文脉领头雁的“排头兵”。但在城市化发展过程中，传统的文化空间逐渐被现代化的建筑和商业中心所取代，文化空间生产面临土地利用冲突、商业化对传统文化的冲击以及文化资源保护等问题。关注文化空间的历史性和社会关系的空间生产理论是研究传统文化空间的重要理论基础，本文基于数字技术语境下文化空间生产理论的视角，对佛山禅城文化空间的现状、生产价值再认识、文化空间再生产的实践与优化路径展开研究，以期为岭南文脉之城建设中的文化空间发展提供参考。

二、文化空间的相关文献研究

“文化空间”作为一个独立的地理区域而存在，有着独特的周边环境或指定的地理空间与范围。在这个地理空间中的所有文化业态，都应具有一定的代表性。2001年，联合国教科文组织将文化空间界定为“一个可集中举行流行和传统文化活动的场所，也可定义为一段通常定期举行特定活动的时间，这一事件和自然空间是因空间中传统文化表现形式的存在而存在的”。近些年来，我国对区域“空间”的研究经历了从概念到逐渐完善的发展过程。张能等学者提出国土空间规划语境下的历史文化资源概念，该概念指占据一定面积的国土空间的各类具有历史文化价值的物质遗存和与非物质遗存相关的场所，历史文化空间则是指历史文化资源密集、历史文化价值突出、特色鲜明的区域性空间。① 伍乐平等学者指出，文化空间是多层次、多维度、处于不断发展之中的立体化存在：第一，文化空间应该包含物质空间、精神空间和社会空间三个层面；第二，文化空间具有时间属性和活态传承性；第三，文化空间研究不应该局限于非物质文化遗产或都市研究领域。②

“文化空间生产”因不同的研究视角，具有不同的学科定义与研究重点。法国马克思主义思想家亨利·列斐伏尔（Henri Lefebvre）是空间生产理论的创建者，1991年，列斐伏尔出版了著作《空间的生产》（*The Production of Space*）英文版，提出了“空间的生产”概念，其主要观点包括空间在资本主义社会已经转变成商品，对资本主义生产的分析必须从“空间中的生产”转向“空间本身的生产”。此外，列斐伏尔建构了以“空间的表征”“空间实践”及“表征的空间”为要素的三元一体理论框架，以检验社会空间的主要特征。③ 其分别对应“空间的规划”“空间的建设”与“空间的感知”。本文以列斐伏尔的“空间生产”理论为基础，将三元一体理论框架分别对应空间规划、空间建设与空间感知三个维度，并从物质、制度、行为与思想价值四个层面展开研究。

---

① 张能，武廷海，王学荣，等.中国历史文化空间重要性评价与保护研究［J］.城市与区域规划研究，2020，12（01）：1-17.

② 伍乐平，张晓萍.国内外“文化空间”研究的多维视角［J］.西南民族大学学报（人文社科版），2016，37（03）：7-12.

③ Lefebvre H，Nicholson-Smith D. The Production of Space［M］. Blackwell：Oxford，1991.

三、佛山历史文脉要素及其发展困惑

（一）佛山市历史文脉要素

禅城区位于珠江三角洲腹地，是佛山市的中心城区，拥有丰富的文化资源和历史底蕴，如祖庙、南风古灶、梁园等文化景点和历史遗迹，以及岭南特色的建筑、民俗和美食等。1994年，佛山市被批准为国家历史文化名城，这标志着禅城开始走上历史文化名城的道路。2010年，禅城区政府启动了“岭南文脉之城”的建设，2022年9月，禅城区出台《佛山市禅城区打造岭南文脉之城三年行动方案》，推出了四个镇街的文化品牌，“到佛山、逛禅城、品岭南”的品牌全面打响，禅城“文化+消费”跨界融合发展的路径已然显现。

历史文脉要素是在公共空间中体现出的历史和文化内涵的元素中的一种，包括显性历史文脉元素和隐性历史文脉元素，即物质空间文化要素与非物质文化要素。这些元素在历史的长河中不断传承和发展，成为代表一个地区、一个族群的文化符号和身份认同。所以，历史文脉要素是城市规划和设计中需要重视的方面之一。对历史文脉要素的重视，不仅利于帮助保护和传承历史文化遗产，还可以提升城市的品质和特色，促进文化和经济的可持续发展。

其一，物质空间文化要素。

在文化空间中，物质空间要素是构成文化空间的各种物质形态和物理特性，包括建筑、雕塑、景观、室内装饰等。这些物质空间要素是文化空间的物质基础，也是文化表达和传播的媒介，更是文脉基因显性直观的表达。物质文化空间要素反映了当地人民的文化价值观和地域特色，具有历史和文化价值，在文化传承和发展中具有非常重要的意义，应加强对它们的保护和利用，进行合理规划和开发。佛山禅城的物质文化空间主要包括传统历史建筑、古村落、传统历史街巷与城市景观等（如表1所示）。

表1　佛山禅城物质空间文化要素

物质空间文化要素	具体例子
传统历史建筑	佛山祖庙、梁园、南风古灶、仁寿寺、忠心巷古民居、陈氏书院、罗格孔家村文昌塔、禾花庙等
古村落	湾华村、石头村、莲塘村、湖涌村、紫洞村（罗登贤事迹展览馆）、紫南村、隆庆村、孔家村等

续表

物质空间文化要素	具体例子
传统历史街巷	祖庙东华里片区、岭南天地、品字街、创意产业园、莺岗社区、三友岗、社头坊等
城市景观	季华园、东平河畔公园、佛山公园等

其二，非物质文化要素。

只是关注物质空间文化要素而忽略附着于其上的文化精神，极易导致文化场所“有肉无灵”。非物质文化要素是指非物质的、有艺术价值或历史价值的文化，是人类在社会历史实践过程中所创造的各种精神文化，是文脉基因的隐形表达。[①] 这些文化要素通常包括口头传统和表现、表演艺术、社会实践、仪式、节日、空间和环境等。该类文化要素以非物质形式为主，承载着空间教化与文化观构建的功能，是文脉得以延续的主要精神内核之一。随着时代的变化，非物质文化要素也在不断发展和演变，有些要素可能会消失或被改变，但新的文化要素也会不断产生。因此，保护非物质文化要素对于维护文化的多样性和人类文明的传承具有重要意义。佛山禅城的非物质文化要素可以分为传统音乐、传统舞蹈、传统美术、传统技艺、传统武术、传统民俗等（如表 2 所示）。

表 2　佛山禅城非物质文化要素

非物质文化要素	具体例子
传统音乐	龙舟说唱、八音班、粤剧等
传统舞蹈	舞狮舞龙、蝴蝶舞等
传统美术	佛山木版年画、剪纸等
传统技艺	石湾陶塑、灯笼等
传统武术	叶问拳、白眉拳、龙形拳、七星螳螂拳、杨式太极拳、吴式太极拳、六合八法拳、洪拳等
传统民俗	行花街、古镇灯会、行通济、文昌诞、游朱紫、华光诞、佛山秋色、庙会等

① 周灵 . 党的文化建设的非物质表现形式［J］. 黑龙江人力资源和社会保障，2021（11）：6–7.

（二）岭南文脉之城发展的矛盾

一方面，文化要素保护与可持续发展之间存在矛盾。其一是传统文化要素的保护与现代化发展需求之间存在矛盾，保护传统文化的原始面貌和传承方式需要投入大量的人力、物力和财力，以确保传统文化的真实性和完整性，而现代化发展则要求在保护传统文化的同时，也要注重创新和发展，以满足现代社会的需求和提高生活质量；其二是传统文化要素的传承与发展之间存在矛盾，传统文化的传承需要不断注入新的活力，以确保其不断发展和壮大，但现代化发展往往会对传统文化造成冲击，使得传统文化难以得到有效的传承和发展；其三是传统文化要素的利用与保护之间存在矛盾。传统文化的利用可以为当地经济发展带来一定的贡献，但是过度利用和开发也会对传统文化造成破坏和损失，因此，如何利用传统文化与保护传统文化是一个需要解决的问题。佛山禅城文化空间中的传统文化要素保护与可持续发展之间的矛盾是一个复杂的社会问题，需要在保护、传承、创新和发展之间寻求平衡点，这离不开当地政府、企业和社会各界的共同努力和合作。

另一方面，多元文化需求与空间活动形式单一之间存在矛盾。禅城区拥有丰富的文化资源，包括历史悠久的古建筑、传统手工艺品、民俗活动等，这些文化元素具有地域特色和独特的价值，但是这些文化资源并没有得到充分的开发和利用。许多文化遗址和传统手工艺品被简单地保护或展示，没有真正融入现代城市生活中，缺乏与现代社会的有效衔接。同时，由于受到现代城市发展的冲击和影响，文化空间活动形式相对单一，缺乏深层次的文化体验和互动参与。禅城区的文化需求呈现出多元化的趋势，不同年龄、不同职业和文化背景的人群对文化活动的需求和偏好也不同。然而，目前禅城区的文化活动主要集中在旅游和购物方面，缺乏多样性和创新性，无法满足不同人群的需求。

四、数字经济下文化空间生产价值再认识

文化的实质是人类价值观念在实践过程中的对象化，这种实现过程包括外在的产品创制和人自身心智与德性的塑造。[①]传统文化需要数字化，数字赋能文化经济化。从文化的结构来说，文化可以分为物态文化、制度文化、行为文化与心态文化。[②]根

---

① 陈波，李晶晶．文化高质量发展视域下乡村公共文化空间指标体系研究［J］．湖北社会科学，2021（08）：34–40.

② 冯天瑜．中国文化生成史［M］．武汉：武汉大学出版社，2013：36.

据四类文化结构可以将文化空间分为日常生活文化空间、制度规范文化空间、经验创造文化空间、信仰价值文化空间。

（一）日常生活文化空间

日常生活文化空间包括人们日常生活所处的环境，是可以直观感知的物质空间，包括人们所能感知和体验到的各种物质，如自然环境、建筑物、道路、桥梁等基础设施，以及各种工艺品、器物、服饰等文化产品。在日常生活文化空间中，物质与文化并不是相互独立的，而是相互交融和互动的。日常生活文化空间是人类在长期实践中创造和积累的物质成果和文化现象的结合体，它反映了特定文化传统、习俗和社会价值观念。这些文化因素渗透到物质空间中，赋予其独特的文化内涵和特色。同时，它随着人类社会和经济的发展而不断变化和发展，这种动态性不仅体现在物质空间的更新和改造上，也体现在文化内涵和价值观的变化上。

（二）制度规范文化空间

制度规范文化空间可以为人们提供文化体验、文化服务等，包括各种正式和非正式的规则、准则、习惯，是一种包括习俗传承、艺术创造、制度规范等在内的综合性空间。制度规范文化空间是人类社会和文化的重要组成部分，它反映了人类在特定历史时期的政治、经济和社会发展水平，同时也为人类的认识和了解提供了重要的历史和现实资料。从哲学的角度来看，制度规范文化空间是具有集体记忆的文化主体进行文化实践和文化交流的场域，任何理论和制度创新都需要在一定的制度文化空间中进行。

（三）经验创造文化空间

经验创造文化空间涉及文化的行为层面，它是一种有形或无形的文化现象，可以理解为一种文化表达的形式，也可以被视为一种文化传承的载体。在这个空间里，人们可以在特定的时间内参与民俗活动、节庆仪式或进行文化艺术创造来对文化进行传承与创新，同时可以感受独特的文化价值和精神享受。行为文化通常是一种社会性的活动，需要人们的协作和配合才能完成。在这个过程中，人们可以通过互动和交流来传递信息和知识，以及建立社会联系和集体认同。佛山禅城常见的传统行为文化包括行花街、古镇灯会、行通济等。

（四）信仰价值文化空间

价值信仰文化空间是在特定文化背景下，通过特定的价值观、信仰和传统等文化元素所形成的文化表达方式和文化传承体系。它包含了特定的价值观念、信仰和道德规范等基本要素，通常通过口传、身教、民俗仪式等方式代代相传并形成一种集体意识和文化传统，对个体的行为选择和社会实践产生重要影响。信仰价值文化空间的核心是特定的价值观念和信仰，这些价值观念和信仰是人们对生活、社会、自然等方面的态度和认知，反映了社会群体的共同信仰、价值观和文化认同，同时也受到社会变迁的影响和挑战。因此，需要注意在多元文化的背景下，保护和传承本民族的文化传统和价值观念，促进文化的多样性和地方性的保护和发展。

五、文脉之城建设文化空间再造的破解之道

（一）佛山禅城文化空间再生产的项目实践

首先，构建岭南文脉轴线，实现广府文化创造性转化。

以一主、两核、三支、N节点为结构，构建“1+2+3+N”岭南文脉轴线空间。以传奇禅城岭南文脉主轴（1）为核心，结合佛山古镇和禅城区美陶湾两个发展新格局（2），以及三条岭南文脉支线——古韵汾江、陶醉禅城和潮动东平（3），再加上沿线的多个文保单位、历史建筑、特色街区和民俗印记等节点（N），它们共同构成了一条富有活力和多样性的岭南文脉轴线。传奇禅城岭南文脉主轴作为“1”，北起汾江河和汾流古渡，一直南伸至东平河城市秀台。这条主轴的水脉、文脉、人脉、商脉四脉相连，串联起了品字街、梁园、莲花南、任围、祖庙—东华里、塔坡—新安街、南风古灶、霍氏古祠八大历史数字文化街区，集中展示了粤剧文化、功夫文化、龙舟文化、龙狮文化等丰富的文化内涵，从而可以激活禅城优秀的传统文化资源，对传统的岭南广府数字文化实现创造性转化、创新性发展。佛山古镇和美陶湾是禅城区发展的两个重要板块。佛山古镇将通过恢复历史风貌、提升业态品质，构建传统与现代相融合的消费场景。美陶湾则以陶瓷为媒介，融合现代设计与传统陶艺，打造成为集创作、展示、交易于一体的国际化陶瓷艺术中心和旅游目的地。古韵汾江岭南文脉支线、陶醉禅城岭南文脉支线、潮动东平岭南文脉支线作为“3”，是主轴的重要补充，也将为轴线增添更多特色与活力。这些支线将串联起更多的历史节点和特色街区，展现禅城的多元文化和独特魅力。沿线的文保单位、历史建筑、特色街区和民俗印记等节点作为“N”，不仅提供了更多展示禅城历史文化的机会，也为当地居民和游客提供了更多的游览乐趣。总的来说，“1+2+3+N”岭南文脉轴线是禅城区打造岭南文脉之城的重要举措，旨在整合和激活禅城区的历史文化资源，为禅城区的发展注入新的动力和活力。

其次，利用数字技术将文化和旅游深度融合，壮大多样的文化载体。

佛山市实施重大文化产业项目带动战略，做优、做强佛山美陶湾文创产业集聚区、佛山古镇等重大载体，探索设立文化产业引导基金，积极搭建文化产业投融资服务平台，针对陶瓷、影视、文创、电音、视听等行业进行补链，突出美陶湾和佛山古镇两个文化创意集聚区，重点推动佛山创意产业园、佛山泛家居电商创意园、宏宇文创园、禅桂坊数字视听文化产业园、岭南潮创园等近十个文化产业园区做大做强。佛山古镇建设工程的重点是打造岭南特色街区园区，通过恢复历史风貌、提升业态品质、创新文化品牌等方式，禅城区将把历史文化资源转化为具有市场价值的文化产品和服务，吸引游客和投资者的关注，推动地方经济的发展。因此在佛山古镇建设工程的实施过程中，禅城区注重将文化和旅游深度融合，以“文化＋旅游”“文化＋数字”“文化＋城市”等模式，打造了多个特色街区和旅游景点，吸引了众多游客前来参观和旅游。同时，佛山古镇打造一系列的文化设施和旅游景点，如佛山陶瓷文化博物馆、岭南文化广场、南风古灶文化创意园、东华里文化旅游区等，以吸引更多的游客前来参观和旅游。

最后，营造公共数字文化氛围，打造粤港澳大湾区创意城市文明典范。

佛山禅城在打造数字文化氛围方面要做好以下几方面的努力：一是推动公共数字文化服务建设，将岭南文化融入城市数字公共建筑、公共设施、交通出入口，提升城市文化形象，同时还着力推动“一镇街一品牌”建设，让镇街成为文化高质量发展主战场和前沿地；二是推动数字文化传承与创新，启动数字文化创意产业专项规划编制，在资金保障、空间开发、政策扶持等方面为岭南文化创造性转化提供动能，同时深入挖掘文化产业赋能城市更新、产业升级以及乡村振兴示范案例，引领带动岭南数字文化创新性发展；三是注重营造数字文化空间和创业空间，鼓励社会力量参与数字公共文化设施运营管理、文物建筑保护和活化利用、公共文体活动举办等，并依据《禅城区鼓励和支持社会力量参与体育运动设施的实施意见》，探索数字公共体育场馆建设、经营新模式；四是注重文商旅体融合发展，推动“禅南荔”三地数字文化产业和旅游产业深度融合发展，争创国家数字文化和旅游产业融合发展示范区，全面提升广佛数字文旅产业的核心竞争力，打造广佛全域同城化数字文旅融合标杆，为粤港澳大湾区城市间文化产业和旅游产业高质量融合发展提供合作范本。

（二）佛山禅城文化空间再生产的路径优化

（1）空间规划：制度文化空间

佛山禅城文化空间规划是一个旨在盘活禅城历史文化资源、提升城市文化形象、彰显地方特色的综合性规划。一方面需要加强专项规划引领，加快制定针对数字文化产业的专项规划，从资金保障、空间开发、政策扶持等方面为岭南数字文化的创造性转化提供动能，特别是有针对性地突破项目落地的政策瓶颈，为文化数字经济新产业、新业态提供载体支撑。同时，通过制定优惠政策和提供良好的发展环境，吸引更多的数字经济、文化创意人才集聚。另一方面需要优化现有重点项目实施过程，在岭南文脉轴线建设的过程中，注重物理空间、文化空间与创业空间的营造，创造岭南文脉的物理空间，以实现佛山古镇历史文化的记忆再现；创新特色的数字文化空间，提供更多文化交流，促进文化的繁荣；营造开放的创业空间，搭建平台载体，以推动文化产业数字化发展。此外，促进文化产业与科技、旅游等产业的融合发展也是制度文化空间建设中的重要一环。通过跨界融合，推动文化产业与其他产业的互动发展，提升文化产业的附加值和市场竞争力。①

（2）空间建设：物质文化空间

物质文化空间建设是提升城市形象的重要手段之一，通过保护和传承历史文化资源、打造文化地标、建设元宇宙园区和数字文化园区、提升公共空间品质等具体行动，塑造独特的文化形象，增强城市的美誉度和吸引力。在保护和传承历史文化资源方面，保护和传承传统建筑、古村落、历史街区和民俗文化等历史文化资源，让市民和游客更好地了解和感受佛山市的历史文化底蕴。在打造文化地标方面，打造具有标志性的文化地标，如佛山古镇牌坊、南风古灶、霍氏古祠等，以提升禅城区整体的文化形象。在建设文化产业园方面，打造创意产业集聚区，将文化产业园区发展成为禅城文化产业发展的主要载体，推动数字文化产业的发展；同时，可以探索设立文化产业引导基金，积极搭建文化产业投融资服务平台，针对陶瓷、影视、文创、电音、视听等行业进行补链，推动佛山创意产业园等近十个文化产业园区做大做强。在提升公共空间品质方面，优化街道、公园、广场等公共空间环境，为市民提供更加舒适和宜居的生活环境，同时也能吸引更多游客前来游览和旅游。

（3）空间感知：行为习俗与思想价值文化空间

人们通过在特定的文化空间中参与和了解特定的习俗活动，学习并传承该文化的价值观和行为模式，这对于促进社区凝聚，保持一个城市的文化特色和历史记忆具有至关重要的作用。行为习俗与思想价值文化空间的建设，一是要保护和传承历史文化，继续加强对历史民俗文化、传统手工艺等非物质文化遗产的保护和传承，

---

① 董正国．坚持走跨界融合的文化产业发展新路［N］．河北日报，2012-07-06（008）．

举办文化活动、展览和文艺演出，让市民和游客更加深入地了解佛山的历史文化底蕴，提升城市的文化品质和影响力；二是营造数字文化空间，继续加大投入，建设具有岭南特色和现代元素的文化活动空间，如建设数字文化广场、数字艺术馆、数字博物馆等，为市民提供更多的文化活动场所，促进市民之间的文化交流与传播；三是打造特色的镇街和古村落，佛山可以继续推动特色镇街打造建设，鼓励乡镇和街道发挥自身优势，打造具有鲜明特色的文化品牌；四是推动数字文化经济融合发展，继续加大对数字经济的支持力度，推动文化产业与相关产业的融合发展，加强数字经济与佛山制造、科技、旅游、教育等产业的融合，开发具有特色的文化创意产品和服务，促进新经济、新业态、新技术发展；五是继续加强公共数字文化服务，为市民提供更多的文化活动机会，如可以积极承办世界、全国、全省大型文化旅游体育活动、赛事、会展等，并鼓励大型营业性演出落户佛山。在文化空间中，人们的行为和思考方式会受到习俗和价值观的引导和约束，同时，这也是激发创新思维和创新行动的重要源泉。行为习俗和思想价值在推动科技创新、管理创新、商业模式创新等方面发挥着重要的影响力。

六、结　语

通过一定的物质和制度手段，对文化空间进行改造和更新，使其适应现代社会和文化发展的需要，这个过程是佛山市建设岭南文脉之城的重要环节。其可以满足人民日益增长的精神文化需求，提高人们的文化素养和生活品质，对传承和发扬岭南文化、促进地方经济发展、提升城市形象和品牌价值、推动文化创新和发展，以及促进文化交流和互动都具有重要意义。未来，文化空间再生产需要不断适应时代发展的需要，不断推进创新和实践，探索新的途径和方法，努力实现文化空间的可持续发展和文化传承的现代化。同时，也需要多方力量参与，加强对文化空间的保护和利用，避免过度商业化和破坏性开发，保持文化的独特性和传统特色。

参考文献

［1］陈波，李晶晶．文化高质量发展视域下乡村公共文化空间指标体系研究［J］．湖北社会科学，2021（08）：34-40.

［2］董正国．坚持走跨界融合的文化产业发展新路［N］．河北日报，2012-07-06（008）.

［3］冯天瑜．中国文化生成史［M］．武汉：武汉大学出版社，2013.

［4］伍乐平，张晓萍．国内外“文化空间”研究的多维视角［J］．西南民族大学学报（人文社科版），2016，37（03）：7–12.

［5］周灵．党的文化建设的非物质表现形式［J］．黑龙江人力资源和社会保障，2021，(11)：6–7.

［6］张能，武廷海，王学荣，等．中国历史文化空间重要性评价与保护研究［J］．城市与区域规划研究，2020，12（01）：1–17.

［7］Lefebvre H，Nicholson-Smith D. The Production of Space［M］. Blackwell：Oxford，1991.

乡村振兴的文化嵌入与媒介化创新研究

——以朱家林田园综合体为例①

周庆山② 封万超③

【内容提要】 文化与社会的媒介化已是时代趋势，也成为激活乡村振兴内生动力和创新活力的重要因素。如何以媒介化理论分析这一趋势并为乡村振兴探索一条可行性创新路径，是兼具理论意义和实践价值的时代性课题。本文以“乡村振兴的齐鲁样板”——朱家林田园综合体为例，对此进行了初步探索。首先，从政策面、历史面、实践面检视乡村振兴中的“文化”，总结乡村文化的三重作用，即文化精神重建、生活美学重构、文化产业赋能。其次，以媒介志方式对朱家林的媒介场景进行结构性分析，厘清乡村振兴中媒介、文化与人的互动同构关系。最后，从在地、在场、在线三个维度探讨乡村文化媒介化创新的路径。

【关键词】 乡村振兴；文化嵌入；媒介化；城乡融合

Research on Culture Embedment and Mediatization in Rural Revitalization

—Take Zhujialin Rural Complex as an Example

Abstract: The mediatization of culture and society has become a trend of the times and an important factor in activating the endogenous driving force and innovative vitality of rural revitalization. How to analyze this trend with media theory and explore a feasible

---

① 本文系2021年度国家社科基金艺术学重大项目“设计创新与国家文化软实力建设研究”（项目编号：21ZD25）研究成果。

② 周庆山，北京大学信息管理系教授、博士生导师，北京大学文化产业研究院研究员。

③ 封万超，山东大学文学院博士研究生、山东工艺美术学院人文艺术学院副教授。

innovative path for rural revitalization is a contemporary issue that combines theoretical significance and practical value.This article takes the example of the "Qilu Model for Rural Revitalization"—Zhujialin Rural Complex, and explores it preliminarily. Firstly, examining the "culture" in rural revitalization from the perspectives of policy, history, and practice, and summarizing the triple role of rural culture: cultural spirit reconstruction, life aesthetics reconstruction, and cultural industry empowerment. Secondly, a structural analysis of Zhu Jialin's media scenes is conducted through media chronicles to clarify the isomorphic relationship between media, culture, and people in rural revitalization. Finally, the path of rural cultural media innovation is explored from three dimensions: local culture, present culture, and online culture.

Keywords: Rural Revitalization; Culture Embedment; Mediatization, Urban-rural Integration

乡村振兴是个老问题，也是个新课题。说它是老问题，是因为这是近代中国乡土社会在西方式现代化冲击下走向崩溃的历时性应对议题，今天乡村振兴所要解决的“三农”问题正是“国家在长达上百年的向现代化转型的过程中最关键的、带有连续性特点的矛盾问题在当代的具体体现”[①]。说它是新课题，是因为今天全面推进乡村振兴是当代中国迎来新一轮科技革命和产业变革的必然选择，今天对乡村振兴尤其是乡村文化振兴的探讨离不开一个基本现实，即我们正身处“一个传播、技术和媒体互相融合，并深度渗透日常生活的时代”[②]，乡村和城市一样，越来越基于一种媒介化生存状态。

“媒介化”兴起于20世纪八九十年代，进入21世纪以来，逐渐成为传播学研究的理论热点，被视为当代社会的重要表征。在乡村振兴研究中，学者也越来越多地借助媒介化理论来分析乡村传播问题，但以往研究大多以媒介化为理论工具对乡村进行外在的观察和分析。实际上，媒介化是一个“元过程”[③]，媒介正在成为内嵌于乡村文化和社会的底层逻辑与内在肌理。有鉴于此，有学者从乡村内生性发展视角

① 王先明，等.中国乡村建设思想百年史［M］.北京：商务印书馆，2021：2.
② 奥特姆·爱德华兹，等.传播时代［M］.龙思思，译.北京：清华大学出版社，2020：125.
③ 施蒂格·夏瓦.文化与社会的媒介化［M］.刘君，等，译.上海：复旦大学出版社，2018：16.

提出乡村文化治理的媒介化转向问题[①]。这是很值得拓展的研究方向，需要结合具体的乡村振兴场域进一步深化和细化。

媒介化理论思考起点源自英尼斯、麦克卢汉的媒介环境学派，是一种“中观”视角的“中层理论”[②]，目前主要有“物质论”（偏重技术与物质属性）、“制度论”（侧重对社会制度的形塑）、“建构论”（着眼对人们生活的建构）、“场域论”（强调互动关系的交界）等四个理论视角。现在互联网已经通达乡村社会，媒介物质技术层面的普及为乡村的文化传播提供了便利，但媒介化对乡村的影响远不止此。这四种理论视角都有助于我们认识和揭示乡村文化与社会的媒介场景，并为探讨文化嵌入乡村振兴提供方法论支持。

秉持媒介化理论视角，本文以朱家林田园综合体为个案分析乡村振兴中的文化嵌入和媒介化创新。选择朱家林有两点考虑。其一，朱家林是全国首批国家级田园综合体，且是第一个田园综合团体四项标准的地方发布者，已为乡村振兴探索出一条现实路径。其二，朱家林在2016年到2024年的8年时间里，在美丽乡村、特色小镇、田园综合体等政策驱动下演绎了“山乡巨变”，但也面临着一系列新问题：脱贫后的乡村该如何全面推进乡村振兴；乡村文化能够发挥怎样的作用；怎样借助文化的媒介化发挥其全体大用；等等。这些问题具有代表性，是包括朱家林在内众多乡村需要面对和解决的课题。

一、乡村振兴中的文化嵌入

全面推进乡村振兴需要产业、文化、人才、生态和组织“五大振兴”协同发力，其中文化振兴尤为重要，因为文化是“更基本、更深沉、更决定性的力量”[③]。为此，首先需要把乡村文化置于乡村振兴的时代语境中，综合历史、政策、实践三个层面分析其作用所在。首先是历史层面，自20世纪二三十年代以来，以“乡村建设三杰”——梁漱溟、晏阳初、卢作孚为代表的乡土建设学者以不同方式开展乡村建设实验，均对乡村文化给予了高度重视。其次是政策层面，党和国家自1982年迄今

---

① 沙垚．乡村文化治理的媒介化转向［J］．南京社会科学，2019（9）：112–117.

② 施蒂格·夏瓦，刘君，范伊馨．媒介化：社会变迁中媒介的角色［J］．山西大学学报（哲学社会科学版），2015（5）：59–69.

③ 习近平在中国文联第十一次全国代表大会中国作协第十次全国代表大会开幕式上强调“增强文化自觉 坚定文化自信 展示中国文艺新气象铸就中华文化新辉煌”［J］．思想政治工作研究，2022（1）：12–14.

先后发布的26个“一号文件”是农民、农业、农村“三农”问题的风向标，其中关于乡村文化的表述体现了政策话语的逐步深入。最后是实践层面，在各地乡村振兴的多种形式的实践中，乡村文化作为培育乡风文明、传承乡村生活方式、赋能乡村产业的载体受到不同程度的重视。

（一）乡村文化精神的重建

乡村振兴中的文化嵌入首先体现在对乡村文化精神的重建，这基于一个基本现实，即中国乡村面对的最大问题是价值失准、文化失调和社会关系失衡①。20世纪二三十年代开展的乡村建设运动，就是以此为出发点。梁漱溟认为中国文化的根本是乡村，传统社会崩溃的最主要原因是“西洋潮流输入而引起来的中国人思想的变化”，乡村出现了“极严重的文化失调”②，因此必须通过乡村文化建设来“引生乡村自力”③。晏阳初开展“平民教育运动”，通过文艺、生计、卫生、公民等“四大教育”来“开发民力，建设乡村”，认为“平民程度之高低，关系于国家努力之强弱”④。卢作孚把乡村建设的目标定位于“创造出现代需要的新社会”，倡导和推动“乡村现代化”，尤其注重人的现代化，提出“中国的根本问题是人的训练”⑤。可见100年前的乡村建设前辈们面对西方文明的冲击，就是从“文化改造，民族自救”立场出发，坚守中国文化的根本精神，融合西洋文化的长处，瞩望“中国文化复兴为世界文化的时代”⑥，这对我们今天通过乡村振兴推动中华民族伟大复兴的规划来说是宝贵的思想资源。当下各方积极推动并参与其中的新一轮乡村建设，正体现出对这一百年乡建传统的自觉接续，注重“以乡村文化建设为中心”⑦。

在历年发布的“一号文件”中，乡村文化作为“思想政治工作”“政策教育”“文化教育”“精神文明”的价值定位也被反复提及，在当下的乡村振兴战略中更被提升到“乡村振兴，乡风文明是保障”（2018）的高度。这一点在当下乡村振兴的实践中也得到验证，很多乡村在发展中首先通过文化建设来凝心聚力。距朱家林不远的临沂市兰陵县代村就通过党建和文化建设、“代村精神”凝练等一系列做法

① 贺雪峰．大国之基：中国乡村振兴诸问题［M］．上海：东方出版社，2019：105.
② 梁漱溟．乡村建设理论［M］．上海：上海人民出版社，2011：61–63.
③ 梁漱溟．乡村建设理论［M］．上海：上海人民出版社，2011：112.
④ 晏阳初．平民教育与乡村建设运动［M］．北京：商务印书馆，2018：1–20.
⑤ 凌耀伦，熊甫．卢作孚文集（增订本）［M］．北京：北京大学出版社，1999：135.
⑥ 颜炳罡．人类文明的中国模式何以可能——梁漱溟乡村建设理论的实质及其当代意义［J］．文史哲，2021（4）：145–153+168.
⑦ 贺雪峰．乡村建设的重点是文化建设［J］．广西大学学报（哲学社会科学版），2017（4）：87–95.

凝聚涣散的人心，在20多年时间里从一个问题村、落后村成为年产值20多亿的富裕村、文明村。朱家林和其他乡村振兴场域一样，在发展中首先也需要重振乡村的精气神。

因此，通过乡村文化精神重建改变乡村社会的原子化，凝聚价值认同、凝结精神纽带、凝练文明乡风，为乡村提供精神动力和发展氛围，是乡村振兴中文化嵌入的第一重作用。

（二）乡村生活美学的重塑

文化不仅关乎精神文明，也是“生活方式”①。费孝通晚年总结一生学术，说自己毕生研究“志在富民”，这属于保证人类生存下去的“生态格局”；而未来更需要研究乡村百姓如何遂生乐业，这是让每个人发扬人生价值的“心态秩序”②。这一主张极具现实意义。2021年2月，我国宣告脱贫攻坚战取得全面胜利，并吹响了全面推进乡村振兴的号角。“仓廪实而知礼节，衣食足而知荣辱”③，脱贫后的乡村不仅要重建文化精神，更要复兴和重构乡村生活的多样之美，让广大农村群众得以遂生乐业。

“乡村，不只是地域空间，也是文化空间，是人类审美意识的重要发源地”，凝结着“中国乡村独特的生产生活方式、生活环境、人格特征、风物人情”，有着切近自然的本原之美、相互照应的人情之美和守护传统的礼俗之美。④美丽的自然生态是乡村的外在颜值，美好的生活方式则是乡村的内在气质。对乡村振兴来说，这两点都很重要，只有表里兼顾、内外兼修，乡村才会真正让人“望得见山、看得见水、记得住乡愁”，成为本地人安顿身心、外来人安放乡愁的诗意田园。这既是《中共中央国务院关于全面推进乡村振兴加快农业农村现代化的意见》提出的“深入挖掘、继承创新优秀传统乡土文化，把保护传承和开发利用结合起来，赋予中华农耕文明新的时代内涵”指向所在，也是一代代乡村建设者所期望的乡村文化重建宗旨所在。

因此，在尊重和保持乡土本色的基础上，吸收现代的、外来的、先进的文化，重构和复兴乡村生活方式之美，应成为乡村振兴中文化嵌入的第二重作用。

---

① 费孝通．乡土中国［M］．武汉：长江少年儿童出版社，2019：95.

② 费孝通．美好社会与美美与共：费孝通对现时代的思考［M］．麻国庆，编．北京：生活·读书·新知三联书店，2019：137.

③ 司马迁．史记［M］．北京：中华书局，2022：5516.

④ 杨守森．中国乡村美学研究导论［J］．文史哲，2022（1）：131–144+168.

（三）乡村文化产业的赋能

当下经济在很大程度上体现为一种符号经济[①]，今天的农业也不能停留在单纯的物的生产，而是急需通过产业融合、文旅融合、城乡融合打造“新六产”乡村产业新生态。每处乡村都有各自的在地文化传统，包括传统建筑、手工艺、民俗文化、民间艺术、非遗传承等。如何传承和发扬这些一以贯之的“活着的传统”[②]，并通过优秀传统文化的创造性转化、创新性发展，使之成为发展乡土产业的文化符号、设计元素、创意动能，成为时代性课题。近几年的中央“一号文件”对此给出了指导性意见，如“挖掘乡村生态休闲、旅游观光、文化教育价值”（2015）、“实施振兴中国传统手工艺计划”（2016）、“深入挖掘、继承创新优秀传统乡土文化”（2021）、“实施文化产业赋能乡村振兴计划”（2022，2023）、“推动农耕文明和现代文明要素有机结合”（2024）等。文化和旅游部等多部门联合出台的《关于推动文化产业赋能乡村振兴的意见》也提出从创意设计、演出产业、音乐产业、美术产业、手工艺、数字文化、其他文化产业和文旅融合等八个重点领域赋能乡村振兴。

文化赋能和创意设计可以提升农产品的“颜值”，提高产品的附加值并拉长产业链条，成为打造乡村“新六产”的创意按钮。因此，充分挖掘在地性乡土文化资源和文化符号，使之为乡村振兴提供产业动能，应成为乡村振兴中文化嵌入的第三重作用。

二、朱家林的乡村文化媒介景观

发挥乡村振兴中的文化嵌入作用，需要借助文化和媒介的耦合关系：传播巩固和塑造着文化，文化意义往往“在媒介中产生”[③]。对文化创意和媒介技术需要“执其两端而用其中”，因为二者互为表里，“文化发展在其手段形态上需要借助科技的力量提升其文化的感染力、表现力和传播力，文化内容需要借助现代信息传播技术表达与传播出去”[④]。当前变化中的媒介环境为乡村振兴提供了更多可能，朱家林就呈现出一些值得关注的媒介景观。

---

① 赵毅衡 . 符号学：原理与推演［M］. 南京：南京大学出版社，2016：361–363.
② 柳田国男 . 乡土日本［M］. 杨田，译 . 北京：清华大学出版社，2018：4.
③ 徐勇 . 后现代社会文化与媒介的关系研究［J］. 长江学术，2011（4）：80–84.
④ 周庆山 . 专题：文化与科技融合战略：数字内容产业发展战略研究 序［J］. 图书情报工作，2014（10）：5.

（一）“两个朱家林”的文化空间建构

传播、技术和媒体的互相融合正深度渗透人们的日常生活，“历史上第一次，人类同时有了肉体和数字两种形式的社会存在方式，同时在现实和虚拟两个世界存在”[①]。乡村也要建设线下和线上两个文化空间。朱家林田园综合体在规划之初就提出建设“两个朱家林”，一是建设线下的实体的朱家林田园综合体，二是借助互联网建设线上的虚拟的朱家林。借此，游客既可以畅享共享单车、智慧停车、票务系统等在线服务，也可以更便捷地了解朱家林的自然和人文景观。互联网上的媒介景观，成为外来者认识朱家林的界面和窗口。

（二）在线“村民大会”的媒介融入

媒介化也在重构着乡村社会的治理流程。一个典型案例是石旺庄的在线村民大会。石旺庄是朱家林田园综合体有红色基因传承的特色村落，山东省委党校于1938年在这里诞生。依托这一红色资源，石旺庄率先实施“互联网＋信用积分制度”，打造乡风文明和道德高地。因为村里青壮年多在外地务工，传统村民大会很难开展，石旺庄建起由全村76名村民代表组成的微信群，一次次村民大会在线下、线上同步举行。经由这样的方式，石旺庄围绕“社会治理”“公共服务”“家庭美德”等八个方面推出40多项村规民约，凝聚起全村人共识。这一过程体现了媒介化“制度论”的理论锋芒，媒介正以空前影响力“融入”乡村文化和社会的创新过程[②]。

（三）朱家林人的媒介志分析

在人人皆媒介的时代，朱家林的媒介景观更体现在每一个朱家林人身上。除了原有住民，朱家林目前已吸引近20支创客团队入驻，外来创客群体超过200人。其中邵博士、香草君、邬三妹、小猴子等个人创业者在朱家林的创业和生活都建立在“媒介化生存”基础上，成为朱家林新生活方式的代言人。本文选取其中的“马大姐”“香草君”“邬三妹”“燕子爱生活”四个样本进行媒介志分析（如表1所示）。

---

① 奥特姆·爱德华兹，等.传播时代［M］.龙思思，译.北京：清华大学出版社，2020：2-3.

② 施蒂格·夏瓦.文化与社会的媒介化［M］.刘君，等，译.上海：复旦大学出版社，2018：21.

表 1 朱家林人的媒介志分析

项目＼人物	马大姐	香草君	邬三妹	燕子爱生活
职业	农民	外来创客	外来创客	文旅宣传干部
来源	本地	由城返乡	由城返乡	沂南县城
语言	当地方言	普通话	普通话	普通话
形象	民宿经营者	香草生活方式博主	90 后新农人	临沂文旅推荐官
变现渠道	民宿，餐饮，马大姐煎饼等产品	香草盆栽、茶饮、料理等产品，香草疗愈系列课程	生活方式短视频，拟推个人 IP 产品，如食品、服饰等	推广临沂文旅形象、线路，兼及相关实物产品
媒介	微信朋友圈	小红书、微信公众号、微博、抖音等	抖音、快手、B 站、微信视频号等	微信视频号、朋友圈等
受众	3000+	2500+	700000+	20000+
媒介文本	自拍，做饭过程，农产品	香草园艺，茶饮，料理，疗愈等	乡村短剧“我的邻居系列”等	文旅热点、景点、活动等
成效	媒介形式较单一，缺乏创意和设计，传播效果较一般	内容聚焦，有一定科普性，保持持续输出，有较为稳定的受众群体	前期有较好影响，吸引人关注并走进朱家林，现媒介更新，处于调整期	持续输出 700 多条原创内容，点赞、回复等互动较多

通过媒介志分析可见，媒介化为朱家林人的生活、创业提供了便利，外来创客可以借助媒介突破地域限制，选择自己喜欢的乡居生活方式，而不影响与外部世界的连接。因为对媒介的掌握程度及生产生活方式不同，朱家林人采取的媒介手段也存在差异。

首先从媒介平台来看，马大姐以民宿服务为主，媒介手段为微信朋友圈。香草君既有有形的香草制品，也开展研学体验、游园活动，以小红书、抖音等生活方式类媒介为主。邬三妹制作在线内容且集中在短视频，故选取抖音、快手、微信视频号等短视频媒介。燕子爱生活定位为临沂文旅推荐官，推广内容较为广泛，以短平快的微信视频号为主。

其次从媒介文本来看，马大姐以简单的图文信息为主，没有太多技术含量。香草君聚焦于香草产业营销，媒介文本包括小红书图文笔记、微信公众号推文等，有一定专业水准。邬三妹的媒介文本有 1 分钟短视频和系列短剧，体现出一定的创意含量。燕子爱生活的微信短视频均为个人出镜，形式上短平快，有较好的策划和创意。

最后从传播效果来看，马大姐的影响限于朋友圈，香草君主要影响朋友圈和社群，邬三妹、燕子爱生活的短视频有更广泛的影响力。他们立体、多维地传播朱家林的乡村生活方式之美，成为朱家林乡村慢生活方式代言人，增加了朱家林对外部人群的吸引力。

综上可见，互联网媒介已广泛且深入地嵌入到朱家林人的日常生活世界，朱家林人的传播活动兼具“具身化传播”和“技术中介化传播”的特点[①]，为朱家林打开了一个个与外部人群连接的窗口和界面。这些媒介景观虽然形态上还比较初级，却展现出巨大的创新价值。在全球化时代，全球与乡土并非对立而是“成双成对”[②]，借助互联网“无处是边缘，处处是中心”的特点，一个地域的乡土文化只要特色鲜明，就可以突破地域乃至国界限制，产生更为广泛的影响，为自身发展插上“隐形的翅膀”。

三、乡村文化媒介化的三重进路

乡村文化的媒介化创新，核心正在于发掘和塑造地方文化的多样之美，因为“能在全球范围内行销的文化象征，必须汲取地方文化的原材料，如此才能生动、具爆发力和多样化的发展”[③]。这一创新过程应本着立足本来、吸收外来、面向未来的立场，从在地文化、在场文化、在线文化三个维度展开。

（一）立足本来——在地文化的符号化创新

乡村，首先是一方地域。在这方地域上，有着此处独有、他处所无的“在地文化”，包括历史文脉、民俗风情、非遗资源、气候条件、人文景观等。乡村振兴要充分发挥这些在地文化资源的原真性、唯一性特点，生成独一无二的文化符号，以形

① 克劳斯·布鲁恩·延森．媒介融合：网络传播、大众传播和人际传播的三重维度［M］．刘君，译．上海：复旦大学出版社，2012：17.

② 梅原真．设计好味道［M］．陈令娴，译．台北：行人文化实验室，2021：266–267.

③ 龚鹏程．中国传统文化十五讲［M］．北京：北京大学出版社，2021：314.

成瓦尔特·本雅明所说的“光晕效应”，带给受众审美体验上的膜拜价值①。文化可以成为沟通乡村内外的媒介，但首先要实现文化的符号化。符号化即“赋予感知以意义的过程”，而且是“在人的观照中获得意义”，是站在外部受众立场而非自说自话式的意义构建②。朱家林在地文化的符号化创新，可以从三个方面展开。

1. 凝练文化符号

站在外部视角看朱家林，最深入人心的文化符号是多彩“沂蒙”。首先，“沂蒙精神”是中国共产党建党百年精神谱系之一，是具有光晕效应的精神坐标。其次，“沂蒙”还是800里沂蒙山区的地域概念，有山、有水、有乡愁记忆。最后，“沂蒙”更是一种文化概念，这里有着千万年乡土文明的文化厚土和传承不绝的历史文脉。因此，以“红色”精神文化为底色、兼涵“黄色”历史文脉和“绿色”田园生态概念的沂蒙文化符号来为朱家林的乡村文化振兴背书，是不二之选。

2. 塑造文化IP

在符号凝练的基础上，需要打造文化IP。第一步是讲好“朱家林故事”，朱家林地处沂蒙山腹地，可讲的故事不少，如红色革命故事、历史文化、乡村振兴故事等。在此基础上，进一步打造故事、形象、产品、企业“四合一”的文化IP产业链，是文旅融合语境下延长乡村文化产业链的可行方向。在这方面，迪士尼融影视娱乐、媒体网络、主题公园、互动娱乐、衍生产品于一体的“一源多用”商业模式可资借鉴。③

3. 开展创意农业设计

朱家林的产业定位是创意农业，已实现较好的空间布局，但产品创意设计仍有不足，在借助地方文化符号为产品创意赋能方面有着广阔拓展空间。在这方面可借鉴日本地方创生设计师梅原真的“绝处逢生的设计”，其出发点是尊重当地原本面貌并发挥地方特色，以“第一级产业 × 设计 = 风景”的方程式，来延伸创意农业产业链式的经济循环。④

（二）吸收外来——在场文化的场景化创新

乡村，还是一方文化空间。在这方文化空间中，不仅可以创新汲取各种在地文

① 方维规. 本雅明“光晕”概念考释［J］. 社会科学论坛（学术评论卷），2008（9）：28-36.
② 赵毅衡. 符号学：原理与推演［M］. 南京：南京大学出版社，2016：33-35.
③ 向勇. 创意管理学［M］. 北京：清华大学出版社，2022：95.
④ 梅原真. 重塑日本风景：顶尖设计师的地方创生笔记［M］. 方瑜，译. 台北：行人文化实验室，2021：3.

化资源，还可以采取拿来主义的开放姿态，兼收并蓄各种外来文化，形成“在场文化”的集聚效应，营造可观赏、可体验、可沉浸的剧场、展览馆、演艺秀等文化场景。“场景化”是借助新信息和媒介技术推演出来的社会图景，兼含现实的日常生活场景与虚拟的媒介场景。[①] 朱家林在场文化的场景化创新，可从两个方向上拓展。

1. 时间型文化场景营造

所谓时间型文化场景，即场景性质上偏重于时间的架构。乡村生活方式之美体现在“春有百花秋有月，夏有凉风冬有雪”的四季轮回，体现在“春雨惊春清谷天，夏满芒夏暑相连”的节气变换，积淀着千百年来中国乡村生活的时间美学。朱家林要复兴和重构乡村生活之美，就要注重此类时间美学的挖掘，将场景化创新植入一年365天的乡村日常生活，兼顾本地人的“日常”和外地人的“非常”，做好年度时间线系列主题策划，进行节日、节点、节气等文化场景营造，追求季季有策划、月月有主题，精彩不断，好戏连台。

2. 空间型文化场景的营造

所谓空间型文化场景，即场景性质上偏向于空间的架构。朱家林是一处城乡融合的文化空间，也是一个幕天席地的艺术舞台。在这一方空间和舞台上展示怎样的文化、上演怎样的话剧，需要用开放的思维去创意和策划。朱家林本地及周边有丰富的沂蒙精神、乡土文脉、田园生态资源，可以结合不同的时间节点，策划主题性展览展示、演出演示等文化体验活动，拓展朱家林乡村文化的内涵和外延。比如，朱家林周边汉文化遗存资源丰富，无论是北寨汉墓的汉画像石，还是诸葛亮躬耕陇亩的修身文化，抑或颜真卿中正之美的书法艺术，都是可以借用的文化资源，可以策划相应的展览、展演和文化体验，开展文化旅游和研学活动，营造汉风文化场景。此外，朱家林在手工艺、非遗等文化场景上也大有文章可做。

（三）面向未来——在线文化的场域化创新

在城乡融合和媒介融合的语境下，乡村成为一个可以链接八面的互动场域。在其中，如何有机嫁接线下物理空间和线上虚拟空间，营造城乡群众共建、共创、共享的“在线文化”，更值得探索。按照媒介化“场域”理论视角，媒介化实质上是人、技术、权力、资本、文化等各要素在一个共同的场域中“汇集和互嵌的行动过

---

① 阎峰.场景即生活世界：媒介化社会视野中的场景传播研究［M］.上海：上海交通大学出版社，2018：13.

程”[①]，这对处城乡融合开放语境中的朱家林来说尤其具有创新意义。朱家林可以着重三种文化场域建设，以突破有形物理空间的限制，实现各方资源的“共生、连接、赋能”。

1. 凝聚文化认同的记忆场域

传播学者詹姆斯·凯瑞指出，文化的传播重在营造仪式，“在仪式观中‘传播’一词的原型则是一种以团体或共同身份把人们召集在一起的神圣典礼”[②]。朱家林要在充分挖掘和凝练“红色”革命文化、“黄色”乡土文明、“绿色”田园生态中积淀和传承的文化记忆，通过相应的仪式、体验设计，强化内、外部人群的集体记忆和文化认同。例如，朱家林可以结合沂蒙红色文化进行仪式感活动设计，强化“两战圣地，红色沂蒙”的符号价值，感召乡民和游客的家国情怀。再如，朱家林可以结合节气和节点创新设计农耕文化、民间习俗中传承久远的仪式等。这些仪式感活动的设计都会钩沉人们的集体记忆，为朱家林赢得更多文化认同。

2. 线上线下互补的互动场域

重构和复兴乡村生活之美，既服务于本地乡民对美好生活的向往，也服务于外来群体对乡愁记忆的渴望。为此，朱家林可以构建类似“乡村客厅”的文化交流空间，为本地群众和外来游客参与朱家林文化建设提供互动场域[③]，推动城乡不同参与主体间的交流、互动、碰撞，促使乡村文化重构、蜕变、新生，成为八方共创的新乡村生活美学代言人和打卡地。例如，朱家林的老屋茶馆已形成一定网红效应，可以进一步强化创意设计，使之成为朱家林故事发生的媒介场域。此外，也可以考虑动态性的乡村客厅设计，如柿子红理想村野外宿营地可以强化“草坪音乐节”的主题流程、共享机制及在线参与设计，让活动在线上线下“两个朱家林”同时引爆。

3. 推动城乡融合的创意场域

重构和复兴乡村生活之美，需要对各类能够取用的优秀传统文化进行“创造性转化，创新性发展”，文化两创的关键在文化创意。创意是“旧元素的新组合”[④]，朱家林既需要对本地及周边文化元素如数家珍，更需要洞悉不同文化事物之间有机关联，在创意上出新、出巧、出奇。朱家林虽因创意、设计而兴，建设中一直以文

---

① 阎峰. 场景即生活世界：媒介化社会视野中的场景传播研究［M］. 上海：上海交通大学出版社，2018：12.

② 詹姆斯·凯瑞. 作为文化的传播［M］. 丁未，译. 北京：中国人民大学出版社，2019，125.

③ 王勇，孟庆宇，张春生，等. 布尔迪厄场域理论下的“乡村客厅”设计——以苏州市庙头村为例［J］. 设计艺术研究，2022（4）：12–16.

④ 詹姆斯·韦伯·扬. 创意的生成［M］. 祝士伟，译. 杭州：浙江教育出版社，2021：33.

化创意为主轴和主线，但仍面临创意稀缺和人才短板问题。为此，朱家林需要做好城乡融合、文旅融合、产教融合等“融合”文章，为乡村文化振兴汇聚更多创新合力。

在这方面有成功经验可循。2019年8月起，北京大学向勇教授推动四川省宣汉县举办起一年一度的大巴山花田艺穗节，以“共生、连接、赋能”为主题展开各种艺术介入乡村活动，不仅为参与者营造了世外桃源的场景体验，也为大巴山凝聚了各方合力。共生凝聚文化认同，连接凸显媒介力量，赋能激活文化创意，该项目不仅为大巴山的乡村振兴营造了一个多方联结的文化场域，也探索出乡村振兴文化嵌入和媒介创新的经验模式。这一经验模式，也正是朱家林乡村振兴亟须发展的方向。

四、结　语

“民族要复兴，乡村必振兴”，乡村振兴已经成为时代主题和国家战略。全面推进乡村振兴与中国式乡村现代化相伴而行，面临“百年未有之大变局”，既拥有新的优势，也面临新的挑战，文化和社会的媒介化就是其中之一。正如麦克卢汉的隐喻，“在电力时代，我们身披全人类，全人类就是我们的肌肤”[①]，半个世纪以来的媒介技术变革和文化变迁昭示我们，每一种技术都生成一种新环境，在创新的道路上技术、环境、媒介、文化相辅相成。瞩望未来，元宇宙、人工智能、AI设计……种种技术变革和文化变迁仍在发展过程中，人类社会仍面临许多未知的机遇和挑战。全面推进乡村振兴，正应抓住机遇，直面挑战，借助新媒介、新技术、新环境带来的便利，通过文化嵌入和媒介创新两翼齐飞，探索一条和以往不一样的创新路径，使之为全面推进乡村振兴和实现中国式乡村现代化提供源源不断的动力和活力。

参考文献

[1] 王先明，等. 中国乡村建设思想百年史［M］. 北京：商务印书馆，2021.
[2] 梁漱溟. 乡村建设理论［M］. 上海：上海人民出版社，2011.
[3] 费孝通. 乡土中国［M］. 武汉：长江少年儿童出版社，2019.
[4] 费孝通. 美好社会与美美与共：费孝通对现时代的思考［M］. 北京：三联书店，

① 德里克·德克霍夫. 文化的肌肤：半个世纪的技术变革和文化变迁：第二版［M］. 何道宽，译，北京：中国大百科全书出版社，2020：27–29.

2019.
[5] 晏阳初.平民教育与乡村建设运动[M].北京：商务印书馆，2018.
[6] 凌耀伦，熊甫.卢作孚文集（增订本）[M].北京：北京大学出版社，1999.
[7] 贺雪峰.大国之基：中国乡村振兴诸问题[M].上海：东方出版社，2019.
[8] 赵毅衡.符号学：原理与推演[M].南京：南京大学出版社，2016.361-363.
[9] 向勇.创意管理学[M].北京：清华大学出版社，2022.95.[8]
[10] 奥特姆·爱德华兹等.传播时代[M].龙思思，译.北京：清华大学出版社，2020.
[11] 施蒂格·夏瓦.文化与社会的媒介化[M].刘君，译.上海：复旦大学出版社，2018.
[12] 克劳斯·布鲁恩·延森.媒介融合：网络传播、大众传播和人际传播的三重维度[M].刘君，译.上海：复旦大学出版社，2012.
[13] 德里克·德克霍夫.文化的肌肤：半个世纪的技术变革和文化变迁（第二版）[M].何道宽，译.北京：中国大百科全书出版社，2020.
[14] 詹姆斯·韦伯·扬.创意的生成[M].祝士，.杭州：浙江教育出版社，2021.33.
[15] 柳田国男.乡土日本[M].杨田，译.北京：清华大学出版社，2018.
[16] 梅原真.重塑日本风景：顶尖设计师的地方创生笔记[M].方瑜，译.台北：行人文化实验室，2021.
[17] 杨守森.中国乡村美学研究导论[J].文史哲，2022（1）：131-144.
[18] 王勇，孟庆宇，张春生，彭楼丹.布尔迪厄场域理论下的“乡村客厅”设计——以苏州市庙头村为例[J].设计艺术研究，2022（4）：12-16.

创意经济视角下多元艺术空间营造及新文创实践探索①

朱　平②
（西安美术学院，西安 710065）

【内容提要】 文化创意产业概念在中国落地20多年来，取得了巨大的发展成就。文创产品与服务作为连接日常生活与审美生存的桥梁，满足了当代公众对更高品质文化生活的追求，也使得艺术元素更多地融入我们的日常生活。基于移动互联网与社交媒体的新文创战略构想及其思维模式，能够通过更广泛的主体连接和创意赋能，构建符号性、体验式、风格化、时尚感的新艺术空间体系，包括公立美术馆、私立美术馆、创意人文社区、策展型商场、独立艺术机构、乡村文创基地、生活美学空间、数字艺术空间八大主要空间形态，推动文化价值与产业价值的双效提升。同时，通过新艺术空间的策划与经营，打造更具传播力的新文创符号系统，助力新时代中国文化产业在全球范围内取得更大的话语权、主动权。

【关键词】 新文创；新业态；创意经济；艺术空间；展览机制

① 本文系陕西省教育厅创新能力支撑计划项目“日本筑波科学城对秦创原建设的观念启发与经验探索”（项目编号：2024ZC-YBXM-043）；陕西省教学改革项目“校企协同育人背景下艺术管理项目式教学改革研究”（项目编号：23BY113）；西安美术学院学科建设项目“研究型展览生态的建构与发展”（项目编号：YSXLL-202325）研究成果。

② 朱平，男，博士、博士后，西安美术学院艺术人文学院副教授、硕士生导师，艺术管理系主任，陕西省文艺评论家协会理事。主要研究方向：艺术传播、文化产业与创意管理。

Exploration of the Construction of Diversified Art Spaces and New Cultural and Creative Practices from the Perspective of Creative Economy

Abstract: Since the concept of cultural and creative industries implemented in China for more than 20 years, it has scored great achievements. As the bridge connecting daily life and aesthetic survival, cultural and creative products and it's services not only satisfy contemporary public's pursuit of cultural life with high quality, but also make art elements integrated into our daily lives. Based on mobile Internet and social media, new cultural and creative strategic vision and mindset is capable of constructing a symbolic, experiential, stylized, and fashionable new art space system that includes public art museums, private art museums, creative humanities communities, curatorial shopping malls, independent art organisations, rural cultural and creative bases, living aesthetics spaces and digital art spaces. The eight major art spatial forms have greatly promoted the enhancement of both cultural value and industrial value. We should also construct a new cultural and creative system with greater dissemination power through the design and management of new art spaces, and promote Chinese cultural industry to play a more active role on the global scale.

Keywords: New Cultural and Creative Industry; New Business Forms; Creative Economy; Art Space; Exhibition Mechanism

20 世纪 90 年代后期，欧盟率先发布关于文化产业发展的政策文件，将经济发展重点转移到文化产业上，也标志着知识经济时代开始走向文化经济时代。知识经济区别于以传统工业为支柱、以稀缺资源为依托的工业经济，它是以高新技术为支柱、以智力资源为依托的经济形态；文化经济则强调文化资源与各类生产要素紧密结合，是文化与经济彼此交融、共同发展的新经济模式。两者均体现了无形资本投入、经济可持续发展、全新价值取向、创新发展动力，其经济社会的运行建立在凸显价值观念、精神动力、人文环境的新起点上，并且注重高质量的新智力、新科技、新人才、新动能的全面协调与深度融合。不过，两者相较，文化经济更强调以人的观念带动技术发展赋能经济，使生产、分配、流通、消费等各个环节无不生动体现人类世界的文明精粹，产品和服务的文化附加值不仅极大地提升了各行业的商业利润，也彰显出巨大的美育传播效应。国内各地要精准把握政策环境、商业环境动态，完善展览机制，优化艺术生态和打造新文创场景，推动当代艺术的在地性研究和实践，关注、尊重、支持、激励本土艺术家，助力其借助多元化艺术空间走向社会、走向世界，构筑习近平新时代中国特色艺术生态圈。

一、创意经济推动艺术新空间的规划与营造

中国最先完成了联合国千年发展计划减贫目标，在 2015 年该计划结束之前，为全世界贡献了许多高价值项目。2017 年，文化部发布《“十三五”时期文化扶贫工作实施方案》，倡导以文化手段促进脱贫攻坚，艺术扶贫也在此框架下开始履行自己的功能性职责。在中国式现代化的新征程上，将更突出文化创意在促进全球文化发展中的作用，让更多的减贫行动达到理想预期。联合国本阶段的全球发展行动，是使世界各国从 2015 到 2030 年，对标联合国可持续发展目标（SDGs），将消极被动的分配性措施调整为积极主动的发展性措施。第 70 届联合国大会通过《2030 年可持续发展议程》，第一次在最高级别文件里纳入创意和文化产业议题，全球性政策创新使得创意产业首次成为可持续发展的重要节点和重大命题。中国在这个层面上，由习近平主席于 2013 年分别提出建设“丝绸之路经济带”和“21 世纪海上丝绸之路”合作倡议，借用经典历史符号，高举和平发展旗帜，倡导各国各地区共同打造政治互信、经济融合、文化包容的利益共同体、责任共同体、命运共同体。文化作为政治经济的先导，需要不断拓展各类文创新空间，打造全产业链艺术传播体系，更好地推动中华文化的多元化、体系性对外传播，而艺术空间的创新营造就是最直观、最有效的方式。

中国文化产业是价值引领、培根铸魂的主流人文经济产业，它涵盖艺术、娱乐、休闲与生活的各个方面，彰显民众所追求的更高品质的美好生活，其终极目标就是导向一种“人民的美学”。这种高品位美学意境建构的根本途径，是不断增加新体验场景的产品和服务供给，艺术展示则是其中的重要形态，其对象包括古往今来一切优秀艺术作品。我国最大的文化资源就是悠久的文化历史、雄厚的文化底蕴、丰富的文化遗产，这也是我们参与国际文化竞争的优势，能够助力中国铸就文化新辉煌和打造世界文明典范。艺术展览作为商业增值、美育增进的重要平台，可以催生各

种新产业、新业态、新模式，带动经济转型升级，促进社会迈向更高阶段，实现在文化软实力及其传播力、辐射力、影响力上对西方国家的后发赶超。2015 年 11 月，联合国教科文组织（UNESCO）第 38 届大会通过在北京设立联合国教科文组织国际创意与可持续发展中心的决定，这是全球首个以“创意与可持续发展”为主题的联合国教科文组织二类中心，十年来中国在这个多边合作的文创产业发展大框架下，取得了令人瞩目的成就，也获得了许多宝贵经验。2016 年 9 月，北京大学和中央美术学院联合主办了第 34 届世界艺术史大会（CIHA），这也是这个全球艺术学界奥林匹克盛会首次在欧美国家以外举行，标准与品评、欣赏与实用、传播与接受、商品与市场、艺术与美育、媒体与视觉、空间与展示等均作为分论坛议题，被纳入国际学术研讨议程，显示了艺术展示在世界文明发展进程中的典范价值。①

2017 年 10 月，党的十九大报告指出，“健全现代文化产业体系和市场体系，创新生产经营机制，完善文化经济政策，培育新型文化业态”，鼓励将文化创意成果融合于经济领域，形成以文创理念为内生驱动力的产业发展模式。同年，国务院发展研究中心旗下的中国经济年鉴社联合腾讯公司，在国际上第一次提出创意者经济的概念。创意者经济通过连接创意者、生产者和用户扩大创意来源，用户往往身兼消费者、评价者、传播者等多种身份，甚至也是生产者、创意者。② 由此，包括各类艺术空间在内的新文创产业，得以更好地提高生产效率、强化社群互动与凝聚社会共识。因此，可以说创意者经济是文化经济的一种高维形态，它以场景化体验和社交实现人与人之间的共情连接，艺术展示也需要在这种文化新思维指导下进行空间重塑。2022 年 10 月，党的二十大报告从国家发展、民族复兴的高度，提出“推进文化自信自强，铸就社会主义文化新辉煌”的重大任务，就“繁荣发展文化事业和文化产业”做出部署安排，旨在激发全民族文化创新创造活力。我们在文化赋能经济社会高质量发展的实践中，可以通过打造互动式、沉浸式、体验式的新艺术空间，创新文化内涵的审美表达，优化新文创环境和氛围，激发城乡社区文化的新动能、新活力。

创意者经济依靠政府、企业、机构、社会、团体、民众等多元主体的共同努力，以中国式现代化为内核提升文化产业的整体竞争力，并且探索文化创意发展新模式。此模式下的各类艺术空间以开放融合、协同创新的姿态，通过人工智能和大数据加持，更高效地整合多类型资源，依托用户生成内容（UGC）推动“新文创 +”赋能

① 胡桥．中国可以为世界艺术史贡献些什么？——第 34 届世界艺术史大会评述［J］．中国文艺评论，2016（11）：104–112.

② 向勇．“创意者经济”引领数字文化产业新时代［J］．人民论坛，2020（19）：130–132.

的创意策展与展示设计。这使得艺术、时尚、生活、娱乐等元素交互链接，创造出更契合当代人的审美场景。2023 年，全国规模以上文化及相关产业企业实现营收 129 515 亿元人民币，成为文创发展最强劲的驱动力，新动能充分释放的带动效益惊人。2024 年国内文创产业规模的市场份额占比目标是超过 15%，到 2030 年预期突破 25%、接近 30%。中国式现代化背景下的中国文化产业新道路，应基于创意者经济而实现更快速的推进。艺术层面的空间赋能也需要在此框架下，以展示为中心进行产业组织、制度激励、媒体传播，催生更广泛的创意生成、更扁平的创意生产、更充分的创意认同。[①] 当代的艺术展览空间不限于公立美术馆，更多的民营美术馆、艺术商业综合体、乡村美术馆、独立艺术空间、生活美学馆、策展式门店，都在潜移默化地将以往传统美术馆神秘的工作场景，融入更广泛的公共空间和社群，在推动新文创发展的同时，充分显示出其文化内生、审美驱动、社会传播的三重效应。

二、多元展览空间的创意生成与价值转化

（一）公立美术馆：媒介叙事与文化共情

习近平总书记在给中国美术馆老专家、老艺术家们的回信中提到，“……在高质量收藏、高水平利用、高品质服务上下功夫，努力打造新时代人民群众欣赏美术佳作、提升文化素养的国家级乃至世界级艺术殿堂，为繁荣发展中国美术事业、推进文化自信自强、铸就社会主义文化新辉煌作出更大贡献”。公立美术馆要主动运用新文创理念，将艺术资源通过多层级、多渠道、多形态与社会公众进行连接，建构更具创新活力的艺术展示体系和艺术传播平台，尤其是以主流美术展示为中心，积极建构国家话语及叙事系统，凝聚时代精神、关注人民文艺、沟通大众心灵，比如举办系列主题性美术作品展，立足学术定位持续深耕，提升藏品利用能力，更好发挥社会效益。在传统的以作品为单位的展示之外，探索从文化创意的高度更全面、更深入、更生动地阐释主题，引发情感共鸣、启发审美思考，以展览搭平台、促交流、增趣味、提活力、带研究。[②] 第十四届全国美展还新设置了实验艺术、数字艺术与动画作品展区，在上海中华艺术宫展出，展览兼顾学术性与时尚性、本土性与国际性，其中艺术与科技融合的新艺术形态，吸引了大量观众在自媒体平台推送视频和展开

---

① 许睿．“互联网 + 文创”正走向“创意者经济”新时代［EB/OL］．（2017-03-27）．https://china.cnr.cn/gdgg/20170327/t20170327_523678933.shtml.

② 吴洪亮．策展新理念拓展美学新空间［N］．人民日报，2024-09-22（08）．

热议，上海展区参观流量达到近25万人次。

创办于建党百年之际的“盛世修典——‘中国历代绘画大系’成果展”，在中国国家博物馆等全国各大博物馆、美术馆已连续举办近30场大展，频频引发社会观摩热潮，并在德国、英国、瑞士、比利时、西班牙、新加坡等十多个国家举办特展，生动展示近1800件历代精品及其高品位文化内涵和多元化文创形态，充分体现了这一极具中国特色、中国韵味、中国气派的重大标志性文化成果所承载的历史价值与时代价值，深度呈现了中华文明对世界的突出贡献，引发了相关的策展实践、跨界赋能、美育传播等热门话题。2021年中国国家博物馆“艺术为人民——刘文西艺术大展”汇集200余件当代中国人物画大师、人民艺术家刘文西先生经典画作，以及手稿、照片、实物、文献等资料，精彩地呈现了其思想史与文化史价值，同时生动反映了那一代新中国画家的初心与使命。中华艺术宫2024年首届“美术作品中的上海”展览，以艺术地理视角遴选馆藏精品，精彩呈现上海城市面貌的发展变迁与海派文化品格，也是对“人民城市”理念的文化阐释和审美传播，助力上海城市文化品牌塑造，打造中华文化展示传播窗口。

陕西省美术博物馆推出的“在长安”“出长安”“回长安”的“长安三部曲”系列展，系统梳理了新中国成立以来，以长安画派为中心的陕西中国画坛传承创新之路，并在2022年6月举办展览座谈会，共论文化焕新、艺术焕彩、城市焕发的中国美术之路。北京画院美术馆策划的一系列齐白石艺术展，通过新文创视角精心设计展览叙事动线，比如“人生若寄——齐白石的手札情思”展览以第一人称娓娓述说艺术家人生之旅；“胸中山水奇天下——齐白石笔下的山水意境”展览勾勒艺术家游观取法铸风格的美学文脉；“知己有恩——齐白石的师友情缘”特展围绕艺术家交游网络呈现大师充满温情的朋友圈；“情有梦通——齐白石笔下的四季生机”展览；“天趣画境——齐白石沉浸式数字光影艺术展”等，在宏大的艺术地理空间中展示其全方位成就，并通过数字展览融入更多交互体验，以水墨意境营造妙在似与不似之间的生命世界，用现代形式美学表达中国传统画境，使观者在沉浸式空间中领悟白石老人笔下的“光影生机”，将学术成果与专业知识转化为受众的新知与兴趣点，成为人们竞相打卡的网红艺术展。①

以公立美术馆为主体创办的双年展、三年展等高规格艺术展览形态，推动了美术馆事业高质量发展，比如北京国际美术双年展（中国美术馆）、上海双年展（上海

① 吴洪亮．策展新理念拓展美学新空间［N］．人民日报，2024-09-22（08）．

当代艺术博物馆)、成都双年展(成都市美术馆)、武汉双年展(武汉美术馆)、广州三年展(广东省美术馆)、北京艺术与科技双年展(798CUBE 美术馆)、深港城市 / 建筑双城双年展(香港、深圳)、济南国际双年展(山东美术馆、济南市美术馆)、苏州·金鸡湖双年展(金鸡湖美术馆)、景德镇国际陶瓷艺术双年展(景德镇陶瓷大学美术馆)等。这些展览以不同视角展现各具特色的策展理念,为所在城市带来显著的“溢出效应”(Spillover Effect)。比如,北京国际美术双年展开创了国际高水准艺术双年展的中国模式,上海双年展则成为中西文化交流的国家金名片,并使所在城市的民众得以近距离欣赏全球艺术人文成果。

(二)民营美术馆:独特视角与文艺气质

随着国家和地方政府以政策激励社会力量创办各类文化艺术场所,民间资本涉足艺术领域的趋势渐趋显现。民营美术馆的优势是市场适应性强、内容创新性优、受众参与度高,能够快速适应市场变化,拥有更多自由空间去灵活策划相关展览和活动。策展人往往能以独特视角构建多元化的艺术展览空间,凸显开放性的公共文化语境,使展览产生更广泛的社会效益。这类美术馆要注重创造性地转换展览叙事,辅以相得益彰的展陈空间设计,并发挥想象力进行艺术再创造、文化再表达,借助科技“造境”为观者创造更多可能性,提升展览传播效能。解决艺术资源分配不均衡、供给不充分的问题,让优质资源与供给为更多人所共享。以资源流动促进美术传承创新,依托数字媒介提升展览传播力,结合新技术进行数字化衍生以丰富展览层次,利用审美创意来优化“云观展”的体验感,进一步激发民营美术馆的文创活力。

民营美术馆有时还成为魅力地标,重塑着所在城市的形象,并向社会提供优质的展览产品。走进美术馆也已成为大众普遍的文化生活方式。通过创意经济思维和新文创视角,艺术展览空间开始摆脱过去单一的宏大叙事逻辑,逐渐体现出个性化、风格化、多元化特色,以应对同质化倾向流行、人文内涵挖掘不足、受众深度体验缺乏、难以形成开放性思考与有效讨论等实际问题。各个艺术机构“展藏兼顾”,逐渐形成了有自身特色的展览品牌,并在日常运营中不断延伸与优化。积极策划观众喜欢的展览,兼顾“学术化”和“大众化”,让艺术“飞入寻常百姓家”,并深入挖掘当地历史文脉,关注艺术的“在地性”实践。民营美术馆或以藏养馆,或以租养馆,或设立基金会,或通过“美术馆+”教育、咖啡、文创、直播、动漫等跨界形式,逐步形成各具特色的运营模式。成为企业提升形象的窗口,并取得了阶段性的成绩。

民营美术馆服务普通大众,起到了优化城乡供给、丰富人民群众精神文化生活的作用。在文化创意产业、数字化技术和共享经济大热的趋势下，有效利用民营美术馆的展览及藏品资源，使其融入文化旅游产业化发展进程，是增强民营美术馆自我造血能力的重要途径。2023 年 11 月，西安美术馆举办“解构 · 重塑 · 赋魅”全国十大美院青年策展人主题联展及“展览赋能：理论、方法与路径”高端学术论坛，这是中国学院派青年美术家、策展人与创研力量的一次重量级整体亮相。成都知美术馆由日本建筑大师隈研吾设计，设计师将水的意境和瓦的元素相连接，使建筑外形仿若蕴含韵律，含蓄内敛而极有禅意，达到天、地、水、人相融的境界。从负一层的暗环境盘旋上升至光明空间，寓意人类从洞穴走向文明的历程，2024 年 7 月“回到当下”法国当代艺术展，以中西交流视角打破艺术界限、倡导本土连接，展览选择驻场艺术家雨果 · 阿维戈（Hugo Avigo）的装置《升降机》，使其从负一层贯穿中庭直至二层。不少艺术机构深谙年轻人对前卫风格的追捧，开设艺术商店推出展览周边和衍生品，使其成为美术馆的“终极展厅”（Ultimate Exhibition Hall），以回应公共文化诉求和拓展城市文化景观。

不同于依托各级财政拨款进行运营，普遍追求高大上的公立美术馆，私人美术馆多如同泊于港湾的文艺方舟，重在让受众领受阳光雨露，聆听自然与艺术的对话，吸纳美的知识与智慧。临湖而立的浙江桐乡乌镇木心美术馆共有五间永久专馆，长期陈列木心先生作品。木心先生曾以“风啊、水啊，一顶桥”述其所预见的展厅及其周边的绰约景致，“桥”的隐喻是木心先生融汇东西的审美实践。美术馆北角有一处阶梯式图书馆，面朝美术馆后院风景，这里不仅是收藏往昔的学术场域，更是面向未来的精神居所。南京四方当代美术馆被视为绝佳的艺术人文景观，场馆设计以中国画散点透视作为出发点，充分体现移动视角、错落层次的设计思路。薄雾和水体有一种文人画的神秘幽邃的空间感，馆舍远观好似插入山体的白盒子，上层的画廊悬浮于半空，以顺时针方向逐次展开，观赏者在终端可远眺金陵之景。这里感性的美学风格就如同楼道内墙上的涂鸦作品，文创衍生品也多介于具象和抽象之间，2023 年的“流光”展览关注凝聚和点亮的价值意涵，隐喻生活中要以艺术点亮自身、照亮他人。一些私人美术馆注重塑造形象、声音、气味、触感等交叠融合的跨媒介文化展示，形成格诺特 · 波默（Gernot Bohme）所谓的气氛美学空间（Atmosphere Space），构建引发情感共鸣的总体氛围。[①] 以多感官“接口”和交互装置，增强受众参与度和体验感，使其主动融入展览情境。

---

① 格诺特 · 波默 . 气氛美学［M］. 贾红雨，译 . 北京：中国社会科学出版社，2018：5–8.

（三）创意人文社区：精神链接与创新风气

著名创意经济学家约翰·哈特利（John Hartley）认为，传统创意产业是生产型的，其核心要素是文化内容生产；而现代创意产业是服务型的，其核心要素是文化创意服务，创意产业模式也从生产者主导变成消费者主导。[①]我们要更快地认识新机遇来推动创新，并提升应对新机遇的能力，通过创意设计，将形象或主题转化成可触可感的文创产品，进一步将其提高到创意社区营造层面；通过深入开掘特定文化内涵，提炼代表性审美元素，进行符号化萃取，再用设计语言结合潮流趋势、市场定位、建造媒材等要素，将其转化为拥有丰富故事线的符号化、场景化体验产品，并植入散落城市的各个社区单元，让区内居民和外来访客都能从中感受到人文气韵。新文创视角下的创意社区兼具高颜值和高品质，它以灵动写意的规划语言，诠释着每一处景观的文化内涵。社区内的各个空间都应在尊重历史的前提下，做好传统文化的时代转译，巧妙融入青年社群的话语体系并通过新文创媒介，让人们在此感受到时尚活泼、轻松惬意的创意美学氛围。

澳大利亚昆士兰科技大学创建了全球第一个文化创意产业集聚区，其内部有剧场空间、展览空间、实验性演艺空间、电视传媒中心、新锐文创公司、小微型工作室等。学校各系科与院所都参与艺术空间的运营管理，并进行跨学科教学、研究、创作、展示、社交，师生们在宜人的开放共享空间中相互协作和彼此交流，并得到互联网媒体的流量加持，这既来自社区对工作者的宣传，也受益于媒体的传播与讨论。早期的创意社区比较关注艺术产品的文化属性，更突出学术性；现在则更注重经济属性，更突出商业性，讲究实用性、趣味性，追求契合当代青年消费群体。社区还建有专门化的传播矩阵，多家社交媒体平台分别入驻各个艺术空间，推广区内的历史文化，上传各自的创意成果，为消费者提供丰富的参与感、体验感、仪式感。新文创思维主导下的艺术空间广受欢迎，也为消费者提供了更高的情绪价值。有故事、有文脉、有温情的新文创场景，更能激发起消费者丰富多元的审美共鸣，也更容易使消费者形成文化记忆、深度认知和趣味连接，还能为社区带来高流量的传播效能，并融汇各种文化符号和审美语言，构筑起当代青年的精神世界。高水平创意社区的运行，有赖于文化、经济、产业与创新四大政策体系的融合互动。[②]

---

① 约翰·哈特利.创意产业读本［M］.曹书乐，包建女，李慧，译.北京：清华大学出版社，2007：186.

② 王曦.澳大利亚文化创意产业发展对我国的启示——以“昆士兰模式”为例［J］.中央财经大学学报，2013（01）：71-77.

杭州西湖区艺创小镇上的象山艺术公社，是国产3A游戏《黑神话：悟空》的诞生地。其东西两侧为中国美术学院和浙江音乐学院，象山渠由西向东分别连接两所艺术高校，沿线依次为艺术产业聚集地、高地公园、核心区工作室、公共建筑和景观配套等板块。由农居改造而来的核心区工作室，包括60余幢独立建筑，以及十二景、二十四节点、三街九巷的创意生活区，宛如一幅曲水流觞式的现代版《溪山清远图》。该地吸引艺术大师、设计大师入驻，形成文创智造汇聚地、艺术人才栖息地、文化旅游目的地，成为山水相映、文旅融合，城乡互促、艺商联动的创意人文社区，成功构建集艺术展演、社群经济、时尚消费、特色旅游、创意研究五位一体的新型特色新文创小镇。浙江音乐学院大剧院以及3座音乐厅、2座剧场，中国美术学院象山校区的中国国际设计博物馆、民艺博物馆，既是学院派艺术的绝佳展示空间，也是知名的网红打卡地标。中国美术学院毕业季更带动年度之江青年国际艺术周的品牌热度。

秦皇岛昌黎黄金海岸阿那亚创意社区把图书馆、美术馆、音乐厅、剧场、礼堂等连接起来，成为异城市化探索的精神地标。其中，孤独图书馆是典型的新文创场景营造范例，即通过体验式空间打造新文旅地标，为社区沙龙艺术会提供支持，鼓励社区居民书写家族史，图书馆负责策展、出版与宣推；吸引艺术家和学者将这里选作其全球首发的驿站。精神性空间的美学价值就在日常的松弛感中显现出来。杭州天目里则像一座文艺小城，美术、设计、时尚在这里与商业融合，多元的文化经济业态亦在此荟萃。伦佐·皮亚诺建筑事务所按照国际美术馆标准打造的天目里美术馆，持续提供展览交流、图书发布的融创平台，构建极富创造力的社会美育课堂。天目里创意社区发起的“2024荡一圈：杭州当代艺术周”，邀集各个艺术机构与收藏家、设计师、策展人等从业者，融合全球视野与在地情怀，通过展览、论坛等活动进行分享，以在地方言“荡一圈”放射出国际化的能量，以City Walk的行走姿态展现对审美人生的领悟与追求。2024年艺术周汇聚的30多个空间近40场名家展，被置放于周边的繁华街巷与山光水色之间，共同构成了一幅迷人的艺术人文地图。

（四）策展型商场：时尚风格与青春体验

策展型零售（Curetail）强调通过创意策划与艺术展示来提升消费者的购买体验感和品牌忠诚度，注重以消费者需求为中心进行设计、陈列和运营，创造出让消费者产生情感共鸣和购买欲望的新消费场景。由此，策展成为吸引商业热度和聚集年轻人群的高频词，策展行为也不再仅限于美术馆的框架，很多时候直接嵌入商业模式之中。过去，艺术与商业的融合往往只是摆放一些艺术品，不定期在商场内部举行小规模展览，设置展示橱窗、中庭艺术装置，开设时尚快闪店等。今天，这些显然已无法满足后浪们对更高审美体验的追求，策展型零售需要能够带来更具深度的心灵体验。Z世代、AA世代人群的核心诉求在向圈层文化、精神主义与体验社交转化，商业空间也日趋主题化、场景化、风格化。策展式商业通过艺术展览形式提供新消费、新休闲服务，突破商业同质化困境。成都COSMO在旧改重启之后，集潮牌服饰、户外运动、家居用品、艺术收藏、机车文化于一体，重视品牌的故事感及审美调性，以内容新场景将国潮文化推向高点，推动青年文化相互碰撞、有机融合，共同重塑成都的人文形象。

位于上海百年历史街区淮海路的TX淮海年轻力中心，就是一个共享型社交、沉浸式艺术、新体验零售融合的智能互联场域，成为多元文化交流与青春生活展示的中国式艺术新空间，在虚实融合、动态共生中构筑起全新的潮流文化地标。这里举办各类跨媒介展览，实现"人—货—场"三大要素的关系重组，通过艺术展为受众构筑沉浸式社交消费场景。比如它策划的全系列审美体验活动，包括艺术疗愈、电影鉴赏、人文阅读、饰品改造、古着创意、黑胶聆听、艺术指导、城市涂鸦、心灵抚慰、美颜妆造、宠物养护、趣味短视频等，使受众在逛玩购的同时获得新奇的技能体验。[①] 北京THE BOX朝外年轻力中心基于新零售理念，为消费者带来高度沉浸感的新场景体验。即以自由组合的盒式结构联通内外空间，采取街头潮玩聚合路线，包括公路商店、餐酒吧、网红咖啡、空中光影篮球场和滑板区，以及室内沉浸式露天剧场、楼顶露天自由营地等。这个运用策展思维打造的城市艺文综合体，以新文创方式深入开掘地方文化内涵，营造场景美学空间，并借助策展制造潮流话题，通过艺术展示提升购物体验。策展人一般利用大面积视觉冲击和趣味性设计，创造新鲜感与沉浸感，凸显关联性与启发性，使受众与商业空间产生深度连接和情感共鸣。艺术组织与呈现方式只是达到聚流效果的途径和手段，受众买单的则是整个审美体验过程。线下商业艺术活动视频在上传互联网平台后，继续实现多层面、多频次、多维度的N级传播。

策展型商业以回报率和经济收益为立足点，旨在通过打造集青年文化、时尚潮流、生活美学、艺术展示为一体的新消费空间，提高流量、留量和价值转化率。它有两条实践路径，一是创意改造非商业空间，二是持续深耕商业空间，合力形成艺术策展型商业空间。策展型商业借助新文创场景打通各类艺术空间，通过营造互动

---

① 聂磊．数字时代青年公共文化空间的商业化实践［J］．当代青年研究，2021（02）：59-64.

体验来打破受众与艺术家的界限，充分实现跨界连接与融通共生，以审美思维重塑大众生活，构建起开放协同、活跃高效的泛娱乐内容创意新生态。创意者经济是当今中国引领全球的文化经济新模式，以 IP 建构为核心的新文创，使得文化产品消费者也能够介入艺术创作，实现人人都是艺术家的梦想。互联网用户对艺术生产的反馈模式，造就了以腾讯为代表的创意者经济模式，它直接面对以当代美学和创意需求为导向的受众市场，将传统零售的格子间店铺变成新零售的开放性展位，消弭边界感并创建无阻隔的交流空间，哪怕各方表达的内容不同，但只要其符合青年潮流文化的主题，就鼓励其自由发展。

（五）乡村文创基地：艺术乡建与在地创生

以艺术乡建的方式推动地方创生，营造传统村落的诗意生存语境，可以激活小镇美学、乡村美学的创意资本，进而培育在地型文化创意产业，促进乡土认同和价值观连接。通过系统提取地方创生资源，深入激活内含的传统文化、红色文化和先进文化基因，结合当地自然环境、人文景观、农业生态等因素，通过艺术介入手段，实现乡村创生的整体效益提升，并积极打造乡村创意空间，催生新型文化业态。乡村文创基地由特定的环境规划、建筑风格、场景设计、服务项目、活动开展、内容供给等生产要素组合而成，并协同建构起兼具人文性、艺术性、功能性、开放性、社交性的新型乡镇美学空间，满足新时代人民群众的文化需求，提高公共文化服务效能，推动乡村文旅融合发展，同时展示人文特质、传播地方精神，培育文明新风、延续中华文脉。国家文化和旅游部发布的《“十四五”文化和旅游发展规划》明确提出，创新打造一批“小而美”的城市书房、文化驿站、文化礼堂、文化广场等城乡新型文化空间。据此，文化创意产业应推进城乡公共文化服务体系建设，尤其是颜值高、设计感强、内容丰富、运营灵活的新型公共文化空间，使之成为普通大众的“文化客厅”，形成城乡人文精神和文化传统的象征与符号。①

受众被文化产品的内涵特色、形式美感、创意体验等吸引而进行付费购买的行为，均被视为文化创意消费。乡村展览空间需要集结艺术家的精彩创意，创造性地传达地方性美学内容，并打造内蕴丰富、视觉鲜明、风格独特的文化传播符号。在推进乡村振兴的大潮之下，艺术乡建促成了乡村美术馆等各类创意展示新空间的诞生。位于浙江宁波市宁海县深甽镇的宁波玖玖美术馆，将各类艺术展览引入传统村落，构建起包括展览陈列、收藏鉴赏、学术交流在内的乡镇文艺空间，迄今已举办

① 张小桐．创意设计，诠释更为丰富的文化内涵［N］．人民日报，2024-08-02（20）．

十多场当代艺术展，这个小山村也因此焕发出新活力。[①]广州市花都区塱头乡村振兴项目的标志性景观春阳台艺文中心，由北京大学建筑学研究中心张永和非常建筑工作室团队设计，这个乡村策展型创意空间由文博展馆、藏书楼、善本室、阅览室、剧场、工作坊等组成开放式的融合空间。而最经典的案例莫过于北京大学文化产业研究院院长向勇教授团队在四川大巴山区发起的“文化连接、创意赋能、价值共生”的白马花田乡创行动，该团队构筑起公共文创空间、创作生产空间、生活居住空间三位一体的国际乡村创客营，打造大巴山艺穗节暨白马论坛国际乡村创客大会，引起海内外广泛关注。2024年5月，向勇教授获得乡村创意与可持续发展联合国教席，这是中国首个关注乡村地区文化创意与发展的联合国教席。

地方创生的核心要义在于营造传统村落的现代田园美学，推动乡村文化生活方式重建，激活乡土美学创意资本，以乡村文创基地为中心，助推村落传统经济转型升级。西安美术学院在西安市鄠邑区蔡家坡村举办的关中忙罢艺术节，借助文化活动、艺术展演、社会美育、乡村设计、空间营造等来带动农文商旅产业融合发展，打造集人文旅游、田园休闲、时尚餐饮、音乐露营、村史展示为一体的乡村振兴示范村，构建终南戏剧节、大地生态艺术节、社区艺术计划、中国农民双年画展等特色板块。该村先后获得全国乡村旅游重点村、全国基层公共文化服务高质量发展典型案例、全国文化和旅游赋能乡村振兴优秀案例、“一县一品”特色文化艺术典型案例，英国D&AD设计奖银奖、美国The One Show国际创意奖铜奖等国内外荣誉和奖项。乡村创意空间尝试以多元化展示形态，提升在地民众的乡土情感、家国情怀和文化认同。以各大艺术院校为主力的艺术乡建行动，结合实验室、工作坊、创作营等不同的社会参与式艺术实践，构筑起乡村文化新空间，丰富乡村文化生态，推动乡村文创产业发展。

（六）独立艺术机构：替代空间与分众营销

独立空间是指除美术馆、博物馆、画廊和创意园区等主流展示场所之外的艺术机构，具有特色鲜明的自组织能力的另类、民间、野生属性的艺术空间，并已成为平衡当代艺术生态中过度倾向于市场化、主流化的重要力量之一。[②]20世纪90年代初开始出现一些临时性、小众化、非正式的展示空间，进入千禧年之后涌现出许多艺术小组、团体和工作室，后又逐渐演变为一部分小型非营利艺术机构或时尚型画

① 黄银凤，陈子恬．宁波民营美术馆风起云涌 正成为城市新的文化地标［N］．宁波日报，2024-01-05（03）．

② 陈淑瑜，莎拉·佩克．间隙中的独立艺术空间［J］．当代美术家，2015（06）：82-87.

廊等。2010 年至今渐趋固定为一种由艺术家、策展人及相关从业者创办的独立艺术空间，其中十年前又经历过一个短暂高峰期，目前的发展态势较为平稳。独立空间从过去比较强调个性化的独立和替代效应，到如今更注重突出在地创生和项目空间。可以说，独立艺术空间因其展示方式的创造性、经营模式的灵活性，得到圈内人士和部分文艺社群更多的关注。许多文化氛围比较开放活跃的城市，均有各自代表性独立艺术空间，而在地化空间实体与创意气氛，亦有助于形成共识力，促成更大范围的艺术合作。

替代性空间（Alternative Spaces）是一个西方舶来的概念，20 世纪 90 年代在亚洲地区一度火热，在当下的中国更焕发出新生机，不仅成为试验各种新艺术观念的展示场所，也是与主流美术馆展览机制形成互补，打破西方中心主义展览体系的中国特色创新型艺术组织模式。独立艺术机构既要保持自己的审美立场，不被市场风向与商业资本所牵制，也要保持相当的社会敏感度，与艺术现象、艺术群体进行互动，推动外部政策环境、商业环境的完善，优化各自的展示平台。它们为拥有天赋、理想或特立独行念头的艺术工作者，提供便利的创作空间，使之展现更鲜活的艺术态度，进行更丰富的艺术思考，并且在工作内容和实施方式上展现出强烈的探索性，在实践中呈现更多的可能性，为地方艺术生态增添活力。这些机构愿意主动去打破曾经固定的圈层与边界，让艺术在自身系统之外的社会语境中获得蓬勃生命力。它们为具有自由精神、实验性思想、想象力和创造力的艺术家提供创作空间和条件，鼓励艺术家摆脱外部束缚和突破内心困境，勇于、乐于去尝试从未触碰过的媒介、材料和工作方式。

一座拥有专业美术院校的城市，可以借此获得更多资源优势和发展动机。比如四川美术学院所在的重庆市九龙坡区黄桷坪，就聚集了这里半数以上的独立艺术空间，并形成三种不同模式的空间，分别以器·Haus 空间、寅子小剧场、十方艺术中心为代表。[①] 器·Haus 空间最早在国内推动艺术家驻地项目、青年艺术家实验项目，让国际视野和本土情怀在这里有更多的交集互动，它坚持小投入、低预算，以长期建设为本、学术牵引为体，为来自不同国家、不同城市的艺术家搭建对话平台，并以抛出议题的方式刺激新思考、引发新问题。尤其关注艺术对社区、社群的影响，其实践涵盖行走、调研、创作、展览、文献与出版。寅子小剧场聚集视觉艺术家、表演艺术家、设计师、建筑师等专业人士，建立跨界创研机制和工作坊，呈

---

① 王晓荣 . 重庆黄桷坪艺术区独立艺术空间研究［D］. 重庆：四川美术学院，2018.

现对前卫、先锋、实验的创意主张。十方艺术中心致力于帮助处于成长期的艺术家、批评家和策展人，创造让国内外参与者都能够成长为杰出艺术家的环境，2024 年 8 月，马耳他艺术家山姆·亚力桑德拉（Sam Alekksandra）个人驻留作品展《欲哭欲笑　哭笑不得》亮相，艺术家以重庆历史韧性为背景，聚焦于占有、公共两个观念及象征性表达，通过意识流写作、水墨画、胶合工艺与实验性印刷进行混合媒介创作，使其拥有更广泛的受众面和传播力。

想象力学实验室由当代艺术家耿建翌与时尚品牌江南布衣共同发起创办，扶持富有创造力的艺术项目，鼓励纯粹的艺术语言探索和非结果导向实验，意图发现超凡的艺术项目和艺术家。机构定期记录艺术工作并发布于公众号，向受众展现艺术创造的真实状态。2021 年，实验室又联合西戏·XIXILIVE 剧场、独立艺术机构马丁·戈雅生意共同发起“明日视线奖”评选，通过互联网平台征集 400 多位艺术家的作品，旨在为青年艺术家提供去中心化的独立评奖机制，为其未来发展开启更多可能。300 位评委以一线艺术家为主体，也包括机构主理人、画廊主、策展人、媒体人与跨领域人士。通过精准推送的线上展示图集，年轻艺术家能够被圈内专业人群留意到，引发广泛关注和讨论。[①] 西安的南山社、Fake Project 着眼于美术馆与画廊较难实现的在地性“空间生产”，融合历史文本与展览语言，将作品嵌入历史语境并展开与现实的对话，前期已完成西安角、城市地理、沣水研究计划三个与 OCAT 的合作策展项目。南山社和 Fake Project 作为非营利独立机构，2023 年获邀参加第十届“艺术深圳”当代艺术博览会。

独立艺术空间借鉴国际化的“项目空间”（Project Space）经验，有效规避实体空间的高额成本，更便捷地推动艺术展示策划及实施，使艺术生产的价值意义得到高效率落实和推广。[②] 短期内无法市场化的一些优秀艺术形态，相对缺乏产业生存土壤，但是正如世界的发展必须倡导生物多样性，独立艺术空间在这个意义上试图改变艺术生态圈里的许多失衡状态。它们往往坚持与合作艺术家共同成长，在日常工作实践中搭建互动平台，通过策展与研究、出版与推广，完善特色鲜明的价值体系和运营机制，推介了一大批极具才华和潜力的艺术家。这些独立艺术空间在主流展示体系之外，以其具有独特风格的展陈设计、叙事语体、扶持计划和多边交流机制，鼓励年轻艺术家按照自己的想法诉说关于艺术的故事，与所生活的城市进行人文对

---

① 郭熙 . 想象力学实验室的工作实践［J］. 美术观察，2024（4）：23-26.
② 倪昆，杨述 . 独立艺术空间的替代经验［J］. 美术观察，2024（4）：19-22.

话。因为独立艺术空间的责任，就是关注艺术家个体成长，帮助艺术家与公众实现更多的共情交流与价值连接。

（七）生活美学空间：剧场效应与日常审美

创意经济的运行基础是新体验场景。以体验为中心的“剧场性”感知模式，区别于以观看为中心的“在场性”视觉模式，为艺术空间营造提供了新视角，有助于深入探寻受众与作品之间能动共生的全新关系。列斐伏尔（Henri Lefebvre）的三元空间理论、布尔迪厄（Pierre Bourdieu）的场域理论、索耶（Edward Soja）的异质空间理论，推动了剧场性展演空间的创新营造，有助于提升艺术品意义生成的展示效果。南京金鹰美术馆 2024 年特展“食物、物与日常”，就受到列斐伏尔日常生活批判哲学的启发，探究个人和社会生活的相互联系，人的内部和外部生活的相互影响。12 位艺术家对日常生活中的物品和现象进行审美探索和艺术诠释，引领观者开启感官冲击与深层思索兼而有之的艺术之旅。这不仅是一次实验剧场式的艺术盛宴，更是一场关于人生哲学的深刻探讨。展览将日常生活作为观察对象，再将其转化为艺术本身，通过文化嬗递、审美跃迁、图式创新、结构变革、观念再造、身份重塑，启发大众重新思考对日常生活的最初印象。这类艺术空间往往处于一种融入日常的泛剧场状态，令人遐想、引人忖思，让观众在生活化的审美情境中了悟世界真相。

生活美学空间的边界其实并没有那么清晰，从传统文博场所到新锐艺术空间再到创意型文旅景区，都可能营造出日常生活审美化的新消费业态。2023 年 12 月落成的北京恭王府·安善堂传统生活美学馆，以“四季万福”为主题，融合四季与二十四节气，旨在让消费者在美美享受视听盛宴的同时真切体验到文雅生活。“恭王府博物馆创建 40 周年主题展”回顾 1983 年以来的馆建历程，“海畔老友——恭王府与什刹海的共同记忆展”则是居民和学者共创共享的研究型策展成果，受众还可以在线上一键下单，带回自己喜爱的生活美学产品。城市文化综合体“诚品生活苏州”的定位是“人文阅读 + 观光休闲 + 创意探索”，200 个精选文创品牌囊括潮流生活、风格美学、创意设计和人文研究。“诚品生活采集”特色空间入驻项目有苏绣、缂丝、苏扇、核雕、桃花坞木刻年画五大民艺，各展位的文创团体以手作、实演和互动提供美好体验服务。户内外展示空间包括诚品展演厅、博览大厅、诚品书店、Eslite Forum 广场、水岸大道，就像姑苏城的私家宅院，可集会作乐也可独坐听风，动静疏密之间皆是美轮美奂的人文风景。2024 年，桐乡乌镇仲夏夜演出季、木心美术馆特展、粮仓艺术展同步进行，《浮士德》《暗恋桃花源》《放牛班的春天》《奥小姐的光影剧场》四部大戏都从艺术与生活邂逅的视点出发，带给游客难忘的夏夜感悟。

木心美术馆“上海赋：影像 摄影 绘画（1934—2024）”展，以多维展示形式向观者呈献一部“老上海”视觉回忆录。粮仓艺术展“层叠的年轮”展出学院派雕塑、装置与纤维艺术作品，激发观者对生活与时间、自然与未来的深刻反思，共同编织出传统美学土壤上崭新的文化年轮。

在全球博物馆体系中不乏各类单体生活美学类博物馆，它们多与在地历史文化相关联，是文旅景区的重要组成部分和民俗文化展示场所、互动式创意体验园，比如荷兰阿尔克马尔奶酪博物馆、德国柏林咖喱香肠博物馆、比利时布鲁日薯条博物馆、英国诺维奇科尔曼芥末商店与博物馆、希腊莱斯沃斯岛橄榄油博物馆、匈牙利塞格德辣椒博物馆、西班牙巴塞罗那MX巧克力博物馆、新加坡冰激凌博物馆等风靡世界的时尚美食博物馆。意大利波伦亚可冰佳尼冰激凌博物馆通过上万件图文资料与实物，生动展示冰激凌起源及发展历程，其中既有我国早期储冰的展品，还有各国不同时期冰激凌生产设备及早期配方。德国伊姆霍夫巧克力博物馆展示欧洲巧克力发展历程及早期制作设备、现代化工艺特色与制作过程，内设的小型加工厂提供演示、品尝与文创销售等服务。国内该类场所有中华饮食文化博物馆、中国烹饪文化博物馆、成都川菜博物馆、杭帮菜博物馆、顺德美食博物馆、上海百诺巧克力博物馆、嘉兴米开朗冰激凌博物馆、唐山宴文旅商业综合体、长安十二时辰·唐宴体验区等。此类场馆往往又与策展型餐饮商业形成叠加，使受众在用餐时亦可观看脱口秀、音乐演出和文艺表演等节目，在满足感官审美的同时引发对美好生活的憧憬与追寻。

（八）数字艺术空间：AI赋能与全域行浸

随着数字化浪潮风起云涌，艺术与数字两大领域的交叉融合迸发出璀璨光芒，数字文化创意劳动者也成为提升文化新质生产力的重要力量。[①] 数字科技的矩阵式应用赋予今天的艺术展览以更新的样态，令艺术展品可感可触，展览内容有声有色，让人们享受到高品质的文化生活。数字艺术展示作为一种文化新业态，为人们带来便捷生动的艺术体验，并引发社会联动效应。过去三十年，艺术家、评论家、策展人和研究学者，一直在争论实景展示能否被虚拟展示取代以及两者之间的关系。事实上，虽然艺术与科技的融合产生了许多杰出成果，不过策展人、收藏家和艺术机构均未清晰认识到它对艺术史的贡献。数字艺术的地位提升和能量增长，越来越使得传统艺术界对它的持续否认站不住脚，奥地利林茨电子艺术中心近30年的发展已

---

① 向勇．文化新质生产力的时代内涵、价值旨归和逻辑进路［J］．艺术百家，2024（03）：11-17.

经确证数字艺术是一股不可忽视的强大艺术力量。[①] 数字艺术展示所创造出的沉浸式奇幻美学氛围，让受众在光影交错的展示空间里感受到强烈的互动体验乐趣。2024年10月亮相的北京市百货大楼南馆数艺空间，EDCC艺云数字艺术中心运用AIGC、8K超高清、交互传感、裸眼3D等数字新科技展示中国传统文化，从史前岩画、纹韵华章、心流万象到共生乐园，甚至“进入”北京中轴线，让受众感受从旧石器时代到当下历史演变的震撼性拟真场景体验。

互联网、大数据、云计算和AI赋能的新一代数字技术，已经深度嵌入艺术生产全链路进程，比如通过数字艺术空间营造，许多文旅景区从“网红”变“长红”。数字艺术展示在激活文化新消费的同时，也促使我们探索知识传播及其审美呈现的无限可能性。作为长征国家文化公园重点项目，贵州长征文化数字艺术馆运用智能交互、巨型LED、三维声场等技术，在虚拟世界里再现长征之路。全域行浸式数字演艺《红飘带·伟大征程》和飞行演艺《红飘带·多彩飞越》，大大突破了较为单一的沉浸式空间，通过数字化场景全真特效，让观者身临其境地感受革命先驱救国救民的宏志与伟业，感悟红军长征精神所蕴含的伟力与深意。腾讯“探元计划”项目组和清华九歌THUNLP-AIPoet团队基于语鲸-8B大语言模型，融汇西安城墙的文化元素和年节习俗，搭建百万量级的诗词数据集赋能新文旅场景营造，针对平仄格律、语义连贯、情感控制、题目控制四个原则进行机器训练，利用AI多模态内容生成技术来创作诗歌，让市民和游客边观赏城墙灯会边用AI轻松赋诗，同时享受美妙时光与触摸历史文脉。[②]

20年前，日本teamLab沉浸式展映给我们带来强烈的视觉震撼，而今中国的数字艺术展示水平已属世界顶流。近期的AI互动影像装置《游墨生息》探索传统文化与人工智能融合，通过摄像头实时捕捉金鱼游动路线，运用智能算法将动态轨迹转化为水墨图像，投影在画卷上，呈现出现实生灵和虚拟影像交织的视觉奇观。上海大光明电影院的艺术装置《星体螺旋》，其灵感来源于行星转动连缀成的曲线，作品与展场构成通向宇宙深处的媒介。音符跳跃、灯光舞动，观者恍若身处浩瀚星河，亦仿佛在俯瞰影院百年图史。360度环幕AI影像《失神游戏》则营造出注意力裂变的智性体验，将作为视觉权力史上经典模型的环状结构处理为“观看”的游戏场，引导观者在从向外看往向内看的流动路线中走向分叉的异径。数字艺术展示是文化

① 爱德华·A.尚肯.当代艺术与新媒体：数字鸿沟，还是混合话语？［J］.李镇，编译.艺术当代，2024，23（02）：80–87.

② 刘江红.用文化创意连接当代生活［N］.人民日报，2024–08–02（20）.

与科技深度融合的结晶，它不仅赋予传统的美术馆等文化场所以全新面貌，还催生出虚拟美术馆、数字艺术节、行浸式展演、线上互娱空间等新消费场景，不断拓展着文化创意产业的边界。

新文创思维介入各类艺术新空间的营造，使得当代大众的观展活动越来越呈现传统与时尚、室内与户外、城市与乡村、场所与景观、线下与线上、真实与虚拟、标准化服务与个性化体验相互交叠、彼此融合、多元发展的趋势。上述的八大艺术空间包含各类传统业态与新业态，彼此之间既有独立运作又有相互牵连，并在新文创意识主导下契合社会大众的共性需求，同时也能有效满足个性化需求。为了更好地推动地方美学的创意重塑、文化科技的创意应用、城乡空间的创意再生，我们还要努力促进体制机制完善优化，充分激发文化发展驱动力，展现新文创的引领力量和人文经济的丰富内涵，推动艺术生产的数字化转型，以创意赋能乡村振兴与城市更新，践行跨界融合与产业创新，将艺术空间融入社区、街巷、商场、村落、景点与互联网平台等各个板块，探索地方文化对接当代潮流的新路径，打造风格鲜明的新文创地标，提升资源红利、管理红利、创意红利，带动产业集聚和土地增值，使得所在区域不仅能够很好地传承历史文化，而且具有时尚感、年轻态和国际范，有效提升在地居民的生活品质。

三、结语：新文创·新空间·新生态

新文创行动与艺术空间创新紧密衔接，推动了中国文化产业的蓬勃发展，成为新时代文艺建设的一大亮点。杭州市富阳区公望美术馆以《富春山居图》为蓝本，精炼当地的乡土建筑语言，以三远法造境、以山水立馆，馆与景形成深情对望。台中市雾峰区亚洲大学现代美术馆内部空间错落衍生出无数个“小三角”，光影与建筑交相辉映，烘托出生动的精神性场域。各类艺术新空间注重文化内涵、设计巧思、时代生活的创意连接，在新文创思维的引导下实现共建共创共享，让受众在生动的艺术场景中真切感受文化之美。未来，艺术空间要进一步运用精彩的创意凝练文化标识、创新展示空间、讲好中国故事、普惠社会大众，做好专业化、特色化、风格化、国际化的文章，不断拓展“新文创＋”展览业态，引领观者入境、出境、化境，既要构建吸引大众走进艺术的实体空间，还要创造为大众带来心灵滋养、引起情感共鸣的精神空间。多元艺术空间是创意者经济的重要实践场所，它比以往任何传统艺术场馆都要自由开放，今后还可以适当介入泛娱乐的共享性产业生态，有效引入共同治理的包容性管理机制，生动导入创新表达的多样性叙事模式，实现更加充分的要素流动、价值共创与商业互惠。

参考文献

[1] 哈特利.创意产业读本[M].曹书乐，等，译.北京：清华大学出版社，2007.

[2] 波默.气氛美学[M].贾红雨，译.北京：中国社会科学出版社，2018.

[3] 庞学铨.休闲与城市发展[M].杭州：浙江大学出版社，2021.

[4] 李敏敏.设计展览与创意城市[M].北京：中国建筑工业出版社，2022.

[5] 赵毅衡.符号美学与艺术产业[M].成都：四川大学出版社，2023.

[6] 马林科拉.实操问题：什么成就了优秀展览[M].李楠，译.上海：东方出版中心，2024.

[7] 胡桥.中国可以为世界艺术史贡献些什么？——第34届世界艺术史大会评述[J].中国文艺评论，2016（11）：104–112.

[8] 王曦.澳大利亚文化创意产业发展对我国的启示——以“昆士兰模式”为例[J].中央财经大学学报，2013（01）：71–77.

[9] 陈淑瑜，佩克.间隙中的独立艺术空间[J].当代美术家，2015（06）：82–87.

[10] 向勇.“创意者经济”引领数字文化产业新时代[J].人民论坛，2020（19）：130–132.

[11] 聂磊.数字时代青年公共文化空间的商业化实践[J].当代青年研究，2021（02）：59–64.

[12] 谢定伟.民营美术馆的担当与城市精神的映射[J].上海艺术评论，2024（01）：64–65.

[13] 尚肯.当代艺术与新媒体：数字鸿沟，还是混合话语？[J].李镇，编译.艺术当代，2024，23（02）：80–87.

[14] 向勇.文化新质生产力的时代内涵、价值旨归和逻辑进路[J].艺术百家，2024，40（03）：11–17.

[15] 胡斌.作为跨阶层交流方式的独立艺术空间及团体实践[J].美术观察，2024（04）：8–11.

[16] 黄银凤，陈子恬.宁波民营美术馆风起云涌 正成为城市新的文化地标[N].宁波日报，2024–01–05（03）.

[17] 吴洪亮.策展新理念拓展美学新空间[N].人民日报，2024–09–22（08）.

[18] 王晓荣.重庆黄桷坪艺术区独立艺术空间研究[D].重庆：四川美术学院，2018.

《北大文化产业评论》征稿启事

一、期刊介绍

《北大文化产业评论》（Peking University Cultural Industries Review）是北京大学文化产业研究院主办的文化产业研究性学术期刊书，以学术期刊的方式编辑内容，以图书专著的形式出版发行，每年十二月付梓出版。本刊以文化产业相关领域的理论性、批判性、历史性和国际性的研究为主要内容，重点探讨当下文化产业发展的热点和趋势，旨在成为国际文化产业学术领域中知名学者研究成果发表的主要阵地。

为进一步完善文化产业领域的学术研究，《北大文化产业评论》设置以下固定栏目：理论视野、前沿观察、产业动态、区域热点。本辑主要关注议题为中华文化与强国建设、乡村振兴与文旅融合、数字时代的文化新基建、跨文化传播与国际文化传播力、新质生产力与人文经济学等。包括但不限于以下研究方向：

1. 乡村地区文化创意与发展研究
2. 新质生产力与文化产业现代化发展研究
3. 文化领域现代化治理能力研究
4. 中华优秀传统文化“两创”研究
5. 文化政策与体制机制改革研究
6. 人文经济学理论前沿与实践探索研究
7. 新时代文艺精品创作研究
8. 文旅体产业促进城乡融合发展研究
9. 文化遗产保护与实践研究
10. AIGC 与文化创意创新研究
11. 文化产业与国际传播力建设研究
12. 大模型赋能中华审美文化传承发展研究

《北大文化产业评论（2025—2026）》稿件投递截止时间为 2025 年 6 月 30 日，诚邀各学科作者投寄未曾在公开出版物或网站上发表过的稿件！经刊登的论文，本刊将赠送样刊两册。

《北大文化产业评论》已于 2024 年登陆知网。

二、投稿须知

（一）文稿类型

论文文字中英文均可，但中文以简体字为限，英文内容不超过当期篇幅的五分之一。同时本刊欢迎使用其他语言如日文、韩文、法文等来稿，经审议通过，本刊将原文刊登。论文须是具原创性且完整学术格式的论文，中英文文稿在 8000 ～ 10 000 字为宜。

（二）论文格式

（1）来稿请用电脑采用 Word 文档形式处理，文件名注明“文化产业评论投稿”，用电子邮件“附件”形式投寄。若不能用电子邮件投稿，可邮寄打印稿。若文稿中含有数学公式、表格、曲线图及其他图表，请用电脑制作相关内容，并务必保证其中的符号、数字、文字、图线清晰、规范。文字横向排列，并注明页码。

（2）本刊为统一文稿规格，编订了论文撰稿体例，敬请参考遵循采用。

（三）版权事宜

（1）本刊不接受已正式出版，以及一稿数投的论文。邀请论文不在此限。对于侵犯他人版权或者其他权益的文稿，本刊概不承担任何连带责任。

（2）经刊登的论文，版权归本刊所有。非经本刊同意，不得转载或转译为其他语种发表。邀请论文不在此限。

（3）经刊登的论文，本刊将赠送当期两本，不另付稿酬。

（四）稿件交寄

请于 2025 年 6 月 30 日之前提交稿件，来稿请通过电子邮件投稿，本刊编辑部收到后将会及时回复确认。请勿由私人转递稿件，以免辗转贻误。本刊编辑部收到后即回复，2 个月后未被刊用可自行处理。本刊不收取任何费用，也不开具任何书面录用通知，请谨防诈骗。询问本刊出版相关事宜请联系：北京大学文化产业研究院《北大文化产业评论》编辑部。

联系方式：86-10-62767249，86-10-62757216

电子邮箱：ici@pku.edu.cn（邮件标题请注明“《北大文化产业评论》投稿”。邮件请附注联系方式（微信为佳））

通讯地址：北京大学燕南园 51 号院（邮编：100871）

《北大文化产业评论》编辑部

2024 年 11 月 27 日

图书在版编目（CIP）数据

北大文化产业评论. 2024-2025 ：文化和科技融合 / 向勇主编. — 北京 ：华文出版社，2025. 4. -- ISBN 978-7-5075-6160-9

Ⅰ. G114

中国国家版本馆CIP数据核字第20255N5B37号

北大文化产业评论 2024—2025：文化和科技融合

主　　编：向　勇
策划编辑：杨艳丽
责任编辑：曹欣欣
助理编辑：朱晓奕
出版发行：华文出版社
地　　址：北京市西城区广安门外大街 305 号 8 区 2 号楼
邮政编码：100055
网　　址：http：//www.hwcbs.cn
电　　话：总 编 室 010–58336239　发 行 部 010–58336212 58336230
责任编辑 010–58336191
经　　销：新华书店
印　　刷：三河市龙大印装有限公司
开　　本：787mm × 1092mm　1/16
印　　张：16
字　　数：300 千字
版　　次：2025 年 4 月第 1 版
印　　次：2025 年 4 月第 1 次印刷
标准书号：ISBN 978–7–5075–6160–9
定　　价：68.00 元